丰田传

トヨタ物語

［日］野地秩嘉 著

朱悦玮 译

北京时代华文书局

图书在版编目（CIP）数据

丰田传 / （日）野地秩嘉著；朱悦玮译 . — 北京：北京时代华文书局，2019.10（2023.10 重印）
ISBN 978-7-5699-3136-5

Ⅰ . ①丰… Ⅱ . ①野… ②朱… Ⅲ . ①丰田汽车公司 - 工业企业管理 - 经验 Ⅳ . ① F431.364

中国版本图书馆 CIP 数据核字 (2019) 第 154661 号

TOYOTA MONOGATARI written by Tsuneyoshi Noji.

Copyright © 2018 by Tsuneyoshi Noji. All rights reserved.

Originally published in Japan by Nikkei Business Publications, Inc.

Simplified Chinese translation rights arranged with Nikkei Business Publications, Inc. through Hanhe International (HK) Co., Ltd.

北京市版权局著作权合同登记号 图字：01-2018-5106

丰 田 传

Fengtian Zhuan

著　　者 | [日]野地秩嘉
译　　者 | 朱悦玮

出 版 人 | 陈　涛
策划编辑 | 周　磊
责任编辑 | 周　磊
装帧设计 | 程　慧　迟　稳
责任印制 | 刘　银

出版发行 | 北京时代华文书局 http://www.bjsdsj.com.cn
　　　　　北京市东城区安定门外大街 138 号皇城国际大厦 A 座 8 层
　　　　　邮编：100011　电话：010-64263661　64261528
印　　刷 | 三河市兴博印务有限公司　0316-5166530
　　　　　（如发现印装质量问题，请与印刷厂联系调换）
开　　本 | 710mm×1000mm　1/16　　　印　张 | 25　　　字　数 | 352 千字
版　　次 | 2020 年 3 月第 1 版　　　　　印　次 | 2023 年 10 月第 4 次印刷
书　　号 | ISBN 978-7-5699-3136-5
定　　价 | 98.00 元

"学问必须合乎自己的兴趣，方才可以得益。"

——《驯悍记》威廉·莎士比亚

目 录

1945

第二章 战争年代的丰田

1947

第三章 战败后的重生

1948

第四章 改革开始

1949

第五章 濒临破产

1952

第六章 看板

1953

第七章 意识改革

1990

第十五章 现实主义者们

1998

第十六章 坐上卡车的男人

2009

第十七章 21世纪的丰田生产方式

第十八章 未来

终章 骄傲

序章

肯塔基名物

TOYOTA

75号高速公路

我搭乘汽车离开市区，沿着75号高速公路向北前进。目标是位于肯塔基州北部的丰田汽车生产基地。

透过车窗向外望去，目光所及之处都是绿色的农田。高约1米的烟草展开团扇般的叶片，随着微风轻轻摆动。烟草曾经是肯塔基州的主要农作物，据说最鼎盛时期，"整个州所有的农田种植的都是烟草"，但随着禁烟运动的发展，种植烟草的农户数量急剧减少。虽然还有一部分用于出口的种植需求，但"种植烟草"这种行为本身已经成为环境保护组织密切关注的对象。所以，尽管现在还能在道路两旁看到烟草田，也仍然无法否定肯塔基州烟草种植面积正在不断减少的事实。

当然，农田里的植物不全是烟草。肯塔基州曾经以农业著称，玉米和小麦都是当地的主要农作物，除此之外还有广阔的牧场用来饲养牛和马。

然而现在提起肯塔基，最著名的则是汽车。自从丰田和福特这两大汽车制造商在这里建设工厂之后，肯塔基就成了仅次于底特律所在的密歇根州的美国第二大汽车生产基地。

丰田汽车生产基地是肯塔基州规模最大的汽车生产基地，距离最近的城镇乔治城大约20分钟的车程。

在出发去工厂之前，我先在乔治城里的一家老饭馆吃了顿饭。这是一家木质结构、外面涂着油漆的店铺，颇有美国西部片的风格，店里的招牌食品是热布朗三明治。

热布朗三明治是将培根、火鸡肉和西红柿放在吐司上面，再浇上白奶酪酱制成的三明治。虽然很好吃，但卡路里含量极高，不适合中老年人食用。

但我看了看四周，肯塔基当地人点的基本都是热布朗三明治搭配大杯可乐或者雪碧的套餐。听说去肯塔基工厂工作一段时间之后回国的丰田员工全都长胖了不少，我现在大概搞清楚原因了。

就在我拿起叉子打算挑战一下热布朗三明治的时候，中年女服务员又给我拿来一盘食物，说道："再尝尝这个，炸鲇鱼。"

她放下盘子后站在桌边没走，似乎是在等待我给出"好吃"的评价。

于是我问道："肯塔基最著名的东西是什么？"

她笑了一下答道："可不是肯德基哦，现在肯塔基最著名的东西当然是汽车了。你是要去丰田吧？那地方可大了。所以你要多吃点，要不然很快就饿了。对了，张总裁（丰田前名誉会长张富士夫）来过我们这里好几次呢，你去名古屋的时候代我们向他问个好吧。"

我在服务员的关注下将两盘美食吃了个精光，然后动身前往生产基地。

服务员说得没错，生产基地真的非常大。丰田在全世界拥有52家工厂，而肯塔基工厂是其中规模最大的一个，占地面积接近530万平方米，是东京迪士尼乐园的10倍以上，拥有7 000多名员工，年产汽车50万辆，发动机60万台。

当地人将这座工厂称为King of Car Plant（汽车生产基地之王）。Plant（生产基地）就是许多factory（工厂）的集合体，这里不但有发动机工厂、制造零件的机械工厂、组装工厂，还有冲压、焊接等工厂，能够实现汽车的一条龙生产。

这里生产的车型有凯美瑞、亚洲龙、威飒、雷克萨斯。

出来迎接我的工作人员胸前的铭牌上写着"瑞克",是一位和迈克尔·道格拉斯有几分相似的中年男性。

我套近乎地称赞道:"你和道格拉斯真像啊!"

结果对方却苦笑了一下说:"他可比我老多了。"

"那我们现在就开始参观吧,请上车。"

这个生产基地每年要接待来自世界各地的参观者4万多人次。由于其内部的面积比迪士尼乐园还要大许多倍,步行参观需要花费很多时间,非常没有效率,所以参观者都要搭乘一个类似于高尔夫球车的电动汽车在基地内移动。基地内设施众多,场景充满了变化,而且到处都是美国人,坐在车上参观就像真的在迪士尼乐园里一样。

参观整个生产基地大约需要两小时,内容包括参观汽车的冲压工序、焊接工序以及组装工序。其中冲压和焊接工序因为具有一定的危险性,所以参观者只能在远处眺望。

最吸引人的是组装工序。一辆汽车大约由3万个零件组成,组装工序就是将这些零件全都安装在车身上,比如发动机、传动装置以及连接电子系统的线束等。

这么多零件只要有一个出现问题,都可能导致汽车出现各种故障。而且组装方法和技术也会直接影响到汽车的驾乘感觉。可以说组装工序中包含了汽车生产的全部技术诀窍。

我仔细观察着一位黑人女性安装车门、调节车窗的过程,她的动作非常流畅,仿佛在跳着轻盈的舞步。就在我暗自感叹的时候,瑞克就像看穿了我的心思一样开口说道:"怎么样,那连贯的动作看起来就像跳舞一样,不是吗?像这样的团队成员(一般企业都将这样的员工称为'装配工',但丰田将其称为团队成员)都是熟练工。"

任何一个汽车工厂内部的结构都大同小异,传送带、冲压机、焊接机……天花板上用来运送车门等大型零件的吊轨。

组装工厂里的噪声并不大，只有工人们手持电动扳手拧紧螺母时发出的"嗡嗡"声。

但冲压工厂和焊接工厂就不一样了，轰鸣声不绝于耳。冲压工序是将巨大的钢板压出汽车车身形状的工序，每次冲压都会发出巨大的"咔嚓"声。焊接工序则是对钢板进行焊接的工序，不仅有巨大的噪声还伴随着飞溅的火花。这些工序都是普通人不能擅自靠近的。

全世界任何一家汽车工厂所使用的生产设备和原材料基本都一样。不管是日本的、美国的还是中国的，也不管是老牌企业还是新兴企业，所有汽车工厂用的都是同样品质的汽车钢板，零件也没有太大的差异，生产设备的能力也基本相同。

但是，为什么不同的企业生产出来的汽车性能却完全不同，而且价格也相差悬殊呢？究竟是什么使产品产生如此巨大的差异？答案是生产方式。

福特采用的是大批量生产和流水线作业的方式，被称为福特生产方式，曾经被全世界的生产企业所效仿。

而丰田采用的则是自己独创的丰田生产方式（TOYOTA Production System，TPS）。

通过丰田生产方式进行改善的结果是丰田取得了远远高于其他企业的生产效率，生产效率提高自然使得生产成本下降。这样一来，产品的销售价格也能够随之降低。就算不下调价格，丰田的汽车也可以在同样的价格区间中，比其他企业的汽车拥有更好的性能或者拥有更多的附加价值。每个人都希望花更少的钱买到更好的商品，所以购买丰田的汽车显然是性价比最高的选择。

现在，丰田已经逐渐坐稳了世界第一汽车企业的宝座。除了因为丰田拥有普锐斯、Mirai等独一无二的产品之外，还因为其彻底贯彻了丰田生产方式。甚至可以说，丰田强大竞争力的源泉就在于丰田生产方式。

在此之前很多人对丰田生产方式都进行过阐述，比如称其为消除临时库存的方式、消除无用功的方式、将必要的零件在必要的时间以必要的数量送到生产线上的方式等。这些阐述虽然都没有错，但都存在不充分之处。

正因为阐述得不够充分，所以导致普通人难以准确地理解究竟什么才是丰田生产方式。

那么究竟是哪里不充分呢？

答案是现场员工对丰田生产方式的看法。在此之前的那些阐述，全都来自丰田生产方式开发者的介绍，或者现场负责人对采访的回答。

"我们是这样创立丰田生产方式，并且将其体系化的。"

"结果，生产效率就提高了。"

"全世界的工厂都采用了这一生产方式。"

他们说得都没错。

但是，亲身感受到生产效率提高的并不是开发者们，而是每天在现场工作的员工。

既然如此，为什么不听听现场的人怎么说呢？最好是找那些在现场拥有长期的工作经验，了解在导入丰田生产方式之前和之后出现了什么变化的人，听听他们怎么说。只有这样才能够真正地搞清楚丰田生产方式的意义。

丰田生产方式都带来了哪些改变？为什么能够持续这么长的时间？如果真的是那么优秀的生产方式，那我也想将其引入到自己的工作之中。尽管写作和生产汽车完全不同，但至少都是生产和创造的过程。所以丰田生产方式一定也有我可以借鉴的地方。

在此之前，从没有任何一本书或者文章中介绍过现场的工作人员对丰田生产方式的评价。

丰田生产方式是由丰田前副社长大野耐一在1945年导入生产线的。

当时的那批丰田员工如今早就都退休了。

现在丰田现场的员工虽然能够对这一生产方式给出自己的评价，却不知道导入丰田生产方式前后发生了哪些变化。而且，丰田的在职员工对于丰田生产方式恐怕也很难说出自己的真实想法。

还有很重要的一点，就是这些员工对该方式缺乏整体的了解。

丰田生产方式在被导入之后的十几年间，都被丰田作为重大商业机密，绝对不能泄露出去。当时丰田生产方式并不叫这个名字，而是被称为"看板方式"，因为大野耐一认为取一个让人摸不着头脑的名字更有利于保护秘密。

关于保密这一点，大野耐一曾经这样说道：

"（当初我想取名叫同期化方式或者同步化方式）但还是觉得一个让人搞不懂的（名字）更好，于是就决定叫看板（方式）了。"

（是因为害怕被模仿吗？）

"对。如果美国也采用了同样的方式，那我们就完全无法超越他们了。当时我觉得美国人一定也很清楚这一点。"（《日经产业新闻》1989年11月8日）

大野耐一充满危机感地认为"如果被美国人模仿了去，丰田就完蛋了"。实际上，美国的三巨头（通用汽车、福特、克莱斯勒）在当时根本没把以丰田为首的日本汽车企业放在眼里。它们认为自己的大批量生产方式才是最好的方式，对丰田生产方式毫无兴趣。

但现在一切都不一样了。不仅进军美国的日本汽车生产企业，全世界所有的汽车生产企业和相关企业以及其他生产企业几乎都采用了丰田生产方式或者其变种。丰田生产方式取代福特生产方式席卷了整个世界。直接导入丰田生产方式的日本企业就有佳能、索尼、乐天、帝人、大金工业等100多家，中国企业也有华为等几十家。甚至还有几家以丰田生产方式作为指导基础的管理顾问公司，全世界有数百家企业在这些管理顾问公司的指导下通过丰田生产方式来进行生产。

回到之前的话题。就在我开始取材4年后，我忽然想到了解决办法。

"对了，只要去美国的肯塔基工厂不就行了嘛。那里一定有亲身体验过生产方式变化的在职员工。"

肯塔基的丰田工厂建成于1988年。尽管距今已经过去了30多年，但当时二三十岁入职的员工现在还没退休。更关键的是，其中有从其他汽车企业跳槽过来的人。他们拥有利用其他生产方式进行工作的经验，所以我只要找到他们就行了。

说了这么多，我只是想说明一点，那就是我来肯塔基工厂完全是为了找到亲身体验过丰田生产方式带来的变化的人，绝对不是为了什么热布朗三明治。

道场

在组装工厂里参观完一圈之后，我打算接下来就找几名员工采访一下。

就在这时，瑞克忽然对我说："去道场看看吧。"

"你来这里是想要了解丰田生产方式吧？那你一定要去道场看看。"

紧接着瑞克又叫来一名男子。这位负责人留着嬉皮士一样的长发，一见面他就自我介绍道："我是大野耐一先生的信徒。"

接着他就在前面带着我向"道场"走去。道场是一个和大学校园中的体育馆十分相似的建筑，比汽车组装工厂要小很多，但天花板非常高。里面零散地摆着镗床、铣床、车床等机械设备。每一台设备跟前都有几个穿着工作服的美国人在热火朝天地交谈着。

长发负责人介绍说，道场是对丰田生产方式进行实地研修的设施，位于北美生产支持中心（NAPSC，North American Production Support Center）之中。

整个美洲被选拔出来的优秀员工都会来到这里，深入学习丰田生产方式。等他们学成之后回到自己的工厂，再将所学到的知识传授给现场的其他员工。也就是说，这是工厂现场的研修中心。

长发负责人相当健谈。他对我说："让员工来这里研修的目的不只是对生产方式进行研修，更重要的是培养管理者。而且改善不能通过花钱来实现，必须用自己想出来的办法和工具。不花钱是大野耐一先生的宗旨。"

在道场的一角，讲师正在给学员们传授如何教新员工打磨车门的技巧。

这位讲师是一位上了年纪的美国男人。而学员们的年龄、国籍以及性别都各不相同，唯一的共同点就是他们都是来自各个丰田工厂的现场负责人。

讲师面前的桌子上摆着一个家庭用的厨房秤，讲师的右手拿着自动研磨机。真没想到，传授打磨车门技巧的教具竟然是一个家庭用厨房秤。

讲师开始讲解道："大家注意了。在教新员工打磨作业的时候一定要让他们亲手尝试。然后对关键的地方加以指导。其中一个重点内容就是使用研磨机时候所用的力度。通过这个家庭用厨房秤，可以很让新员工直观地理解究竟应该用多大的力度。"

"在新员工亲身体验过力度之后，趁着他还没有忘记这种感觉的时候，让他将研磨机放到厨房秤上。这样他所用的力度就会以数字的形式显示出来。"

"明白了吗？一定要让对方有直观的印象。只要将现场的技术数值化，无论何时都能够将其重现出来。但丰田并不会为此开发专用的设备，因为这样才能够节约成本。所以关键在于选用这种在全世界任何地方都能够轻易买到的家庭用厨房秤。这就是消除无用功的改善。"

讲师说到这里补充道："大野耐一先生非常讨厌'只要导入新设备就能提高效率'的想法。"

接着他又继续进行说明："用专门的设备，等于将思考甩给了别人，这是绝对不行的。对于现场的每一位团队成员来说，用自己的头脑来进行思考尤为重要。所以我们使用厨房秤。改善不能只依靠专门的设备和专门的人来进行，而是要靠我们每一个人发挥自己的聪明才智。大野耐一先生就曾经不厌其烦地对张先生传达这个理念。"

他所说的张先生就是丰田汽车的前名誉会长张富士夫。张富士夫在1988年来到肯塔基，担任丰田工厂的法人社长，目的是将丰田的生产精神根植于此。当然张富士夫的任务不止这些，他还要负责搞好与团队成员和当地居民之间的关系。

张富士夫每周六都会在自己家里举办卡拉OK派对，很多日本社长在前往海外工作的时候都会在任期内举办一两次卡拉OK派对。但在任8年的时间里，每周六都坚持将当地员工邀请到自己家里的人恐怕只有张富士夫一个。对于他的家人来说这或许是一场灾难，但他却真的坚持下来了。所以就连乔治城的餐厅服务员都认识张富士夫。

每周六，少则几人多则十几人的员工都会前往位于乔治城的张富士夫家中。如果张富士夫出差不在家则由他的妻子和孩子负责接待。员工们聚在一起热热闹闹地吃炸鸡，喝波旁威士忌，用卡拉OK唱披头士的歌。如果张富士夫也在场的话，他会和员工们一起唱。不过我所见过的美国人员工从没说过"张先生唱歌很棒"之类的话。这么看来，他唱得应该不是很好。

对于刚到美国时的情况，张富士夫自己这样说道：

"我1960年进入公司，干了8年宣传之类的工作，后来成为大野耐一先生的部下。大野耐一先生和铃村喜久男先生虽然都是很优秀的人，但他们发起火来简直比恶鬼还恐怖，我可以说是在他们的训斥下掌握了丰田生产方式。后来我就来肯塔基赴任了。"

"当时不管是我们的同行还是新闻媒体，都认为美国人不可能接受丰田生产方式，因为美国有福特生产方式。美国的工人怎么会用日本的方式工作呢？但是我们只有丰田生产方式，只能让丰田生产方式在美国扎下根来。"

"我来肯塔基之后开始招工，只有3 000人的工作岗位，却来了几万名应聘者。这些人几乎都没有相关的工作经验，其中甚至还有学校的老师和快餐连锁店的工作人员……但正因为他们没有相关经验，当我们向他们说明丰田生产方式之后，他们都认为这是一种非常合理的生产方式。"

"他们最感兴趣的是改善。"

"'改善需要大家每一个人的力量，需要现场的团队成员发挥自己的聪明才智。'当我说完这句话之后，我感觉到他们立刻就开始自己思考起来。"

"很快就有人在自己家的车库里做了一个工具，然后对我说：'张先生，请试试这个工具，能让工作变得更轻松。'用自己的头脑去思考和解决问题的成就感能够使人快乐。但这一切都不是我想出来的，全都是大野耐一先生教给我的。"

道场里的讲师所教授的内容，既不是学者们的研究成果，也不是丰田总公司下达的指示，而是肯塔基工厂的员工们在现场思考出来的智慧结晶，是诞生于现场的最新智慧。

保罗先生

就在我观察道场情况的时候，忽然有个人在后面拍了拍我的肩膀。这次是一个银白色头发且身材高大的美国人。

"你就是从日本来的记者吧。我是保罗·布里吉。"保罗60岁了，是一个戴着眼镜文质彬彬的男性。

他说自己从1988年开始在肯塔基工厂工作，之前在大众的工厂做现场负责人。于是我和他回到工厂的接待处，找了一个单间，由我对他进行了专访。

保罗用缓慢的语速说道："我在以前的工厂担任现场负责人。但是，我并没有权力决定每天的日常工作。有专门的管理人员来负责这件事，美国的汽车企业都是这样，现场的员工只是听命行事。虽然没有发言权，但也不必承担什么责任，要说轻松倒也很轻松。"

"不过，一旦出现什么问题导致生产线停止的话那可不得了。管理人员会大发雷霆，导致生产线停止的那个人会被当场开除。所以美国的员工都知道绝对不能让生产线停下来。"

说到这里，他确认了一下我是否能听懂他说的意思，然后又继续说道："后来我跳槽来到丰田肯塔基工厂，从现场负责人升职成为管理人员。这次我准备大干一场，因为日本的汽车在美国很受欢迎。"

"就在我刚跳槽来的第一年，因为某个零件出现了问题，我不得不停止了自己负责的那条生产线。生产线一停，工人们就都没有事情做了。大家的脸上都写满了不安，但除了等待也没有别的办法。我提议尽快让生产线恢复运转，但从日本来的我的顶头上司却坚持要先找到原因，结果生产线停了大约15个小时。"

"自从我从事这项工作以来，还是第一次遇到现场生产线停止这么长时间的情况。但从日本来的上司并没有对我大发雷霆，只是笑着说：'保罗先生，在找到原因之前不能开工。'我觉得自己恐怕是要被开除了。因为我提议过好几次，先进行一下应急处理，尽快让生产线恢复运转……但上司只是默默地摇头。我越发地坐立不安，生产线上的其他员工也和我一样，都做好了被开除的准备。"

"经过15个小时的紧张排查，生产线终于又恢复了运转，日本上司把我叫过去说道：'保罗先生，明天9点请到张先生的办公室去一趟。他有话要对你说。'"

"这回可完了……好不容易跳槽到这里，既升职又涨了工资，结果才半年就被开除，孩子还那么小，我该怎么办啊。回家之后我躺在床上一夜无眠，也没敢对妻子说这件事。"

"第二天早上，我来到张先生的办公室。看到我站在门口，张先生对我说: '保罗先生, 请坐。'他向我问了很多关于生产线停止和后续处理的细节。"

"说完之后, 我以为他终于要宣布开除我的决定了, 但他却用力地握住我的手, 对我鞠了一躬, 说道: '保罗先生, 我们工厂刚刚成立不久, 正处于关键时期。这15个小时辛苦你了。多亏了你, 生产线才能恢复运转, 非常感谢。今后希望你还能继续帮助我们。'我当时一下子没忍住, 就哭了。"

"在这一点上丰田坚持得非常彻底。大野耐一先生规定, 在出现问题的时候绝对不能启动生产线, 更不能组装成品汽车。绝对不将有问题的产品交给顾客, 这就是丰田生产方式。"

保罗·布里吉的语气很平缓, 从他的话里听不出对丰田生产方式的吹嘘, 也没有对上司的阿谀。毕竟他已经60岁了, 很快就要退休, 接下来的日子他打算让自己轻松一点。他继续说道: "丰田生产方式能够让人用自己的头脑进行思考。"

"(这种方式)适合乐于思考的人。自己在现场进行改善对于美国的工人来说是前所未有的体验, 但应该不适合那些上班只想着消磨时间的人。美国之前的生产方式不需要员工进行任何思考, 只要身体像机器一样运转就行了。但大野耐一先生要求员工边工作边思考。这就是丰田生产方式最大的特点。"

最后, 他又补充道: "现在, 我们工厂生产的汽车品质是最好的, 所以雷克萨斯的新生产线才被安排在这里。肯塔基工厂出产的汽车, 没有一辆出现过问题。当然日本总工厂和元町工厂也一样, 全世界任何一家丰田工厂都没出现过品质问题。因为我们能够自己控制生产线, 将问题控制在生产线上, 而不是让其出现在产品上。张先生就是这样说的。"

"大野耐一先生的理想是让员工都能够自主思考。我在肯塔基工厂担任管理者的时候, 培养出了美国第一批能够自主思考的员工, 也算是实现了他的理想吧。"

后来我又问了他一些问题, 比如刚接触到丰田生产方式的时候有什么印象，他回答说就觉得是一个即使生产线停止了也不会被开除的生产方式。员工获得了权限，但代价是必须用自己的大脑来进行思考。

我又问在生产线停止的时候都做些什么，他回答说找出问题并解决问题。比如螺丝钉和螺母必须都拧紧，绝对不能将有问题的零件安装到车上。丰田生产方式的最终目标是生产出不需要质检的汽车。

结束采访之后我离开工厂，返回位于乔治城市内的宾馆。在回程的路上我思考了很多，道路两旁一人多高的烟草叶依旧随着微风摆动。

丰田生产方式的基本概念是由丰田汽车的创始人丰田喜一郎在第二次世界大战前提出的。他立志要生产出比美国汽车更好的日本汽车，但这个理想却因为战争的爆发而不得不被搁置。但丰田喜一郎并没有放弃，战后他对担任董事长的丰田英二下令"用3年的时间赶上美国"。丰田英二找来当时担任机械工厂厂长的大野耐一，着手开发全新的生产方式。

他们赌上了一切。因为他们认为，如果美国的汽车企业进军日本，弱小的丰田毫无胜算。为了对抗美国汽车企业，丰田必须提高自身的生产效率。因此，丰田并没有采用福特生产方式，而是自己创造出了丰田生产方式，并且将其导入到丰田以及丰田供应商的生产现场之中。

最初，大野耐一非常害怕同行业的竞争对手，尤其是美国的汽车企业。之所以给丰田生产方式取名叫"看板方式"以及"安灯"，就是为了让竞争对手无法从名称上判断出内容。大野耐一对美国汽车三巨头的恐惧不是没有道理。当时美国汽车企业一天就能够生产出1 000辆汽车，而丰田需要一个月的时间才能够达到这个数量。可以说，丰田虽然也号称汽车生产企业，但根本算不上是美国汽车企业的竞争对手。

丰田就是在这种状态下起步，如今已经发展成为全世界产量最高的汽车企业。作为其支柱的丰田生产方式如今也已经被全世界的工厂所效仿。

肯塔基工厂甚至专门为丰田生产方式设立了一个"道场"，里面还挂着丰田喜一郎和大野耐一的肖像画。

不管在当时多么先进的汽车，随着时间段推移都将变得落伍。但人类的智慧创造出来的生产方式却跨越了国境与时间。

日本汽车之父

丰田喜一郎立志要制造日本汽车，于是成立了丰田汽车。这本应是一项非常值得称赞的丰功伟绩，但后世对他的评价与他身为发明家的父亲丰田佐吉相比，实在是相差过于悬殊。或许是因为他在晚年为了承担劳务纠纷的责任而辞去会长的职务，并且在57岁就英年早逝的缘故，导致他的成就被人们遗忘了。

但毫无疑问，如果没有丰田喜一郎，就没有丰田汽车。日本的汽车产业也不可能有今天这样的成长。第二次世界大战前，丰田喜一郎力排众议，毅然决然地进入了连三井和三菱这样的大财团都不敢涉足的汽车生产领域。

不被任何人看好的丰田喜一郎最初打算采购美国的零件来进行组装，但坚持自己开发发动机。同时，他还着手修建了生产钢板的钢铁厂，以及生产电子零件和悬挂零件的工厂。

与丰田汽车同行业的日产汽车创业之初位于横滨，但后来将总公司设在东京。因为在东京与政府部门办事更加方便，加之日产康采恩的创始人鲇川义介对政府也有一定的影响力。因此，日产汽车能够得到日本政府给予的援助。而丰田喜一郎只能从丰田织机获取资金，然后投入到汽车生产的无底洞里面去。

可以说，丰田喜一郎才是日本汽车之父。

世人对另一位革命家大野耐一也知之甚少。将丰田喜一郎提出的"JUST IN TIME"（准时制）和丰田佐吉提出的"自働化"①思想系统化并且影响了全世界生产现场的人，正是大野耐一。

但大野耐一本人却经常遭到忽视。

甚至有一段时期，日本的汽车专家、记者以及国会议员都将丰田生产方式看作是"压榨劳动者的高强度方式"而大肆批判。其他企业也认为"只有丰田那样的乡镇企业才用这种生产方式"。

最早正确认识大野耐一的是海外的经济学者。

全世界畅销1 000万册的《目标》的作者艾利·高德拉特将大野耐一称为"偶像"，他这样说道："大野耐一创造的丰田生产方式是20世纪最伟大的发明之一。"

但要问日本人对丰田生产方式的看法，正如前文中提到过的那样，有一段时期，几乎所有人都将其污蔑为高强度的生产方式、压榨供应商的生产方式。

"说什么规定了工作标准，竟然用秒表来计算劳动者在现场的工作时间？"

"丰田以'JUST IN TIME'为借口不留库存，结果供应商们一天要给丰田送好几次货。难道丰田把马路都当成自己的仓库了吗？"

面对这些非议，大野耐一选择沉默和无视。他的态度反而让对方更加愤怒地展开攻击。有人认为大野耐一身为丰田汽车的副社长应该承担起责任，去反驳那些明显错误的言论攻击。但大野耐一却说"对于不明白的人说什么都没有用"，完全不予理会。

他只在著作《丰田生产方式》的前言中写了这样一句话作为回应："有一部分人错误地理解了这种方式并进行批判，我对此不做任何的说明和辩解。

---

① 丰田生产方式中，"自働化"不是单纯的机械自动化，而是强调"包括人的因素的自动化"。

因为我相信历史将会证明一切。"

攻击过他的人要是看到这句话，一定会感到脸上火辣辣的吧，因为这本书非常畅销。大野耐一之所以不被世人所知，是因为他本人为了躲避攻击而非常低调，他也知道"如果自己太显眼会给丰田带来不好的影响"，所以很少张扬自己。

不过针对高劳动强度的批判，大野耐一在专门杂志和演讲时都进行过反驳："我认为将时间花在无用功上完全是一种浪费。在工作时间就认真工作，做完工作就下班回家。员工没必要一直待在工厂里。勤劳不是装出来的，我认为日本人其实并不勤劳。日本人在现场的工作充满了大量的无用功。日本人总是在强调自己有多么勤劳，与其将精力用在装样子上，为什么不去享受工作的乐趣呢？"

在一次技术人员的会议上，他这样说道："1957年的时候，我第一次去美国考察，发现美国人和日本人在工作状态上完全不同。比如，我在美国工厂和正在工作的员工视线相对，那么对方肯定会停下手里的工作对我打招呼，然后点上一根烟。我在日本工厂同样与员工视线相对的话，对方肯定会没事找事地做点什么。比如拿起油壶往里倒油，或者拿起一个抹布擦来擦去。人们都说日本人勤劳，总是在很认真地工作，所以当有人看着的时候马上要做出一副正在努力工作的样子来。"

大野耐一对于这种"装出努力工作的样子"非常讨厌。他认为只要将这些时间都节约下来，生产效率自然能够提高。员工应该开动脑筋思考如何让工作尽快完成。他经常在现场反复强调，员工只要完成了一天的工作就可以回家，不必为了做样子给上司看而留在现场。

但那些所谓的进步学者、记者以及政治家们却并没有看到丰田生产方式的这一个侧面。如果说大野耐一追求的是内在的真实，那么学者、记者和政治家追求的就是外在的华丽。所以他们才那么讨厌不屑于弄虚作假的大野耐一。

关于大野耐一还有这样一个故事。

有一位员工一边工作一边吸烟。"老大（大野耐一）来了，快把烟掐了。"就在管理者训斥这名员工的时候，大野耐一已经来到了现场。管理者吓了一跳，但什么也没说。

大野耐一笑着说道："没事，就一根烟而已，让他吸吧。"

接着他又补充道："注意别弄脏了产品就行。能一边悠闲地吸烟一边工作，这不正是我们追求的理想吗？你说是吧？这样不是挺好的嘛。"

记者和公司内部的反对派之所以不喜欢大野耐一，或许正是因为他总是会将内心的真实想法毫无保留地说出来吧。他希望通过丰田生产方式将工作变成一项快乐的事情，让所有人都知道工作不只有辛苦。

尽管有一部分人至今仍然不理解，但由丰田喜一郎创立、大野耐一系统化的丰田生产方式以及由此演变出来的精益生产方式，已经被全世界的工厂所采用。

全世界的生产现场都在从福特生产方式逐渐转变为丰田生产方式和精益生产方式。因为福特生产方式虽然适用于单一品种的大批量生产，但并不适合当今流行的多品种少量生产。

有一件事让我也大吃一惊。当我翻阅小学五年级的教材时，看到这样一段话："在汽车生产工厂，有一种能够将所需数量的零件从相关工厂及时送到的方式，被称为'JUST IN TIME'方式（看板方式），这样能够减少保存零件的时间。"

丰田喜一郎和大野耐一开创的生产方式因为"会在考题中出现"，所以即便是小学生都要努力地记下来。由此可见，就连小学生都比某些专家和记者更愿意了解丰田生产方式。

迅销公司的创始人柳井正说："理解了丰田生产方式就能够理解丰田的本质。"

"丰田总是实事求是。每次我见到丰田的人，他们都深知自己今天的成功可能会成为明天的失败，所以他们绝对不会做和昨天完全一样的事情，只有准确地认知和贯彻到底地执行才能够开创出企业的未来。我认为丰田喜一郎先生和大野耐一先生都是非常严格的经营者。与他们相比我还差得很远，必须更加努力才行。"

世人对丰田生产方式的看法可以说是分为两个极端，但我个人的理解是：丰田生产方式是对今天的工作时刻保持怀疑的态度，并且为了明天而不断努力的生产方式。

劳动者通过自己的思考来消除无用功，生产出比其他企业质优价廉的产品，这样产品就会有消费者购买，公司获得利润，自己的工资也会增加。

或许有人会说："世界上的任何一家企业不是都这样做的吗？"

但真的是这样吗？事实上，许多现场中的劳动者都不进行任何思考，每一天都在做着和前一天完全一样的事情。不管在办公室还是生产现场都一样。

坚持每天早晨来到公司之后首先分析昨天的工作内容，然后找出能够消除的无用功的人想必数量并不多吧。

将这样的行为变成生产方式根植于职场之中更是需要付出巨大的努力，而大野耐一做到了。

纤维、轻工、造船、家电、汽车，日本制造的产品接连不断地走向世界并且得到世界的认可。但得到世界认可的日本生产方式却只有一个，那就是丰田生产方式。

第一章
成立汽车公司

TOYOTA

丰田家族的历史

丰田汽车的创始人丰田喜一郎是远州人，出生在静冈县敷知郡吉津村山口，也就是现在的湖西市。湖西指的是滨名湖以西，位于静冈县与爱知县的交界处。丰田喜一郎的父亲是发明自动织布机的丰田佐吉，他是明治时代非常杰出的发明家，在教科书上被称为"日本发明之王"。

丰田父子之所以能够成功地获得大量的资产，或许得益于他们的故乡盛产远州棉花。丰田佐吉凭借自己发明的自动织布机顺利地进入纺织业，他成立的公司充分地利用了棉花这个当地的特产。

丰田佐吉的儿子丰田喜一郎则利用纺织公司赚取的资金进行日本汽车的开发，为丰田汽车打下了坚实的基础。如果他们出生于其他地区，或者他们没有利用棉花赚到第一桶金的话，也许日本就不会有汽车产业。说日本的国产汽车全靠丰田父子和棉花也不为过。

棉花是锦葵科棉属植物的种子纤维，毛茸茸地包裹在种子的外面。因为这些纤维很短，所以要想将其变成棉线就必须先拧起来再拉长。将棉花纤维变成棉线的过程就叫作纺纱，其中"纺"指的是将棉花纤维拧到一起的过程，"纱"指的是纤维拉长加捻纺成的细缕，合起来就是纺纱。

而制作蚕丝的过程则叫作丝织。因为蚕丝是一条完整的纤维，完全拉伸出来甚至能够达到1 000米那么长。所以丝织就是将原本就很长的纤维直接拧到一起。

简单说，用棉花做材料的就叫作纺纱，用蚕丝做材料的就叫作丝织。很多人都不知道两者之间的区别。但为了更好地了解丰田佐吉以及他的织机和纺织业，必须先掌握这些基础知识。另外丰田佐吉的姓其实读作"TOYODA"，但丰田汽车大家都知道读作"TOYOTA"。

让我们继续之前棉花的话题。日本战国时代一统日本的织田信长就是靠棉花起家的，他用远州和三河产的棉花来筹集军费和军需物资。

日本直到天文年间（1532—1555）后期才开始大量种植棉花。在此之前日本的棉花全靠从明朝的中国进口，而且绝大部分是走私来的。后来日本以远州和三河为中心种植棉花。因为人们发现以棉花为原材料制作的纺织品可以用来制作衣物。与日本平民穿着的用麻布、树皮以及动物皮毛制作的衣服相比，纺织品衣物不但更容易生产加工，而且保暖性更好、更结实耐用，所以纺织品衣物在当时深受所有人的喜爱。

织田信长对棉花非常重视。他大量购买三河商人从当地带来的棉线和棉布，然后运到自由城市——堺市转手卖掉，以此赚取了大量的资金。棉花还是非常重要的军需物资。用棉布制成的船帆可以极大地提高战船航行的速度，而且棉制的火枪绳比麻绳更加易燃。除此之外，棉布还可以用来制作军旗、帐篷、军服等。

三河与远州地区因为种植棉花以及生产棉线和棉布，而变成了非常富裕的地区。

进入明治时代之后，纺织与棉布生产已经成为爱知县与静冈县西部的重要产业。在1935年合成纤维——尼龙诞生之前，棉花及其相关产业一直都是日本最重要的支柱产业。

丰田佐吉当年从事的纺织业，其实就相当于现在的汽车业和IT业，是非常重要的产业。

丰田佐吉生于1867年（庆应三年），正是江户时代宣告终结，即将迎来明治年代的时期。他去世于1930年（昭和五年）。可以说他是一位跨越了明治、大正、昭和三个年代的发明家和企业家。

丰田佐吉的父亲虽然偶尔也接一些木匠活，但主要还是以种田为生。丰田佐吉上小学的时候就经常帮助父亲一起做木匠活和农活。17岁的时候，丰田佐吉迷上了改良手工织布机。远州的农户几乎家家都会做棉线或棉布来补贴家用，所以丰田佐吉从小就对织布机十分熟悉。

丰田佐吉痴迷改良织布机到什么程度呢？据说是"与追女孩相比，他更愿意看奶奶织布"。

不仅如此，湖西地区还有许多对名为"机巧"的机械设备十分熟悉的人。以尾张为中心的中京圈从战国时代开始就住着许多机巧师傅，他们专门制作节庆时候使用的机巧花车和人偶。每当丰田佐吉将自己制作的机巧设备给别人看的时候，总会有人给他提出宝贵的意见，教他怎样才能做得更好。出生在中京圈的丰田佐吉，很幸运地拥有了棉花和机巧这两大财富。

丰田的第五代社长丰田英二是丰田佐吉的弟弟丰田平吉的次子。对于丰田英二来说，丰田佐吉是他的伯父。

丰田英二在提起丰田佐吉和丰田家族的时候这样说道：

"我的爷爷丰田伊吉（丰田佐吉的父亲）是木匠。但木匠的工作并不是天天都有，所以他同时也务农。一旦有木匠活的时候爷爷就会优先做木匠活来赚钱。"

"丰田佐吉伯父就是跟着爷爷耳濡目染地学会了木匠的基础，但要想取得更大的进步光跟着爷爷学是不够的，所以他就去丰桥做了一名木匠学徒。丰田佐吉伯父之所以开始制作'机巧'，大概是木匠工作的一种延续吧。"

在木匠工作中掌握的工作技术，再加上制作机巧时发挥出来的想象力，使丰田佐吉在24岁的时候就取得了生产织机的资格证。

虽然当时丰田佐吉发明出来的仍然是人力织机而非自动织机，但与同种类的其他机型相比，丰田佐吉发明的织机生产效率提高了40%~50%。尽管丰田佐吉只读过小学，但他对机械的结构十分熟悉，并且拥有强大的改良能力。

实际上，丰田佐吉的织机并不是一项全新的发明，而是在对原有织机不断地改良之后所取得的成果。他采用的方法就是亲自观察织机的运转过程，找出其中存在的问题，想办法解决问题，通过解决问题或者增添新的结构来提高生产效率。

这和丰田生产方式中的改善何其相似。

改善不是纸上谈兵。大野耐一的做法是，一旦发现生产现场中存在问题，就立刻着手进行改善。如果现场更换了新型车的生产线，那么改善的方法也要随之改变。如果现场安排了新员工，生产方式也要随之改变。大野耐一曾经指出，"丰田生产方式会因为前提条件的变化而随之改变。所以，丰田生产方式永远没有完成时"。也就是说，大野耐一认为改善要永远地持续下去。

丰田佐吉全因为一门心思只想着如何对织机进行改良而忽视了工作和家庭。对他失望至极的父亲将他赶出家门，第一任妻子也因此和他分道扬镳。丰田佐吉将妻子留下的儿子丰田喜一郎拜托给奶奶照顾，自己则全身心地投入到织机的改良工作之中。

1894年，也就是中日甲午战争爆发的那一年，丰田佐吉在名古屋市朝日町（现中区锦附近）成立了一家织机制造公司——丰田商店，自己任厂长。同年6月11日他的长子丰田喜一郎出生。后来他又在丰田商店附近开设了一家工厂。

两年后的1896年，是中日甲午战争结束的第二年，日本大力推行富国强兵的政策，从中日甲午战争结束后到第一次世界大战爆发的20年间，资本主义在日本得到了飞速的发展。而人口的增加也使人民对棉布衣料的需求大幅提高。在日本经济高速发展的大环境下，丰田佐吉的丰田商店也取得了不俗的销量。

同年，丰田佐吉发明出日本第一台自动织机"丰田式汽力织机"，以蒸汽发动机为动力。但只使用蒸汽发动机的话会出现动力不足的问题，因此他还选用了以石油为燃料的电发动机作为辅助。一台300kW蒸汽机的输出功率是400马力[①]，而一台石油发动机的输出功率为3.5马力。1马力能够使20台蒸汽织布机运转。

对于我们现代人来说，提起"蒸汽机"或许只能想到蒸汽机车，但在当时的工厂之中，机械设备一边发出巨大的声音一边冒着蒸汽的场面可以说十分常见。

丰田英二在回忆起小时候的事情时，也表示自己对蒸汽机有着特殊的感情："（大正时代初期）工厂刚建成的时候还没有通电，所以只能依靠蒸汽机来维持工厂设备的运转。到了晚上，蒸汽机就被接到发电机上给电灯供电。当时就连湖西的爷爷家（丰田佐吉的父亲丰田伊吉的家）里都没有电灯。周围有电灯的人家可以说是少之又少。"

"我对这个蒸汽机十分感兴趣。一直想亲手操纵一次试试。因为我每天都去看，所以早就记住操作的顺序了。但每当我要求'让我试一试'的时候，大人们都不同意。可能因为我太小了吧，那时候我才刚上小学。"

"（蒸汽机的）锅炉一年清洗一次。一般都是一个大人穿着兜裆布，钻进尚有余温的锅炉里将水垢清理下来。我也趁乱钻进去过几次，所以对锅炉里面的结构十分清楚。"

从明治时代到大正时代，工厂里主要依靠蒸汽机来提供动力。而家庭中

---

① 1英制马力约为745.7W。

的照明则依靠煤油灯。丰田佐吉的工厂在1914年才正式通电，在那之前一直都是用蒸汽机。

在丰田佐吉刚发明织机的时候，全世界纺织品产量最高的国家是英国。在此之前，英国一直都是从盛产棉花的印度进口手工纺织的棉布。但随着工业革命（18世纪后半期到19世纪前半期）的爆发，英国的纺织工业得到了飞速的发展，一下子变成了世界工厂。棉花的主要产地也变成了美国，而印度则回到了家庭作坊的生产方式。

丰田佐吉的自动织机

自从1733年英国机械师约翰·凯伊发明了飞梭（Flying shuttle）之后，英国的棉纺织业就开始飞速发展。在此之前的手工织机需要工人一手拿着一个梭子将棉线横竖交织起来。而有了飞梭之后，工人只需要一只手就可以对织机进行操作，工作效率提高了三倍。

棉布的生产效率提高导致棉线供不应求。这就迫使人们必须开发出工作效率更高的纺纱机。可以说第一次工业革命就是蒸汽机的发明和纺织机械不断改良的过程。

1764年，英国织工兼木工的詹姆斯·哈格里夫斯发明了珍妮机。这不但是一台能够同时生产多根棉线的纺织机，而且只需要一名劳动者就可以兼顾多台设备的运转。1767年，理查德·阿克莱特发明了以水车为动力的水力纺纱机。1779年，塞缪尔·克隆普顿将珍妮机和水力纺纱机集合到一起，发明了走锭精纺机，又称为"骡机"。骡机的出现宣告棉线进入大批量生产时代。

1785年，埃德蒙德·卡特赖特发明了以蒸汽机为动力的汽力织机（自动织机）。虽然这台自动织机与人力织机相比生产效率更高，但每台设备仍然需要有一名劳动者来协调运转。后来又出现了许多自动织机的改良品种，每一种都是英国人发明出来的。

丰田佐吉以英国的自动织机为基础进行改良。但他的目标并不是英国人追求的大型化和高速化，而是便捷性和高品质。

人力织机虽然速度慢、产量低，但劳动者能够在织布的过程中对品质进行把关。如果棉布出现褶皱或者断线等问题，劳动者能够及时地停止工作进行处理。而当时的那些自动织机即便棉布出现褶皱或者断线仍然继续工作，结果就是出现大量的次品。丰田佐吉非常不喜欢这一点。于是他发明了一个自动停止装置，利用这个装置来避免出现次品。

织布的过程就是将横线一根一根地穿过几百根竖线，然后让横线紧密地贴合在一起形成棉布。横线被装在一个名叫梭子的纺锤形容器里，在几百根竖线之间来回穿梭。

如果每台织机旁边都配备一名劳动者对工作状态进行检查，出现问题时可以及时地停止机器。但这样一来就失去了利用自动织机解放人力这个最大的意义。如果自动织机在工作中必须有专人对其进行检查，那自动织机的工作效率与人力织机相比也没什么太大的变化。而且，就算在机器旁边配备一个检查人员，等发现断线的时候再停止机器也已经来不及了。因为哪怕只是短短的一瞬间也会造成棉线的浪费。

于是丰田佐吉开始思考能够在棉线断开或者用完的瞬间让机器停止的方法。

只要机器能够在出现次品之前停下来，那就不需要一直对机器进行监视。一名劳动者可以应付许多台设备，生产效率自然能够得到飞跃性的提升。

丰田佐吉要做的就是在汽力织机上加装一个自动停止结构。首先他让织机能够在梭子里的横线用完或者断开的时候自动停止运转，接着他又将其改良成竖线断开时也会自动停止运转，最后他又增加了一个让竖线能够保持一定张力的装置，这一切全都得益于他制作机巧时掌握的经验。

丰田佐吉被称为"自动织机的发明之王"。但他发明的精髓并不是提高了织机的生产速度，而是发明出了能够让机器在出现问题后及时停止的装置。

如果机器能够自己发现问题并停止运转，就可以避免出现次品。与提高生产效率相比，丰田佐吉对减少次品的数量更加重视。他也是唯一一个从这个角度出发去进行思考的发明家。绝大多数的人都会追求更快的速度和更大的产量。但丰田佐吉认为只有增加合格的产品数量才能够真正意义上提高生产效率。如果出现次品，会使生产者感觉自己的努力都是徒劳无功。一旦在自己没有觉察的情况下将次品销售出去，还会引发消费者的不满，给企业带来负面的影响。

丰田佐吉不追求更高的性能，但他希望机器也能够像人类一样发现不良品。

丰田生产方式也是如此。丰田绝对不会对员工提出"动作快点"的要求。出现问题的话即便停止生产线也没关系，但一定要避免出现次品。

不管是丰田佐吉、丰田喜一郎还是大野耐一，他们关注的重点都不是机械设备，而是在现场工作的员工以及购买自己产品的消费者。他们深知消费者最想要的东西是没有故障的产品（汽车）。

作为丰田生产方式两大支柱之一的"自働化"，就来自丰田佐吉的想法。

大野耐一通过停止生产线来避免出现次品的方法，就是从丰田佐吉的发明中学来的灵感。他在自己的著作《丰田生产方式》中这样写道：

"'自働化'就是在机器上附加人类的智慧。'自働化'的灵感来自丰田创始人丰田佐吉的自动织机，丰田式自动织机有一个在棉线切断或者用完时就能够自动停止的机制，也就是说机器能够自行判断工作过程是否出现了问题。丰田将这种做法扩展到了生产线上。"

丰田佐吉对自动织机的改良是一个巨大的进步。在提升织机性能方面，英国人几乎已经做到了全部。但丰田佐吉从不同的视角对织机进行了改良，从此以后全世界的织机都沿用了他的思考方向进行升级。

丰田佐吉的自动织机生产出来的棉布品质非常稳定，极少出现次品，因此很快就得到了消费者的认可，成为畅销商品，三井物产也开始与丰田佐吉展开合作。后来一直给丰田佐吉提供巨大帮助的三井物产大阪分店长藤野龟之助之所以和丰田佐吉成了至交，最初应该就是被丰田佐吉所生产的高品质棉布所折服吧。

在丰田佐吉进行的改善之中，还包括对劳动者健康的保护。当时的织布工厂里到处都飞舞着棉絮，而且充满了机器运转发出的轰鸣声。不但日本，当时全世界的任何一家织布工厂都是这种状态，而且最严重的问题是肺结核在织布工厂里十分流行。织布工人有一项工作任务是在梭子里的棉线用完时进行更换，在更换棉线时必须将线头从梭子的一个小眼里穿出来。一直以来的做法是，员工先在里面将棉线穿进去，然后用嘴从梭子的另一边将线头吸出来。

但这种做法存在一个非常严重的问题。那就是如果有一名员工感染了肺结核，那么每当他用嘴吸梭子的时候就会将病菌留在上面，导致其他员工也被感染。丰田佐吉为了改变这种不卫生的做法而在梭子上做了一个豁口，这样一来员工只要用手就可以将线头塞进去，避免了嘴巴与梭子的接触。这个看似非常简单的改善瞬间就被全世界所有的织布工厂所采用。可以说，丰田佐吉改善了全世界织布工人的劳动环境。

1907年，丰田佐吉在关西和中京圈纺织企业的支持下成立了丰田式织机株式会社，但他并没有出任社长，而是担任技术负责人和常务董事，专心进行织机的改良。3年间，他全身心地投入到技术工作之中，但公司方面却因为他从不关心公司的业务而颇有怨言。

后来社长终于对丰田佐吉下了逐客令，而丰田佐吉也很痛快地就辞去了全部的职务。辞职后的丰田佐吉并没有立刻投入到新的工作之中，而是在三井物产和藤野龟之助的邀请下前往美国和欧洲考察。回国后，丰田佐吉利用三井物产的融资成立了丰田自动纺织工厂。

1914年，第一次世界大战爆发，英国、法国、德国等被卷入战争之中的国家开始将本国的产业向军需物资倾斜。纺织业虽然能够制造军服也算是军需产业，但和钢铁、造船、枪械以及子弹等行业相比重要度要低得多，因此一直以来都作为世界工厂的英国的棉纺织业陷入了停滞。此外，由于战争时期大量的船只都被军队征用，英国好不容易生产出来的棉纺织品也运不出去。英国棉纺织品在市场上的地位一落千丈。

与此同时，日本棉纺织业的地位却得到了巨大的提升。日本取代英国占领了亚洲市场，甚至还将销售范围扩大到了欧洲和美国。

日本纺织行业迎来了前所未有的利好局面，而丰田佐吉刚好赶上了这最好的时代。丰田自动纺织工厂借此机会增设了多家工厂，截至1917年已经成为拥有30 000台纺纱机、1 000台织机以及1 000名员工的大型企业。第一次世界大战后的1918年，丰田佐吉将工厂转变为株式会社，成立了丰田自动纺织株式会社。丰田佐吉本人担任社长，董事会成员包括他的家人以及三井物产的藤野龟之助等人。当时的丰田纺织在棉纺织行业可以说是无人不知无人不晓。

一直以来世人对丰田佐吉的评价都是"虽然连小学都没毕业，但发明了许多织机的人"。但从他的生平事迹来看，与其说他是一位发明家，不如说他是非常善于把握时局变化的创业者。他不止拥有伟大的发明，还成立了织机制造公司，并且成功地进军了纺织行业。除此之外，他还在上海成立了公司，并且移居到了那里。他的儿子丰田喜一郎之所以会说出"我想做汽车"这句话，或许也是因为看到了汽车行业未来可能会有和曾经的棉纺织业一样的发展吧。他们父子二人都是具有敏锐创业直觉的经营者。

来到丰田纺织的丰田喜一郎

1894年，丰田喜一郎和他的父亲一样出生在静冈的湖西。因为他的亲生母亲在生下他之后不久就回了娘家，所以丰田喜一郎自幼就是在爷爷奶奶身边长大的。他先是从当地的中学考上了仙台的旧制第二高中，然后又就读于东京帝国大学工程学专业的机械工程学科。

大学三年级的时候，他去神户钢厂实习，在两个月的时间里亲自尝试了各种机械设备和车床的操作，还参观了钢铁厂、造船工厂、纺纱工厂以及大阪炮兵工厂等。大阪炮兵工厂当时也生产军用卡车，丰田喜一郎就是在这里第一次亲眼见到汽车工厂。但这和他后来决定生产汽车究竟有没有关系还不好说。

1920年，丰田喜一郎从大学毕业，第二年就进入父亲的公司丰田纺织工作。

当时第一次世界大战已经结束，日本棉纺织业最鼎盛的时代也成了过去时。1923年关东大地震，再加上全球化的经济危机，使得日本的所有产业都受到了巨大的影响，丰田纺织也没能幸免。

丰田喜一郎作为社长的儿子，入职不久就获得了去英国和美国考察的机会。他在英国前往拥有全世界最强的织机制造实力的普拉特兄弟公司，花费半个月的时间对其进行了非常详细的调查。

如今汽车企业被认为是产业界的龙头。当时织机制造企业就相当于现在的汽车企业。织机属于工作机械，通过织机生产出来的棉布可以销往世界上的每一个角落。在拥有许多一流织机生产企业的英国，普拉特兄弟公司是名副其实的龙头老大。

丰田喜一郎在参观普拉特兄弟公司的过程中调查了应用于织机上的零件的形状和精密度，还调查了员工们的工作状态。尽管丰田佐吉希望丰田喜一郎能够继承自己的事业，但丰田喜一郎本人却并不满足于只研究织机，他还希望能够开创一片属于自己的天地。

丰田喜一郎在回国后就投入到自动织机的研究开发之中。经过丰田佐吉和丰田喜一郎父子的不懈努力，二人终于开发出了能够自动更换梭子的织机。

这就是于1924年完成，并且在第二年取得发明专利的G型自动织机。这台自动织机在梭子里的棉线用完后能够自动对梭子进行更换，并且带有24小时自动化保护与安全装置，因此只需要一名员工就可以管理多台织机。

G型织机在当时拥有首屈一指的性价比，就连丰田喜一郎曾经去偷师学艺的普拉特兄弟公司都来请求丰田转让专利，其优秀程度可见一斑。

丰田与普拉特兄弟公司展开了谈判。1929年，两家公司签订了专利转让合同，普拉特兄弟公司支付给丰田自动织机制作所85 000英镑的转让费。第一次世界大战之后，1英镑大约相当于2.4万日元。而第二次世界大战前的1万日元差不多相当于现在的2 700万日元。大致计算一下可知当时的85 000英镑相当于现在的5.5万亿日元。

由此可见，丰田佐吉和丰田喜一郎改良的G型自动织机拥有非常巨大的价值，而且得到了世界的认可。

丰田自动织机制作所是丰田纺织于1926年成立的专门从事织机生产与销售的企业，丰田喜一郎担任该公司的常务董事。

在专利转让之后的第二年，丰田佐吉就因为脑溢血引发的急性肺炎而去世，享年63岁。

1931年，日本政府希望通过掠夺殖民地来摆脱全球经济危机带来的影响，于是发动了"九·一八事变"。但中国当然不会同意自己的领土变成别人的殖民地，结果中日两国之间爆发了长达14年的战争。

丰田汽车的起源

丰田佐吉去世之后，丰田喜一郎在丰田自动织机制作所内成立了汽车生产部门，宣布要自主研发汽油发动机。他没有依赖外国的生产设备和零件，而是打算从一开始就生产自己的汽车。这就是丰田汽车的开端。

1769年，法国陆军工程师尼古拉·约瑟夫·居纽发明了全世界第一辆汽车。这辆汽车以蒸汽为动力，前轮部分有一个蒸汽机和一个锅炉，后轮部分有两个蒸汽机，除此之外还需要存储重达1吨的水和燃料，时速3.6千米。居纽发明这个装置的目的是用来牵引大炮。但因为速度太慢，甚至还没有人力推得快，所以军方并没有采用居纽的设计方案。虽然现在很多资料上都认为这就是全世界最早的汽车，但一个行驶速度比人走路还慢的机器能算是汽车吗？这一点非常值得怀疑。

现代汽车使用的四冲程发动机的原型，是德国发明家尼古拉斯·奥托发明的四冲程内燃机。1876年，奥托经过多年的艰苦研究成功制造出第一台实用的活塞式四冲程煤气内燃机，这个四冲程内燃机和现在汽车上使用的汽油发动机的结构基本相同，可以说奥托的发明为后来汽车的发明奠定了非常重要的基础。

但奥托发明的内燃机体积非常庞大。高度达到2.1米，这么庞大的体积是无法装进汽车里的。

德国工程师戈特利布·戴姆勒对此进行了改良。他成功地缩小了内燃机的体积，并且将其安装在自行车上，世界上最早的摩托车就这样诞生了。后来他又将汽油发动机安装在四轮马车和船只上，这两者也可以算是全世界最早的公交车和摩托艇了。

戴姆勒于1885年取得自行车汽油发动机的专利，全世界的汽车技术从此开始不断进步。

但直到美国汽车工程师与企业家亨利·福特开发出福特T型车（1908年）为止，汽车一直都只是美国和一部分欧洲富裕阶层才买得起的价格高昂的玩具而已。对于绝大多数的平民来说，陆地交通工具还是要依靠马车和火车。就连福特T型车也是在第一次世界大战之后才真正得到普及。也就是说，从戴姆勒成功将发动机体积缩小开始，到福特T型车的普及为止，整整过去了30多年。

不过，也有人认为福特T型车的问世和汽车得到普及之间并没有必然的联系。因为福特T型车刚问世的时候价格也不便宜，只有富裕阶层才买得起。而绝大多数的平民别说购买了，甚至连坐都没坐过。

有一种说法是第一次世界大战使汽车在美国得到了普及。当时美国陆军认为汽车是非常重要的战争资源，于是联合汽车生产企业一起展开了声势浩大的宣传活动，结果美国民众都认可了汽车的重要性。我个人认为这种说法有一定的道理。

1930年丰田喜一郎着手进行汽车开发的时候，汽车在美国已经开始普及，当时在美国公路上行驶的汽车大约有2 000万辆。而日本国内的汽车只有大约8万辆（1923年）。日本的普通老百姓别说拥有属于自己的汽车了，很多人对于汽车甚至连听都没听说过。

与美国的汽车产业已经形成了一定的规模相比，日本只有少数的先行者在从事汽车相关行业。

回顾日本汽车开发的历史不难发现，日本刚开始进行汽车开发的时期，正是丰田佐吉专心对织机进行改良的时期。

1907年，东京汽车制作所的工程师内山驹之助制造出了日本第一辆国产汽车"TAKURI号"。1914年，快进社的创业社长桥本增治郎制造出了家用车DAT。后来日产汽车继承了DAT的品牌并更名为DATSUN继续生产。其他还有丰川顺弥的ARES号（1921年）和AUTOMO号（1924年）。但上述企业除了日产之外，没有一家企业发展壮大。

汽车制造是一个综合产业，要想生产出一辆汽车，零件、电气、玻璃、燃料、橡胶等相关产业缺一不可。除此之外，如果没有平整的公路，汽车很容易出现故障，长距离行驶还需要在沿途修建加油站。也就是说，如果国家没有成熟的工业和完善的基础设施，那么不管个人怎么努力都不可能做出汽车。

当时日本的三井、三菱和住友等产业界巨头之所以迟迟没有踏足汽车产业，就是因为日本一直没有具备生产汽车的基础条件。

丰田喜一郎决定制造汽车的时候，欧美因为第一次世界大战而在军需产业中实现了技术革新。战后，欧美的技术革新流传到日本，使日本的工业技术得到了巨大的提升。另外，当时美国已经拥有年产200万辆汽车的技术实力，只要有足够的资金，完全可以从美国进口全套的生产设备。

但丰田喜一郎并没有那样做，他坚持要凭借自己的力量来生产发动机和悬挂系统零件。

虽然他的做法即便放到今天也称得上是壮举，但在其他人看来却是非常愚蠢的行为。要想从零开始制造国产汽车，日本必须拥有金属、木材、树脂、涂料、玻璃、橡胶、电子元件等所有的相关企业。而当时日本的相关产业并不完善，为了生产特殊的钢材甚至要新建钢铁厂才行。在这种情况下成立汽车制造企业确实充满了风险，也难怪当时担任丰田纺织社长的丰田利三郎和部下们强烈反对丰田喜一郎的决定。

后来丰田喜一郎这样说道："创建一个完整的汽车工业首先需要非常庞大的资本，其次要克服各个部分的技术难题，最后还要拥有熟练的组装技术。生产汽车的原材料包括钢铁、铸铁、橡胶、玻璃、涂料等，如果这些产业没有达到一定程度的技术或规模，汽车工业很难发展起来。"

尽管他自己也很清楚这一点，但还是毅然决然地走上了汽车开发这条充满荆棘的道路。

丰田喜一郎不再参与织机的改良，将精力都投入到汽车开发上。但从零开始进行汽车开发可不是件容易的事。

丰田英二在丰田喜一郎刚开始生产汽车的时候还是东京帝国大学工程学专业的学生，但他经常到工厂参观，对工程师们辛苦工作的场面有很深的印象：

"丰田喜一郎认为自己有生产自动织机的经验，所以在铸造这方面应该没什么问题。但实际尝试过之后才发现问题多如牛毛。首先，自动织机是由他自己设计的，所以从最开始就设计成了易于铸造的形状。

"但（汽车的）发动机可不是他自己设计的。尤其是像气缸体这种有孔的零件，跟实心的织机零件完全不同。他们做了很多尝试都以失败告终。后来丰田喜一郎决定先从没有孔的零件开始做起，但结果还是不行。每次做出的零件全都是次品。为了解决遇到的问题，他们不但付出了艰辛的努力，还花费了不少资金。"

一家生产纺织机械的企业要进军汽车产业，听起来完全是无谋之举。如果是之前制造飞机的企业（富士重工、三菱汽车）进军汽车产业，人们或许会觉得是顺理成章。哪怕是生产农用机械的企业（兰博基尼）进军汽车产业，也因为拖拉机和汽车有诸多相似之处，所以不会有人觉得不自然。

但一个原本生产不会动的机械设备，而且只拥有纤维产业技术经验的企业，为什么要进军汽车产业呢？谁都会对此产生疑问吧。

其实在进军汽车产业之前从事织机制造的企业不止丰田一家，轻型汽车行业的佼佼者铃木曾经也是织机制造企业。此外，日产汽车前身之一的富士精密工业也是一家著名的织机制造企业。因为织机制造企业都拥有一定的铸造技术，可能他们都觉得"自己制造发动机也没问题"，所以就开始制造汽车了。

那么，为什么丰田喜一郎决定要制造汽车呢？流传最广的说法是"他去欧美考察（1929—1930）的时候，发现乘用车市场在未来很有发展潜力"。

在此之前，丰田喜一郎只是一名为了超越父亲丰田佐吉而努力搞发明的工程师。与没有接受过高等教育的丰田佐吉不同，丰田喜一郎就读于东京帝国大学的工程学专业和法学专业，接受的是当时最高等的教育，而且毕业后就在丰田自动织机这个世界顶级的织机公司工作。他头脑聪明、理想远大，坚信"只有自己才能够创建日本最好的汽车制造企业，而非三井或是三菱"。当时东京帝国大学的毕业生完全有机会成为政府高级官员或者进入大型企业就职，但丰田喜一郎却选择回到名古屋的乡下老家，做一名织机企业的工程师。在织机领域取得的成就并不能使他感到满足，于是他又将目光瞄准了汽车这个新时代的机械制造领域。

他认为"汽车是组装产业"。所以在决定进军汽车市场之后，他先购买了一辆雪佛兰，然后将整车拆解，按照一比一的尺寸给所有的零件都绘制了图纸。他不仅掌握书面知识，还通过实物来进行学习。拆解过程全都是他亲自动手，图纸也是他自己画的。因为这样可以使他更好地了解汽车零件的性能和功能。

既然日本必将会出现汽车制造产业，为什么第一个踏入这个行业的人不能是自己呢？就算要以三井和三菱这样的产业巨头做对手，丰田喜一郎也毫不畏惧。虽然别人都以为他只是织机企业家的儿子，但丰田喜一郎作为制造业的工程师拥有非常丰富的技术和经验，所以他对自己充满自信。

丰田喜一郎的儿子丰田章一郎（现丰田汽车名誉会长）在提到父亲的创业经历时，指出丰田喜一郎对现场非常重视：

"丰田追求的是质优价廉的产品。父亲在成立丰田汽车之前就出于'价格由市场决定'的考量，而提出了削减成本的目标和具体的执行办法。他根据通用汽车和福特在日本的销售价格仔细地计算出成本，然后制订相应的生产计划。"

"但是由于日本的市场太小，丰田无法进行大批量的生产，仅此一点就使得丰田汽车的成本与欧美汽车相比高出许多。于是父亲决定在新建成的举母工厂（现总部工厂）试行'必要的零件、必要的时间、必要的数量'，即'JUST IN TIME'的生产方式。但是其出发点是为了消除不必要的临时库存，通过提高工作效率来实现成本的削减。为了让产品能够达到符合市场需求的价格，丰田上下团结一心展开了'成本之战'。"

"丰田喜一郎之所以没有采用直接削减成本的方法，是因为这样做会导致零件的品质下降，他又不想通过压榨供应商的方式来降低自身的成本。要想与美国汽车在市场上进行竞争，丰田汽车就必须更加便宜。但日本购买汽车的人数完全无法与美国相比，所以丰田无法通过大批量生产的方法来降低成本。为了在少量生产的前提下也能够尽可能地降低成本，丰田喜一郎想出了'JUST IN TIME'的生产方式。"

丰田章一郎继续说道："父亲从创业之初就坚持亲自上门给顾客修理产品的故障。后来刈谷工厂建成时，他专门成立了监察改良部，当时唯一的部员丰田英二先生负责针对顾客投诉的问题找出解决办法。而在举母工厂，除了负责生产的工长之外又增加了一位检查工长，负责检查次品、对工序进行改善以及员工培训……"

"父亲非常重视现场，他认为'理论不如实践'，最常说的话是'大学毕业生就会纸上谈兵，根本派不上用场'。"

丰田喜一郎深知自己从事汽车生产完全是一场冒险。而愿意在一个充满风险的企业之中工作的人并不多，如果不能将现场的员工留住，企业就很难坚持下去。

现在的电视剧和电影里出现的第二次世界大战前工厂劳动者都是一副苦大仇深受压迫的形象。虽然当时确实存在压榨劳动者的工厂，但当时的社会情况和现在有非常大的差异。当时的工厂劳动者大多是学徒工，他们并不会在工厂工作一辈子，一般来说当他们掌握了技术之后就会跳槽到其他地方或者独立创业。而且女性在结婚之后就不再继续工作，男性觉得在工厂劳动辛苦而回农村种田的情况也屡见不鲜。农村无论何时都需要劳动力。

第二次世界大战结束之后，在战争时期被征集到军工厂的劳动者纷纷离职，回到农村老家。农业一直到20世纪50年代都是日本的支柱产业，所以农村完全可以吸纳大量从城市返回的劳动力。

丰田喜一郎之所以对现场的员工非常重视，是因为当时汽车这种交通工具和丰田这个企业都没什么知名度。当然，和他本人和蔼可亲的性格也有关系。

丰田章一郎这样回忆道："如果工长生病了，父亲一定会亲自去他家看望，我有时候也会跟父亲一起去。如果父亲实在忙得脱不开身，我就代表他去。"

丰田喜一郎的口头禅是"工作服精神"："如果工程师或者工厂厂长整天穿得整整齐齐、双手也干干净净，怎么能取得员工的信任呢？所以必须在现场身先士卒。"

丰田喜一郎的一生并没有太多波澜壮阔的故事。他因为患有高血压而不得不经常疗养，虽然他很喜欢喝酒，但因为身体原因不能喝得太多。在他57年的人生之中，唯一的愿望就是让日本产的汽车行驶在日本的道路之上。

从砂芯到油砂芯

1933年，丰田喜一郎成立了汽车制造部门。1935年制造出第一辆试验车型——A1型轿车。但这辆车除了个别铸造零件之外，其他全都用的是美国进口的雪佛兰零件组装而成。不过能够自主生产出发动机的基础零件，对于日本汽车工业来说仍然是一个巨大的进步。

同年11月，丰田又在A1型轿车的基础上推出了G1型卡车，并且当年就卖出去了14辆。与轿车相比人们更愿意购买业务用的卡车，到第二次世界大战结束为止，人们一提到丰田车首先想到的就是卡车，尽管这并不是丰田喜一郎的本意。

在丰田喜一郎提出要生产汽车的时候，丰田自动织机的干部们并不支持。但毕竟提议者是创始人丰田佐吉的儿子，而且在织机的改良和发明上取得了不俗的成绩。不仅如此，他手中还拥有转让专利得到的巨额资金。

丰田喜一郎积极地开展汽车的研发和制造，但在他提出"年产20万辆"的目标时，所有人都惊呆了："美国的平均年产量是236万辆，日本一年怎么也能卖出去美国的十分之一吧。"

1933年全日本行驶的汽车大约135 000辆。其中轿车的数量约占一半。而且几乎全都是通用汽车和福特的日本分厂组装生产的汽车。日本的市场这么小，丰田喜一郎却说出"年产20万辆"的豪言壮语，也难怪干部们哑口无言。当时丰田喜一郎给人的感觉就是一个强硬而坚决的创业者。

尽管丰田喜一郎从海外（主要是美国）采购来了全套的生产设备，但仍然无法自己生产出所有的零件。

在汽车研发过程中，耗费时间最多的就是由铸件制成的发动机内部的气缸体和气缸盖。

正如丰田英二所说，丰田喜一郎用制造织机的方法来制造汽车铸件，但发动机的铸件更加精密，而且有许多中空的部分。

最初丰田喜一郎选择的是和制造织机时一样的砂芯。这种以河砂制成的砂芯在制造织机铸件时只要将铁水倒进模具中，那么砂芯部分就会形成空心。但是同样方法铸造出来的发动机铸件不是中间有气泡，就是砂芯溃散导致成型失败或者尺寸不准。

后来丰田喜一郎将砂芯更换为福特工厂制作气缸体时所用的油砂芯，才终于取得了成功。

油砂芯是以天然银砂为主体，再混合亚麻籽油、紫苏籽油以及中国产的桐油制成的砂芯，即便放入铸造模具中也不会溃散变形，能够保证空心部分的尺寸准确无误。但油砂芯的混合比率必须十分精准，否则就会和注入模具中的高温铁水发生反应引起爆炸。虽然丰田工厂之中并没有发生过爆炸，但也出现过好几次铁水喷溅的危险情况。

结果，这些从没有制造过汽车的人并没有被制造方法难住。因为他们知道汽车的运行原理，也了解制造流程。难住他们的是原材料。

丰田喜一郎等人不知道应该用哪些原材料，以及从哪里才能搞到这些原材料。当时日本并没有能够生产出精密零件的企业。对于那些采购不到的零件，丰田喜一郎等人只能自己动手制作。

虽然这些零件大都是铁制品，但纯铁是不行的。他们只能通过调整碳的含量，来生产出适合自身需求的铁制品。前文中提到的油砂芯其实也是进行艰苦的钢铁材料研发的例子之一。丰田喜一郎等人必须了解钢铁的成分，搞清楚发动机零件需要什么性质的钢铁、悬挂系统需要什么性质的钢铁，然后再进行研发和反复试验，生产出能够投入应用的铁制品。但当时丰田喜一郎还是没能开发出用来制造车身的钢板，只好进口美国钢材，然后由技术工人用锤子将厚度不到2毫米的钢板打造成车身的形状。

历经无数挫折的A1型轿车只生产了3辆就停止研发。而丰田喜一郎信心十足地提出月产150辆目标的G1型卡车，实际上月产量勉强达到70辆。

A1型轿车和G1型卡车制造完成后，丰田喜一郎在日本的道路上对这两种车进行了道路测试。路线都是从爱知县的刈谷出发，途经丰桥、清水、三道和东海道，然后穿过箱根从小田原抵达东京。接着再从东京出发，途经所泽、熊谷、高崎，翻过碓冰峠、和田峠、盐尻峠，然后从甲府、笼坂峠、御殿场抵达热海，最后返回刈谷。

A1型轿车跑完全程花费5天的时间，行程1 433千米，G1型卡车跑完全程花费6天的时间，行程1 260千米。第二次世界大战后，丰田首个自主研发的轿车皇冠完成了从伦敦到东京的道路测试，途中还穿越了沙漠地带。这在当时被新闻媒体称为"壮举"。但实际上早在第二次世界大战前，丰田汽车就已经在比中东沙漠地带路况还要恶劣的山路上磕磕绊绊地完成了道路测试。

任何汽车在道路测试时都会频繁地出现故障，这有助于汽车生产企业发现问题并在正式销售之前解决这些问题。即便如此，G1型卡车出现的故障也实在是太多了，有时候丰田喜一郎也会亲自前往现场帮助处理故障。据说当时G1型卡车出现的故障和需要修理的地方加起来超过800个，就算路况恶劣，但出现这么多的问题也有点说不过去，可见当时G1型卡车并不能算完成品。

自动织机时代的汽车制造

进军汽车事业的丰田喜一郎将丰田自动织机刈谷工厂的一个角落改造成了汽车加工区，初期目标是月产50辆。但这个加工区没有自动传送带，他只能拉过来一条轨道式的生产线，将汽车的底盘放在上面，由人力来推动。

丰田喜一郎希望能够在1936年之前月产轿车200辆、卡车300辆，要想实现这个目标就必须扩大工厂的规模。于是他在距离最初的加工区大约一千米远的地方建造了车身组装工厂、涂装工厂、框架组装工厂、底盘组装工厂、内饰工厂、零件仓库等厂房设施，统称为刈谷组装工厂，并且配备了全自动的传送带。但在刚建成的时候，这些工厂并没有被有机地整合到一起，而且内部设计也是完全照搬了美国工厂。

当时丰田汽车的生产数量很少。在制造发动机和变速器之类的产品时，传送带能够发挥一定的作用，但在将车门、发动机、轮胎等零件安装到车身上的组装工序中，固定组装比传送带的效率更高，至于底盘则可以通过推车或者轨道式生产线来进行移动。在批量生产的体制走上正轨之前，丰田采用的都是固定组装的方式，而且这种方法也比较适合少量生产。

现在传送带几乎可以说是生产现场的标配。那么没有传送带的组装现场究竟是什么样子的呢？

要想找到这个问题的答案，只要去如今仍然采用手工方式制造汽车的生产现场看一看就可以了。但这样的汽车都是超级跑车，比如法拉利、兰博基尼这样生产数量非常少的超级跑车就不需要像量产型的普通汽车那样的传送带。而且生产这样的汽车也不需要很大的空间，只要将零件配齐然后进行组装即可。

但是，除非你是购买了好几辆法拉利或者兰博基尼的车主，法拉利和兰博基尼的生产现场是不对外公开的。我买不起好几辆超级跑车，只能厚着脸皮请求丰田让我去全世界首款搭载有氢燃料电池的"Mirai"的生产现场参观。Mirai的生产线位于爱知县丰田市的丰田元町工厂，采用的是固定组装的生产方式。

Mirai在2016年的生产数量是2 000辆，2017年是3 000辆，计划到2020年之后增加到年产20 000辆。2018年下订单的话，最早也要3年后才能拿到车。因为加氢站的数量有限，所以丰田最初选择少量生产，但消费者完全无法抗拒这款新能源汽车的魅力。不仅日本，全世界的订单都如雪片般飘来。

Mirai的制造工厂和大学的体育馆差不多一样大，天花板很高，大概有三层楼高。而且内部的灯光比我之前参观过的所有汽车制造工厂都更加明亮。

我好奇地问工作人员这是为什么，对方回答说："这是因为有很多比较细致的工作内容，但实际上亮度并没有差很多。"

这里的工人数量并不多，与其说是工厂，倒更像是艺术家的工作室。不出我所料，这里果然没有传送带。传送带和轰鸣的噪声可以说是工厂的两大标志。如果没有这两样，将这么宽敞的空间称为工厂总感觉有点名不副实。

Mirai的制造现场里只有偶尔响起的用电动扳手拧紧螺母时发出的"嗡嗡"声，给人的感觉确实很像是工作室或者研究所。

这里的员工每天工作8小时，共有两组员工交替工作16小时，一天的产量是9辆。工厂内部有一辆作为样品的完成车，还有3辆正在制造中。想要移动车体的时候，工人们需要先将其搬到一个非常结实的推车上，然后依靠人力来推动。尽管这种做法看起来很原始，但实际上并不需要太大的力量，工人推得都很轻松。

其他比较沉重的零件都是从天花板上吊装过来的，而比较轻的零件则放在工人身边的零件箱里。一个组装团队里共有13名成员，Mirai的所有工作都是由这13个人完成的。

组装工序分为三部分：第一部分是基础工序，需要拆卸车门、安装线束和仪表盘等；第二部分是底盘工序，安装悬挂系统和高压储氢罐；第三部分是收尾工序，布置车辆的内饰然后将车门安装回去。

一辆汽车由30 000多个零件组成。其中车载导航和氢燃料装置被称为模组零件，每一个都额外包含1 000多个零件。

汽车组装简单来说就是将大大小小所有的零件全都安装到车身上。虽然也有需要焊接的部分，但绝大多数都是用螺丝和螺母来固定的。

根据我的观察，目前很难利用机器人取代人类进行汽车的组装工作。比如铺设线束这道工序，需要工人钻进车身内部，按照车内结构弯曲的形状来安排线束的位置，然后加以固定。要想完成这道工序需要非常高的精度和判断力，如果未来能够开发出拥有足够精度的机器人的话，那么汽车生产或许能够实现全程自动化。

虽然一个组装团队有13名成员，但在组装的过程中这些人是分批次完成自己的工作，而非一下子全都围上来。否则的话，团队成员之间反而会互相干扰。

组装工序最关键的部分是安装"燃料电池组"。燃料电池组就相当于普通汽车的发动机部分，连接上高压储氢罐之后由一个能够移动和升降的平台吊装到车身上固定。虽然这是最重要的作业，但实际操作的过程却非常简单。只需要找好位置之后将其安装到车身上即可。整个过程甚至不到3分钟。

我在距离车身大约3米远的地方进行观察，发现工人们的动作有条不紊，看不出丝毫慌张的模样。给人的感觉就好像是他们面前有一条传送带，他们在配合传送带的速度进行组装。但一般来说，像这种纯手工组装的情况，工人应该一边思考一边将零件组装上去，每个动作都应该有思考的过程才对。

现场负责人这样说道："如果没有传送带，工人就要自己把握节奏，确实会花费更多的时间。所以必须让自己的工作节奏保持在一个合理的区间，既不能快也不能慢。"

在马拉松比赛中都有一名专门带节奏的领跑者。虽然这名领跑者的任务只是帮助某个特定的选手保持节奏，但只要有带节奏的领跑者出现，其他选手也会跟着他的节奏一起跑。在汽车组装的作业中，传送带就相当于马拉松里带节奏的领跑者。与自己摸索工作节奏相比，跟着传送带的节奏更加轻松一些。

可能很多人都觉得跟着传送带的节奏工作是件很辛苦的事吧。就像卓别林的电影《摩登时代》里演的那样，如果传送带运转的速度过快，确实会让人疲于奔命，但汽车工厂里的传送带运转的速度并没有那么快。

尤其是丰田工厂里的员工更不会被传送带逼得手忙脚乱。如果丰田的生产线上出现任何问题，现场的员工立刻就会停止生产线，上司则会马上赶到现场帮忙处理问题。当员工认为工作可以恢复正常之后，他才会重新启动生产线，所以在丰田的工厂里不可能看到生产线上的员工焦头烂额的模样。

对工作流程熟练之后，员工都能确定自己的节奏。现场的作业者并不会因为传送带的速度而感到压力，但要是迟迟无法确定自己的节奏倒是会让他们倍感压力。

就在我思考这些问题的时候，现场负责人忽然开口对我说道："对于手工制造汽车的工人来说，最有满足感的地方就是能够一个人完成全部工序。流水线上的工人是绝对做不到的。"

接着他又补充道："我们最害怕的是流感。因为整个组装团队的成员们每天都在一起接触，只要有一个人得了流感，就可能传染整个团队，导致Mirai的生产陷入停滞。所以如果我们发现有人得了流感，就会立刻将团队中至少5个人隔离出来。"

让我们继续回到丰田喜一郎开始制造汽车的1933年。

这一年，日产康采恩的创始人鲇川义介成立了汽车制造株式会社（现日产汽车）。日产康采恩是由日立制作所、日本矿业、日本化学、日本油脂、日本水产、日产火灾海上保险等上百家企业组成的企业集团，在第二次世界大战前的一段时期发展成为除了住友财团之外仅次于三井和三菱的大财团。

鲇川义介和丰田喜一郎一样都以研发日本车为目标，但采用的方法却完全不同。丰田喜一郎打算最终实现全部零件都自主生产，而鲇川义介则希望和日本通用汽车展开合作。

但随着战争的火药味越来越浓，鲇川义介和海外资本合作的想法也难以实现。当时日本的汽车有一大半都是通用汽车和福特的汽车，日本的汽车企业还处于刚起步的阶段。但由于日本军部已经将美国视作假想敌，所以即便在这种情况下，军部仍然不希望美国的汽车继续在日本普及。

1936年，日本军部与商工省的工务局长岸信介共同制定并公布了《日本汽车制造事业法》，其内容是为了实现"国防之整备及产业之发展"而"大力促进汽车制造事业之确立"。

这项对经济加以限制的法律有两个主要内容。第一个是在日本年产汽车

3 000辆以上的话必须得到政府的许可，第二个是日本国民必须占企业股东的半数以上。很明显这是限制通用汽车和福特，扶植日产、丰田和柴油汽车工业（现五十铃）这三家汽车企业的法律。

在这项法律颁布之后，当时已经在日本实现低成本生产的通用汽车和福特虽然还可以继续进行生产，但无法进一步扩大生产规模。于是这两家公司都在1939年美国与德国开战的同时停止了在日本的生产。

尽管日本颁布了对日本本国企业有利的法律，但丰田喜一郎却并不感到高兴。与其说他是反对战争，不如说他对政府官员缺乏信任。

丰田英二说过："政府把他们两个人（鲇川义介、丰田喜一郎）叫去，问他们：'丰田和日产两家企业都为制造国产车做出了巨大的贡献，那么国家应该对你们提供怎样的帮助呢？'但丰田喜一郎和鲇川义介都回答说：'现在国家推行的这些支援政策都没什么效果。我们不需要国家的帮助。'他们都认为只要凭借自身的力量就足够了。"

因为这项法律，丰田对军方的卡车销售数量确实增加了。但战场上的士兵们对于丰田和日产的卡车并不信任，他们更喜欢福特和通用的卡车。据说在前线，被命令"坐日本品牌卡车"的队伍都垂头丧气，而坐美国品牌卡车的队伍则欢欣鼓舞。

从现实的角度来说，这项法律使军需用车的生产数量增加了，同时也让拥有强大的技术实力、熟练的技术人员以及完善的销售网络的福特和通用汽车退出了日本市场。但问题在于，福特和通用汽车离开之后，日本的零件产业就难以继续发展。

丰田和日产当时还在摸索着进行零件的生产，福特和通用汽车这些美国企业不但能够对零件的生产进行技术指导，还会下大量的订单。从促进零件产业发展的角度来看，外资企业的存在更有利于日本汽车产业整体的进步。《日本汽车制造事业法》虽然保护了日本的汽车企业，却对品质的提升造成了负面的影响。

丰田英二曾经这样回忆道："当时零件生产的状况简直是一塌糊涂。"

"我听说位于日立市的一家企业开始生产计量器，就特意去看了一下，结果发现那里虽然有厂房，但里面除了一个工作台之外没有其他任何设备，也没有员工。这家企业的社长几乎不知道计量器的制造方法。"

"更夸张的是，我听说御徒町有一家生产计量器的工厂，到现场一看这家工厂位于国铁线路的下面，每当电车通过的时候厂房都跟着摇晃。在这样的环境下制造出来的计量器谁敢用啊？但当时人家就敢说'我做的是计量器'。"

建设举母工厂

1937年，丰田汽车正式成立，这也是《日本汽车制造事业法》颁布的第二年。丰田喜一郎担任副社长，担任社长的是他的妹夫丰田利三郎。

在很多关于丰田的文章和作品中，都将丰田利三郎描写成一个为了守护丰田织机和丰田纺织而拼命阻挠丰田喜一郎开发汽车的人。但在丰田自己记录的公司历史和汽车历史相关的书籍中，虽然丰田利三郎确实反对开发汽车，却并没有关于他阻止开发的记录。

丰田利三郎身为社长，是丰田家的代表，所以在表达意见的时候当然要比较慎重。但如果身为丰田佐吉长子的丰田喜一郎坚决表态"一定要做"，那么丰田利三郎也无法反对。尽管丰田喜一郎担任的是丰田汽车的副社长，但只有他一个人懂汽车。所以实际上丰田汽车还是丰田喜一郎说了算。

同年，丰田汽车在爱知县西加茂郡举母町获得了175万平方米的土地，开始修建汽车专用工厂。这是日本第一个真正的汽车专用工厂，现在已经正式更名为总部工厂。

丰田喜一郎之所以选择在举母修建工厂，主要是出于三个原因。

第一个，也是最重要的原因是这片土地原来不是农田。丰田家原本是农户，丰田佐吉的父亲丰田伊吉总是把"不要破坏农田建造工厂"挂在嘴边，所以丰田喜一郎在选择工厂用地的时候也牢记爷爷的教导。举母工厂的土地之前是一片荒地，而且是一整片地。

第二个原因是举母町大力支持丰田在当地建厂。对于当时没有任何产业的举母町来说，在这里修建能够提供大量工作岗位的汽车工厂，实在是千载难逢的好机会。

第三个原因是交通便利。不过当时在举母工厂周边并没有干线道路，附近甚至连普通的道路都没有建设好。

或许有人会问了："那交通便利究竟表现在哪里呢？"具体表现在名古屋电铁（现名古屋铁道）专门铺设了一条轨道进入工厂，工厂里生产出来的汽车可以直接用火车运往名古屋或者首都圈。铁轨直接连入工厂，在运送完成品汽车的时候能够提供巨大的便利条件。

举母工厂在建设之前的生产目标（月产）是轿车500辆、卡车1 500辆，合计2 000辆。

当时在干部会议上，丰田喜一郎发表了一篇名为《成本计算与今后发展》的论文，主要内容可以概括为以下的数字。

福特和雪佛兰的卡车售价为3 000日元（1936年，当时普通员工的月工资是70日元到100日元），生产成本为2 400日元。

丰田喜一郎根据这一数字决定将成本控制在2 400日元以内，销售价格则比美国车更加便宜。

举母工厂同年10月、11月、12月的实际生产数量分别是150辆、200辆、250辆。平均生产成本分别是2 948日元、2 761日元、3 088日元。

根据丰田喜一郎的推测，如果举母工厂的产量能够达到月产1 500辆，并且全部都能销售出去的话，那么平均生产成本就能够降低到1 850日元。

汽车企业只能大量生产并且大量销售才能够生存下去。虽然像法拉利和兰博基尼那样的超级跑车可以选择手工生产的方式来进行少量生产，但确立这样的知名品牌却需要大量的时间和金钱的积累。

通过大批量生产来降低汽车的平均成本，也可以说是汽车企业实力的一种体现。

深知这一点的丰田喜一郎认为继续在自动织机的刈谷工厂手工组装汽车的做法不是长久之计，于是决定建设规模更大的举母工厂。

恰到好处

举母工厂的规模在当时是空前巨大的。其中包括了铸造、锻造等钢铁加工，机械加工与组装，冲压、涂装、整车组装等汽车生产的全部流程，可以说是日本汽车专用工厂的雏形。

丰田喜一郎在举母工厂导入的生产系统的基本概念就是"JUST IN TIME"。

他在工厂建成前接受杂志采访的时候这样说道："对于汽车工业来说，原材料的质和量都非常重要。其中光是一些零件的种类就有两三千种之多，如果不能够准确地把握好这些材料和零件的准备与库存，不仅会浪费大量的资金，还可能造成产量下降。"

"所以我认为'恰到好处'，也就是既能够实现生产目标又不会造成时间和精力的浪费是最重要的，不能太多也不能太少。让材料和零件都运动、循环起来，而不是'留在原地'，'JUST IN TIME'地将材料和零件送到需要的地方。"

他在刈谷工厂进行试生产的阶段就已经在头脑中想好了"JUST IN TIME"

的生产系统，并且在专用工厂竣工后将其导入现场。包括刘谷工厂在内，之前日本汽车工厂的布局设计都不适合流水线生产。但丰田喜一郎为了在举母工厂中采用"JUST IN TIME"的生产方式，专门选择了冲压、焊机、加工、组装的流水线式布局设计。

丰田英二称丰田喜一郎的这一举动"非常有魄力"。

"举母工厂抛弃了传统的批量生产方式，转而采用流水线式生产。尽管现场的工长们都对新方式是否能够取得成功表示怀疑，丰田喜一郎仍然按照新的生产方式安排了工厂的布局。"

"新的生产方式要求生产出来的产品既不能多也不能少。如果员工完成了自己当天的工作任务，甚至可以提前下班。这种生产方式从1938年秋季开始实施，大约持续了两年的时间，后来因为统制经济的实施，生产方式逐渐变成了战时体制。第二次世界大战后大野耐一及其团队经过反复的努力尝试又恢复了这种生产方式。"

丰田生产方式的两大支柱，"JUST IN TIME"和"自働化"的思考方法，早在第二次世界大战前就已经在举母工厂形成。所以大野耐一并不是丰田生产方式的创造者，而是将其系统化的人。

大野耐一自己也说："想出'JUST IN TIME'的人是丰田喜一郎，想出'自働化'的人是丰田佐吉。"或许在他看来，强调丰田生产方式的两大支柱来自这两个人的思想更有利于在丰田公司内部进行推广。

打着"创始人丰田佐吉和丰田喜一郎"的旗号进行推广，现场员工的抵触情绪会少一些。如果大野耐一一味地强调"这是我自己的想法"，丰田生产方式恐怕不会像现在这样普及。

那么，当时导入的"JUST IN TIME"方式究竟是什么内容呢？

在举母工厂建成之前，刘谷工厂里的生产状态是下面这样的。

铸造出来的基础零件并不会立刻被送到生产线上，而是先放在临时仓库里，因为在基础零件没有达到一定数量的情况下无法进行下一个阶段的组装作业。所以工人们必须先努力工作生产出基础零件，等这些基础零件积攒到一定的程度之后再将其组装成半成品零件。组装出来的半成品零件又被送进仓库，等基础零件和半成品零件都积攒到一定数量之后，将这些零件全拿出来进行整体组装。

这样的话，基础零件和半成品零件都会在临时仓库里放很长时间。不但需要库存空间，还需要来回搬运这些零件。丰田喜一郎认为这种情况"很不合理"。

就连织机的制造现场都要比这效率的多，至少织机现场不会将什么零件都存在仓库里。

丰田喜一郎见到汽车的制造现场比织机制造的效率更低，心里感到非常郁闷。他决定要通过改变生产方式来降低成本，否则丰田的汽车根本无法被市场所接受。

当时丰田生产的汽车，不管是轿车还是卡车，在性能上都不如通用汽车与福特的汽车。经常出现故障不说，维修点还很少，但是价格却比美国车更高。一开始买丰田车的都是亲朋好友或者关系户，剩下的就是军方。要想让丰田汽车得到普及，必须降低生产成本，进而降低价格。

对于一个刚成立不久、毫无竞争优势的汽车企业来说，为了生存下去只能消除无用功、提高生产效率。也就是必须实现"JUST IN TIME"的生产方式。

亲身经历过这一时期的丰田英二对当时的情况这样回忆道："丰田喜一郎决定采取流水线作业的方式，通过消除库存来节省成本。换一个角度来看，就是在生产出来的产品产生费用之前就将其卖出去，如果这种方式确定下来的话，甚至连周转资金都不需要。"

"那么怎样才能使流水线作业确定下来呢？首先必须对员工进行彻底的培训和教育。因为传统的生产方式早已经在工人们的头脑里根深蒂固，所以要想让他们接受新的生产方式，必须从培训开始。"

"丰田喜一郎制作了一本厚达10厘米的工作手册，将流水线作业的内容事无巨细地全都写了下来。我们就用这本工作手册给员工做培训，这就是丰田生产方式的起源。"

丰田英二的这段话指出了非常重要的一点。那就是丰田生产方式普及的关键在于培训和教育。这种培训和教育并非单纯的传授知识，而是改变一个人的思考方式。要想让一个已经习惯了传统方式的人改变自己一直以来的思考方式绝非易事。人类在自己一直坚持的事情遭到他人反对的时候都会表现得极为抗拒。不管在当时也好还是后来也罢，越是熟练的工人就越反对"JUST IN TIME"的生产方式。

丰田喜一郎制作的工作手册绝非纸上谈兵。举母工厂可以说完全是他一手建设起来的，就像是他的孩子一样。工厂里的工作设备是丰田喜一郎亲自挑选的，大体的布局也是他亲自设计的。工厂正式运转之后，他还穿着工作服，将所有的工序都亲自做了一遍。

他曾经因为改良织机而获得日本发明协会颁发的日本最高级别的"恩赐纪念赏"。同时，他也是日本汽车研发领域首屈一指的工程师。尽管他是"富二代"出身，却是在生产现场长大的人。他去过现场的每一个角落，亲自与现场的工作人员进行过交流，所以他比任何人都清楚"如果不改变生产方式就无法生存下去"。

但对当时的丰田汽车来说，导入"JUST IN TIME"还是太早了。要想实现这种生产方式，不但要将其应用于流水线上，还要应用于仓库之中。而且如果不在所有的流水线和仓库之中全部实施的话，就会在个别环节出现问题。

据说当时在现场与仓库之间，经常因为应该将多余出来的零件放在什么地方而互相争执。曾经担任过机械工厂负责人的岩冈次郎这样说道："如果一切都能像钟表上的指针那样'JUST IN TIME'地运转起来，那确实很有效率，而且也都能够按照计划顺利进行。但要想达到这种理想的状态必须非常彻底的执行……丰田喜一郎先生对材料的存放场所都有非常严格的规定，比如气缸体一天的规定产量是20个，那么现场就只有存放20个的空间，生产多了就没有地方放。因为类似这样的情况，现场和仓库之间经常吵架。"

现场没有多余的空间存放多出来的产品，所以只能拿到仓库去。而仓库又接到丰田喜一郎的命令"不许接纳现场送回来的东西"，所以不能存放。尽管丰田喜一郎反复强调"JUST IN TIME"，不让现场存放多余的东西，但只要这种方式没能在工厂内所有流程中执行到位，那就一定会出现产品堆积的情况。

结果，举母工厂只有一部分工序试用了这种方法，"JUST IN TIME"的生产方式在当时并没有真正确立。

如果给丰田喜一郎更多的时间去磨合，"JUST IN TIME"或许能够在举母工厂确立起来。但战争的爆发粉碎了丰田喜一郎的理想，这就不能说是他的责任了。

公制单位

在导入"JUST IN TIME"的同一时期，丰田喜一郎还导入了公制单位。日本于1921年就采用了公制单位，但在制造业的现场却仍然沿用英制单位。因为明治维新时引进的机械设备大多是英国和美国产的，所以制造业一直以英制单位作为标准。

特别是汽车产业，因为全都用美国车做参考，所以从生产设备到零件全都是以英寸和英磅来表示的。但现场的工作人员对英制单位并不熟悉，所以他们还是常用日常生活中的尺贯法。将一英寸换算成一寸，八分之一英寸换算成一分。但这样换算之后，生产出来的零件经常出现尺寸不对的情况。

于是借着举母工厂完工的大好机会，丰田喜一郎决定"统一使用公制单位"。尽管提出这一举措的人是丰田喜一郎，但实际负责执行的人是刚刚入职（从丰田自动织机转到丰田汽车）第二年的丰田英二。

从英制单位转换到公制单位看似简单，实际执行起来却出乎意料地困难。首先必须将之前使用的英制单位工具全都换成公制单位工具，就算是还能使用的工具也必须扔掉，另外图纸也要全部重新绘制。做这些事情不但需要花费大量的时间，还要花费不少金钱。

需要更换的不只有工具和设计图，最麻烦的是螺丝。之前他们用的都是美国的SAE（美国汽车工程师协会）规格，但现在这种规格的不能用了。于是他们只能买来公制单位的螺丝，却是JSE（JIS，日本工业标准规格的前身）规格的，和丰田现场的尺寸完全不一样。

在这种情况下，丰田英二决定自己开发螺丝。但由于螺丝的数量实在是太多，光是确定规格和生产就花费了大量的时间。因为丰田英二完全按照现场的实际情况来制订螺丝的规格，所以他制订的螺丝规格在战后成为日本的标准规格。日产和本田所采用的螺丝都是丰田英二设计的。

丰田英二这样回忆道："日产一直到战争结束之前用的都是英制单位。因为这件事陆军方面好像还给他们提了意见。因为我们采用了公制单位，日产继续用英制单位的话，我们之间的零件就不能互换。也就是说在战场上，丰田汽车和日产汽车不能交换零件。"

丰田曾经被称为"爱知门罗主义"，给人一种顽固、孤立、保守的印象。但仔细分析丰田创业初期的历史不难发现，丰田一直在进行创新的挑战。特别是采用公制单位的行为并不会带来直接的利益，但丰田仍然从长远的角度出发做出了正确的选择。

在采用公制单位时遇到的最大难题就是对现场员工的培训和教育。让习惯于英制单位的人换成公制单位来进行工作，就好像让一群习惯说英语的人忽然改说法语一样。尽管当时的现场一片混乱，丰田英二却觉得这是"非常好的锻炼机会"。

由此可见，在生产现场进行全新的尝试需要投入大量的精力，而且难免会出现混乱。丰田生产方式在所有的工厂中导入时，都出现过非常严重的混乱局面。

《日本国家总动员法》与统制经济

就在丰田汽车刚刚成立的第二年（1938），日本颁布了《日本国家总动员法》，宣布进入全面的统制经济时期。

《日本国家总动员法》，指的是为了保证战争时期的国防而对人员和物资进行控制，政府可以不经过议会的批准开展各种动员活动。简单说，就是日本政府可以强制民营企业按照政府的要求进行生产。

强制征兵、物资配给、企业和金融控制、物价控制、言论控制，自从日本颁布这项法律进入配给制度之后，整个社会都变得阴暗起来。丰田英二称当时的氛围"就像是被蚕丝勒住了脖子一样"。

有些国民甚至因为不满这种现状，而发出"要打仗的话就快点打"的怨言。

同年，日本政府对汽车生产进行了限制，到了1939年更是禁止一切民用汽车的生产。此外，所有的汽车零件都由汽车统制会进行分配，企业方面完全不知道自己什么时候能够得到什么零件。

丰田英二这样说道："因为之前一直都是自由经济，现在忽然变成统制经济，谁都会感到难以理解。但法律白纸黑字写得清清楚楚，一旦违反，轻则罚款重则坐牢。不过很多事情昨天做还什么事也没有，今天做就不行了，所以难免会触犯法律……第二次世界大战后成为副社长的大野耐一修司（和大野耐一不是一个人）先生当时就因为违反了不知道哪一条法律而遭到逮捕，也搞不清楚是他自己的问题还是被别人牵连。最后警方只是对他审问了一番就释放了。"

统制和配给的目的是对有限的物资进行公平分配。但很多"聪明人"就会趁机钻空子，将自己的东西藏起来，然后拿到黑市上高价出售。因此，越是贵重品就越难搞到手。对于汽车行业来说，正规的零件就是很难搞到手的贵重品。

而对于负责原材料分配的政府官员来说，这也是个麻烦的工作。他们没有汽车行业的相关经验，根本不知道应该将多少数量的什么材料分配给哪些企业。

假设汽车企业向政府申请说"我们需要作为原材料的铁"，因为政府官员并非铁制品相关领域的专家，所以他只能命令钢铁企业"把你们库存的铁都拿出来"。如果以为这样就万事大吉，那可就大错特错了。

生产汽车需要许多种不同类型的铁。比如生产引擎需要铸铁，生产车身则需要钢板。如果政府分配下来的是铸铁，虽然能够生产引擎，但是却没办法用铸铁来制造车身。而没有车身就做不出一辆完整的汽车。毕竟汽车生产需要凑齐所有的零件之后才能开始组装。在政府的统制经济之下，因为政府官员都是对生产行业一窍不通的外行，所以导致各个企业的生产效率都大幅下降。

1941年12月8日。丰田喜一郎在东京赤坂的家中通过早间新闻得知开战的消息，表面上来看似乎这一天和平时并没有太大的变化，但他还是对一起看新闻的丰田章一郎说道："今后的日子可不好过了。"

丰田喜一郎对未来有自己的预测："美国汽车的年产量是447万辆，日本汽车的年产量只有4.6万辆。相差100倍的生产力，怎么与对方抗衡呢？"

当时在生产现场的丰田英二也观察了一下周围人的反应。

有一多半的人都对"日军攻打夏威夷"这件事感到欢欣鼓舞，但丰田英二却对此深感焦虑。在正式宣战半年前，一位从美国工作多年后回国的老人非常严肃地对丰田英二说过这样一番话："丰田英二先生，大事不好了。日本绝对赢不了。"

丰田英二也有自己的判断。他并没有用汽车的产量做比较，而是分析了两国的钢铁产量。开战当年日本国内钢铁的年产量为600万吨，与之相比美国生产600万吨的钢铁只需要20天。在国力相差如此悬殊的情况下日本仍然向美国宣战，不管日本采取什么样的战略战术都不可能取胜。

汽车是最能够反映一个国家国力的综合性产业。钢铁、玻璃、橡胶、石油，这些都是汽车产业的必需品。想必汽车行业的每一个人，都非常清楚日本的生产力完全无法与美国抗衡。丰田的经营干部和现场的管理者们，都知道这场战争日本肯定赢不了。

丰田英二虽然认为"日本赢不了"，却并没有说出口。因为要是说出来，立刻就会被宪兵或警察抓走。但是，他内心之中已经有了答案。

日本战败当年，丰田英二的二儿子出生。为了牢记日本因为没有钢铁而战败的事实，他将二儿子取名为"丰田铁郎"。可能对丰田铁郎来说有点难以接受，但从这个故事可以看出，丰田英二是一个不拘小节而且颇有幽默感的人。

第二章
战争年代的丰田

TOYOTA

物资紧缺

1941年，日本国内的工业原料和石油都严重不足。美国、英国、荷兰都宣布对日本进行经济制裁，导致日本完全无法获取原油、铁矿石、橡胶以及棉花等物资。这使得日本的工业生产力在1941年直线下降。

工业生产的停滞很快就给国民的生活带来巨大的打击。

首先是砂糖和火柴开始凭票购买，然后是食盐和煤气也变成配给制，味噌（面豉酱）、酱油、食用油、调味料甚至作为主食的大米都无一幸免。

1942年，日本政府公布了纤维制品配给消费统制规则，国民如果没有布票的话就不能买衣服。每个人一年的可消费点数是固定的，城市居民100点，乡镇居民80点。每个人都只能在自己持有点数的范围内购买新衣服。

1943年购买一条内裤需要5点，一条围裙需要8点，女性上下两件的套装需要35点，男性西服要63点。虽然不知道这个点数是谁规定的，但在当时要想买齐全身上下的衣服，100点根本不够。随着战争的持续，给衣服上打补丁的人越来越多。当时在街上甚至有人穿着打补丁的西装。

尽管与军部有关系的人以及"头脑聪明"的人都穿着光鲜亮丽的衣服，但绝大多数的人都只有旧衣服可穿。整天穿着旧衣服会让人失去干劲，脸上的表情也黯淡无光。在描写战争的作品里经常能够看到"人们都阴沉着脸"之类的形容，或许就是因为整天穿着旧衣服才导致脸色阴沉吧。物资匮乏确实会让人的心情也跟着沉重起来。

统制经济和配给制度，就是政府对生产者和市场进行控制。商品不能在市场上自由流动，而是由政府统一采购之后再进行分配。当然分配也不是免费的，国民必须支付相应的金钱。但并不是所有人都服从政府的管制，所以不管是大米、蔬菜、金属产品还是服装，全都有人偷偷地藏起来然后卖高价。

现在提起战争时期，总会听到有人说"什么东西也没有"，其实出现这种情况的原因不只是生产力落后。因为将东西藏起来的人很多，所以物资才严重不足。政府官员们想当然地以为统制经济能够让所有国民都有饭吃、有衣服穿，但实际上却与他们预想的情况完全相反，这是因为不遵守政府命令的人数远远超出了他们的预期。

从1941年开始，日本的衣食住行发生了如下的变化。

【1941年】

1月 禁止粮店自由营业。

4月 推出粮票和外食票，每人每天的大米配给是2合3勺（大约330克）。

5月 卫生棉实行配给制。对象是15岁至45岁女性，每人50克不定期配给。

6月 食用油实行配给制。随后香辛料、乳制品、鸡蛋也实行配给制。也就是说，除了自己家种的蔬菜，自己在河里或者海里钓上来的鱼以及自己抓到的动物之外，其他食品都只能通过分配得到。

【1942年】

1—2月 味噌、酱油、食盐实行配给制。每人每月味噌675克，酱油670毫升，食盐200克。

8月 内务省要求每户都要有一个地下简易避难所。

因为4月初日本本土遭到空袭，所以政府要求国民对空袭有所准备，但直到第二年才正式执行。

【1943年】

1月 糙米实行配给制。

2月 神奈川县浴场协会规定入浴时间不得超过30分钟，男女都不能在浴场里洗头发、刮胡子，使用热水不能超过7桶。

4月 东京银座举行了路灯撤除仪式，钢铁等金属必须上缴作为军需物资。不只是银座，所有的街灯、邮筒、公园长椅、烟灰缸、火盆、寺院的佛具、梵钟、铜像等全都要上缴。高知县桂滨的坂本龙马铜像原本也是上缴对象，但因为坂本龙马是"日本海军的创始人"，这座铜像才幸免于难。

然而，这样收缴上来的铁和其他金属并不能用于生产汽车的发动机和车身，因为精密的机械设备需要高纯度的材料。虽然丰田当时作为军需工厂有专门的钢铁厂供应材料，但随着空袭越发频繁与激烈，这种供应也无以为继。美国空军空袭的首要目标就是军事基地及其周边的钢铁厂。

【1944年】

2月 文部省为了增加粮食产量决定动员500万学生，当时就连小学生都被安排到农田里种植蔬菜。从这一年开始，日本的学校都不再正常上课。

5月 决战食品"菊芋"登场。这是江户时代从美国引进的植物，原本是用来喂牛的饲料。除此之外，据说当时的杂志上还刊登了《吃虫子》的文章。

6月 轮到被挖掉眼睛的鱼出场了。日本政府发现鱼眼中含有大量的维生素B_1，于是将鱼眼都挖出来制作维生素药丸专供航空兵和潜水艇官兵服用。

8月 停止家庭用砂糖的配给，黑市砂糖价格暴涨。

12月 军需省与厚生省决定强制收购全日本的家养犬，毛皮制作飞行服，肉作为食物。大狗3日元、小狗1日元。当时上任第一年的巡警月薪45日元，2级日本酒一升8日元。相比之下政府收购犬类的价格可以说非常低。

1945年日本战败，这一年政府下达的命令也越来越少。大概是因为日本的城市每天都遭到空袭，城市居民的日常生活都已经变得支离破碎了。

集团重组

与美国开战之前，丰田的卡车销量激增。1941年12月是战前的最高峰，达到月产2 000辆。但开战之后因为原材料和零件紧缺，产量一落千丈。生产出来的全都是军方订购的卡车。

当时一般的企业都不买车。因为就算为了开展业务购买卡车，也会被军队征用，所以企业根本连买车的想法都没有。

为了解决零件紧缺的问题，丰田除了向其他企业采购之外，还建立起了一套自主生产电子产品和轮胎的体制。结果电子工厂不断发展壮大，战后变成了独立的企业DENSO。轮胎工厂也同样成为独立企业丰田合成。

此外，军部还委托丰田生产飞机。于是丰田与川崎航空机联合成立了东海飞机公司，虽然最终并没有成功地生产出飞机，但丰田汽车工业航空机工厂成功地生产出了教练机用的发动机"HA13甲2型"。

要想生产飞机发动机需要专门的生产设备。于是丰田将当时已经开始生产汽车用生产设备的丰田自动织机内的工业机械工厂独立出来，变成丰田工机公司。丰田工机专门生产用于制作飞机和汽车零件的生产设备，现在为包括丰田在内的许多企业提供生产设备。现在我们看到的那些丰田相关企业基本都是在战争时期发展起来的。

而丰田集团的支柱企业丰田纺织却因为战争的影响而业绩不佳。因为当时棉花实行配给制，丰田纺织的产量急剧下滑。由于商工省做出了"现在军需生产是头等大事"的指示，所以丰田纺织开始生产军服和军需品。后来为了减少国内的棉布消耗量，纺织企业都开始在棉布中加入化纤的成分，但这样一来棉布的质量也随之下降。

当时的纺织企业全都处于水深火热之中，政府对无法继续经营下去的企业进行了重组。丰田纺织与内海纺织、中央纺织、协和丝织和丰田押切纺织被合并到一起成为全新的中央纺织。

因为合并的企业中有做纺纱的也有做丝织的，所以合并后的中央纺织既生产丝织品也生产棉布。但合并后仍然没有解决原材料不足的问题，于是中央纺织干脆停止了一切与棉花相关的生产活动。原本生产棉线和棉布的员工转而开始生产飞机油冷器和排气管等产品。

中央纺织的名古屋工厂后来转让给了丰田自动织机，如今是丰田产业技术纪念馆。

1943年，中央纺织与丰田汽车合并。丰田家的家业在战争时期从纺织和织机转变成了汽车。就是在这个时候，在合并前入职丰田纺织的大野耐一自动成了丰田汽车的员工。大野耐一和丰田生产方式之间的故事也从此拉开了序幕。

据说在得知丈夫成为丰田汽车的员工时，大野耐一的妻子良久的第一反应是"丈夫被降职了"。丈夫换了公司之后，全家都要从中央纺织所在的刈谷转移到丰田工厂所在的举母町。尽管这两个地方都离名古屋中心区很远，但距离海边比较近的刈谷已经开发得比较完善，在这里生活会更轻松一些。不过良久之后，她还是默默地跟随丈夫来到举母町。在举母町开始新的生活之后，她忽然想道："与做汽车相比，还是之前做纺织的工作更让人放心呢。"

她的担忧并不是没有道理。在当时汽车还属于新兴行业，谁也不知道汽车产业的未来究竟会是怎样。

大野耐一的原点

大野耐一于1912年出生于中国的大连。他的父亲在位于中国东北的"满铁"（"南满洲"铁道）工作，负责耐火砖的开发和生产。他的父亲在回到日本后先后担任爱知县刈谷的地区长、县会议员、町长，最后成为众议院议员。据说耐一这个名字并非"不要忘记忍耐"的意思，而是来自耐火砖的耐。

大野耐一从当地的刈谷中学毕业后进入名古屋高等工业学校（现名古屋工业大学）就读，1932年毕业后进入丰田纺织工作，当时他刚刚20岁。

在日本向美国宣战之前，大野耐一一直担任棉布的生产负责人。当时工厂里用的织机是丰田佐吉和丰田喜一郎发明的G型改良版，生产出来的棉布品质极高，所以十分畅销。

当时在工厂里从事生产活动的90%以上都是女性。她们的工作就是维持织机的运转，平均一个人要负责20台以上。因为当时织机已经实现了自动化，当横线的线卷用完后机器就会自动停止，工人只需要过去补充线卷即可。

比较麻烦的是竖线断裂的时候。工人必须从机器旁边垂下来的棉线里拿出一根，和断掉的竖线连起来。在连接两条棉线的时候，绳结要尽可能小，而且速度也要快，只有熟练工才能同时做到这两点。

当时对纺织女工的采访中提到，几乎所有的女工都认为"竖线断裂是最麻烦的事"。她们每天都随身携带一把小剪刀和用来梳理竖线的小梳子，在到处都飞舞着棉絮的工厂里来回巡视。

因为大野耐一对一名纺织女工同时兼顾多台设备的场面有深刻的印象，所以当他来到丰田的生产现场，看到每台设备都要配备一名员工的时候感到十分惊讶。

"如果一名员工能够同时兼顾多台设备，生产效率将提高至少3倍以上"。后来他回忆起自己在丰田纺织中的工作时这样说道："其实丰田纺织的生产效率并不差，但日纺（大日本纺织）采用了与丰田纺织不同的生产方式，使得生产效率得到了进一步的提高。"

大野耐一对日纺的生产方式进行了分析，他发现日纺之所以拥有如此高的生产效率，并不是因为其雇用的都是熟练工。而且，日纺的织机性能甚至还稍逊于丰田纺织，即便如此日纺的生产效率却更高，成本也更低。可以说日纺的生产现场就是通过生产系统降低成本的绝佳样本。

大野耐一将目光转向日纺的生产系统，并将其中的奥秘应用在了丰田生产方式上。

那么，日纺和丰田纺织都有哪些不同点呢？

【工厂布局】

丰田 不同工序位于不同的建筑之中。

日纺 所有工序都在同一个建筑之中。

【棉线运输】

丰田 用推车一次性大量运输，运输由男性负责。

日纺 由女性少量运输，人工费更低。

【熟练工的工作安排】

丰田 新人负责处理断线，熟练工主要对机械设备进行监视。

日纺 新人监视设备，熟练工负责处理断线。

【品质管理】

丰田 依赖熟练工进行，重视后工序。

日纺 如果前工序生产的棉线足够结实，那么后工序就不会出现断线的情况，也就是说争取在前工序就做出优良品。属于"自工序完结"的思想。

综上所述，日纺的熟练工能够在短时间内接好断线。而且前工序做好的棉线足够结实，也会减少出现断线的情况。

大野耐一在日纺的生产方式中学到了很多经验。比如做好前工序，以及不过多地依赖熟练工，尽量让新人也加入标准化作业中。这些做法后来都被丰田生产方式所吸收。

大野耐一所在的丰田纺织在战争时期重组为中央纺织，后来又和丰田合并。于是大野耐一就从织布转而从事汽车生产。他并不是自己主动从事汽车工业，可以说是战争改变了他的命运。

尽管大野耐一早就知道丰田喜一郎专心于开发汽车，但他之前做梦也没有想到自己竟然也会从事汽车生产这一行。因为之前虽然也有同事被调到丰田汽车，都是被安排在丰田汽车的纺织部门工作。

名古屋空袭与三河地震

战败当年（1945年）日本城市以及工厂地区遭受的空袭越发猛烈起来。美军使用的是燃烧弹，因为日本的房屋大多是用木材和纸张制成的，所以燃烧弹的杀伤效率极高。美军开发了三种燃烧弹，对日本的城市地区进行了集中轰炸。虽然这些燃烧弹落在人烟稀少的乡村地区造不成什么威胁，但像东京这样的大城市就不一样了。

第一种燃烧弹是凝固汽油弹，主要成分是椰子油和环烷烃混合后形成的固体油。这种油易燃，能够长时间燃烧并释放出高温。在爆炸的瞬间固体油会到处飞散，杀伤力极大。

第二种是合金弹，由铝镁合金制成，拥有极强的穿透力。爆炸瞬间能够发出极高的热量，甚至可以熔化铁板。

第三种是白磷燃烧弹，主要用于扩大火灾范围。白磷在燃烧时会发出有毒气体，甚至能够将人类的骨骼烧成灰烬，消防队无法靠近，只能眼睁睁地看着火势扩大。美军利用这三种燃烧弹对日本的国土和国民造成了巨大的打击。

美军发动空袭的时候，燃烧弹没日没夜地从空中落下。在空袭中幸存的人们都想尽一切办法从城市逃离，结果居住在城市里的人越来越少。

本来对居民区的空袭和轰炸是违反战争法的。海牙军事法庭规定"轰炸只能对军事目标进行"，但第二次世界大战时很多国家都没有遵守战争法。

美国总统罗斯福在开战之初呼吁，所有交战国"尽量避免对非武装城市和普通市民进行空中袭击等非人道的野蛮袭击"。但德国、苏联、英国以及美国全都对城市进行了无差别轰炸。罗斯福一开战就把自己说过的话全都忘在脑后了。

美军之所以对日本的住宅区进行空袭，是因为他们认为"日本百分之七十的军需产业都是町工厂。日本的军需物资都是委托给町工厂生产的，所以应该以町工厂所在的城市地区为目标"。事实上美军投下燃烧弹只是为了烧毁日本的工厂和住宅，彻底摧毁日本生产能力。

1945年3月10日的东京大轰炸共造成93 000人死亡，烧毁房屋230 000栋，整个江东地区都被夷为平地。不仅东京，丰田总部所在的名古屋也遭到了非常猛烈的空袭。

美国的B-29轰炸机于1944年12月13日开始第一次对名古屋进行轰炸，三菱重工的名古屋制作所在轰炸中被彻底摧毁。

而就在轰炸发生一周之前，名古屋地区刚刚经历了一次地震（昭和东南海地震），震度6级，造成998人死亡，摧毁房屋26 130栋。这场地震还导致东海道线的天龙川铁桥倒塌。名古屋地区的居民还没从地震带来的灾难中恢复过来，就又遭到了燃烧弹的袭击。

后来一直到战败为止，名古屋地区共遭受轰炸38次。来袭的B-29轰炸机多达1 973架。轰炸共造成8 152人死亡，10 950人受伤，受灾人数高达519 205人（数据来自美国战略轰炸调查团）。

战败当年的1月13日还发生了三河地震，震度5级，造成1961人死亡，896人受伤，5 539栋房屋倒塌，还有11 706栋房屋被毁。

名古屋地区在连续不断的空袭和地震中被彻底摧毁，丰田就在这样的环境下于战后开始了新的征程。

战败之日

丰田英二在战败当年的5月成为丰田汽车工业的董事长，丰田喜一郎以"丰田英二还太年轻不适合这个职位"为由提出反对。但当时代替丰田喜一郎管理公司事务的副社长赤井久义却说"年龄不是问题"，对丰田英二给予了大力的支持。

丰田喜一郎知道日本必将战败，所以也无心工作。他从名古屋搬到位于东京世田谷冈本的家中，每天都悠闲地读书休息。虽然他在市中心的赤坂也有一套房子，但那里已经被空袭夷为平地了。

不过留在举母的丰田英二等人其实也没有工作可做。虽然他们每天都去工厂，但工厂里几乎没有原材料和零件。战败当年名古屋市区内接连遭到空袭，就连举母上空也经常有美军的军机飞过。

可能美军觉得往乡下扔炸弹是一种浪费，所以美军并没有轰炸举母工厂，而是以机枪扫射为主。举母工厂的附近有日本陆军的高射炮阵地以及名古屋海军航空队，美军攻击的主要目标是这两个军事基地。但当空袭之后如果还剩下弹药的话，美军的军机就会顺便到附近的举母工厂扫射一圈再回去。

有一次丰田英二外出之后回到自己的办公室，发现办公室里一片狼藉，自己的座位被机枪子弹打得七零八落。当时工厂里的员工每天除了修补被机枪扫射破坏的建筑和机械设备，就是在防空洞里避难，根本无法工作。

战败前一天的下午，3架B-29轰炸机来到举母工厂上空。这三架轰炸机各投下一枚炸弹，一枚在宿舍旁边炸了一个大坑，一枚掉进了矢作川里面，最后一枚命中铸造工厂，四分之一的厂房损毁。但因为员工早就躲了出去，所以并没有造成人员伤亡。

战后被丰田内部称为"传奇工长"的锻造工厂厂长太田普藩，就亲身经历过战败前一天的那次空袭。

"当时我们都被安排在一个叫作寄宿舍的地方，每天早晨吹起床号，一边唱着军歌一边前往生产现场。在培训所里有6个小队，所有的称呼都是军队式的。昭和十九年（1944年）发生东南海地震再加上战况恶化，工厂里虽然没到完全停产的地步，但也到处都是断壁残垣。"

"我们每天都要去青年学校进行半天的战斗训练，内容包括匍匐前进、刺刀搏斗等，都是练习杀人的技术。"

"战败前一天举母工厂遭到空袭的时候我就在现场。就在我刚躲好的时候，机枪的子弹和炸弹就从天而降。我能活下来完全是命大。"

战争结束后，美国的轰炸调查团来到举母工厂进行调查。丰田英二看到调查团带来的周边照片，发现飞机航拍的工厂全景十分清晰。

"美国的轰炸机并非胡乱轰炸。他们的轰炸非常准确。"丰田英二这样说道。

他的判断完全正确，美军的轰炸机在战争末期都是先确定轰炸目标然后进行定点打击。比如美军对东京发动空袭的时候，虽然银座被夷为平地，但位于有乐町车站对面的皇宫和护城河却毫发无损。除此之外，帝国酒店、东京会馆、第一生命大楼也安然无恙。因为美军知道自己已经取得了战争的胜利，所以要将这些地方保留下来作为军队入驻时的办事处和居住地。

8月15日，丰田喜一郎和妻子、儿子一起从东京回到了位于静冈湖西的老家。3人端坐在榻榻米上收听天皇的"玉音广播"，丰田喜一郎亲手打开收音机的开关。

他们全都是第一次听到昭和天皇的声音，这个声音听起来并不高高在上，缓慢而又断续的语气倒显得十分诚恳。但因为收音机里的杂音太多，加之天皇的发言用的都是文言文，让人听得不明所以。广播的时间很短，从开始到结束只有不到5分钟。

"念及帝国臣民之死于战阵，殉于职守，毙于非命者及其遗属，则五脏为之俱裂；至于负战伤、蒙战祸、失家业者之生计，亦朕所深为轸念者也；今后帝国所受之苦固非寻常，朕亦深知尔等臣民之衷情，然时运之所趋，朕欲忍所难忍，耐所难耐，以为万世之太平。"

3人都没怎么听懂，但总算是知道日本战败，空袭结束了。

丰田喜一郎的感想只有"该来的还是来了"。

与此同时，丰田汽车工业的员工们正在修补前一天被空袭破坏的工厂屋顶。而经营干部们则聚集在工厂的事务所里，规规矩矩地收听"玉音广播"。坐在丰田英二旁边的是前来监督卡车生产的陆军中尉，他似乎没有听懂广播的内容。

"陛下说结束战争。"据说听到丰田英二的"翻译"之后，陆军中尉满脸怒气地回自己的房间去了。

大野耐一也在工厂收听了"玉音广播"。当时是他入职丰田汽车的第二年。尽管他都没有做什么工作，却已经被任命为组装工厂的课长。直到8月29日丰田喜一郎回到工厂之后，大野耐一才正式开始提高生产效率的尝试。

8月末，终于回到举母工厂的丰田喜一郎将干部们召集到一起，这样说道："卡车与轿车的生产与研究开发都不能懈怠。但仅凭汽车工业没办法养活工厂里的所有人，所以我想在衣食住的领域也开创新事业。衣食住是人类生存的基本保障，就算是驻日盟军总司令部也没理由阻止我们。最后我想说的是，不管再怎么困难，原则上我都不会裁员。"

丰田喜一郎的方针马上就得到了执行。战败时，丰田拥有9 500名员工。但正式员工只有3 000，其余都是因为勤劳动员而被强行安排进来工作的人。

这些人中包括学生、教师、尼姑和演员等女性，甚至还有被从监狱里带来的服刑人员。不过因为这些人都是被强行征用的，所以战争结束后都要回到原来的地方去。

虽然员工数量迅速减少，但仍然还有3 000名正式员工。另外，被军队征兵的员工如果回来的话，企业必须重新雇用。战败后的经营者们每天思考最多的问题就是"如何才能让员工们吃饱饭"。

丰田喜一郎采用了多元化的策略。他让丰田英二去研究陶瓷生意，将丰田章一郎派去北海道的稚内，在做鱼糕和鱼卷的工厂里实习。丰田章一郎学了几个月以为终于能回去名古屋的时候，又被丰田喜一郎命令去将使用预制混凝土建造住宅的项目事业化。

其他的干部们也都被丰田喜一郎安排了任务。有的干部开始养殖泥鳅，有的干部开始生产炊具和缝纫机。但这些项目并非全都发展顺利。真正取得成果的只有丰田章一郎的住宅建设项目，后来发展成为丰田住宅公司。

在当时丰田旗下的所有事业中，贡献利润最多的当数纺织事业。尽管纺织事业在战争末期处于停业状态，但战争结束后的和平年代人们对服装的需求出现了爆发式的增长。加之战后的婴儿潮，婴幼儿的服装需求也大幅增加。

丰田喜一郎在第二次世界大战战争时期特意叮嘱"将织机保管好"，第二次世界大战后这些织机都被安排在汽车工厂的一角，再次开始生产棉线和棉布。因为丰田纺织在战争时期和中央纺纱合并，所以拥有相当多数量的织机。

战后由于服装市场的需求极大,纺织事业很快就稳定下来。可以说战后的丰田全凭纺织事业才起死回生。

丰田喜一郎对此念念不忘。后来他去丰田纺织演讲的时候,还专门对拯救了丰田的纺织事业表达了自己的感激之情:"我多年来一直从事机械工业的经营活动。现在回过头来看……丰田的汽车工业诞生于战时体制的特殊条件之下,在《日本汽车制造事业法》等国家的大力保护之中得到成长,从没有接受过市场经济残酷竞争的洗礼。因此,关于战后究竟应该朝哪个方向发展的问题,一时间很难做出决定。于是我思考了很多发展方向,并且进行了诸多的尝试,但通货膨胀、统制经济复活、占领政策变化等问题接连出现,我完全跟不上当时的状况……可以说是不管干什么都吃不饱饭的状态。"

丰田喜一郎当着所有人的面这样说道:"纺织事业帮了我很大的忙。"

丰田喜一郎在推行多元化战略的同时还对干部们说了这样一番话:"汽车事业不能盲目地去干,一定要想办法提高生产效率。如果我们不能够在3年内追上美国汽车产业的话,就一定会被打败。在工作的时候一定要认识到这一点才行。"

大野耐一并没有亲耳听到丰田喜一郎的这番话,因为他当时是现场的员工,并没有和丰田喜一郎面对面的机会。但自从他听到丰田英二转达的这番话之后,就一直将其牢记于心,简直像被丰田喜一郎的话洗脑了一样。

"用3年的时间追上美国,真的能够做到吗?但要是做不到的话丰田就会被打败。不过用普通的方法肯定是做不到的。既然是背水一战,不如干脆放手一搏。"

第二次世界大战前,曾经有人询问大野耐一对德国和美国生产效率的看法,他回答说:"日本与德国的生产效率是3比1,也就是说日本需要3个人做的工作,德国只要1个人就能完成。美国的效率比德国还高,德国需要3个人做的工作,美国只要1个人就能完成。"

如果按照这个比例来看，日本需要9个人做的工作，美国只要一个人就能完成。而且这还是第二次世界大战前的情况，第二次世界大战后的差距更大。也就是说，大野耐一必须在3年内将生产效率提高10倍以上。否则的话丰田就会被打败。

他非常认真地思考了这个问题，但直觉却做出了如下的判断："不管怎么努力也无法在3年内实现这个目标……丰田喜一郎先生有点急躁了。"

再次启程

1945年9月，占领日本的驻日盟军总司令部（General Head Quarters，GHQ）发表了一份关于制造业的备忘录："日本的汽车企业必须停止一切轿车的生产，但可以生产卡车。"

因为物流需要使用卡车，这是日本复兴必不可少的要素，所以驻日盟军总司令部也不敢禁止生产。

得知终于又可以生产卡车之后，丰田喜一郎就打算放弃泥鳅养殖和炊具生产等多元化事业。但虽然战争结束了，原材料和零件仍然非常紧缺。

当时的采购负责人花井正八（后来的副社长、会长）以及公司上下的全体员工，为了能搞到原材料可以说是想尽了一切的办法。即便如此仍然无法获得质优价廉的正规零件。因此，好不容易能够恢复生产的卡车，每个月的产量甚至还不到500辆。

战败当年丰田的全年生产数量为3 275辆，第二年是5 821辆。全部都是卡车。

轿车的生产虽然被禁止了，但研究是自由的。丰田和日产等汽车企业负责为美军维修汽车，借此机会掌握了美国汽车的构造。

虽然维修对象以吉普和卡车为主，但也有不少克莱斯勒公司生产的普利茅斯轿车。当时丰田的员工在维修普利茅斯的同时积极吸收美国汽车先进的技术，并将其作为自己研发汽车时候的参考。尽管维修赚取的利润与自己生产汽车并进行销售相比少很多。但好在收入比较稳定，而且能顺便研究美国汽车的先进技术，所以对丰田的员工们来说，这是远比养殖泥鳅和生产炊具更有意义的工作。

在生产卡车和给美军维修汽车的同时，丰田仍然需要通过副业来维持生存，但更大的苦难还在前方等待着。

丰田被驻日盟军总司令部认定为财阀。驻日盟军总司令部认为像三井和三菱这样的大财阀是导致日本走上军国主义道路的元凶，因此必须削弱日本大财阀的力量。具体办法就是宣布三井、三菱、住友、安田、富士产业（原来的中岛飞机公司）这五大财阀解体。

解体办法就是禁止其持有企业股票，切断集团企业相互之间的联系，削弱整体力量。最初驻日盟军总司令部的目标只有前面提到的那五大财阀，但后来被列为目标的财阀数量越来越多，在名古屋颇有影响力的丰田也在第五次（1947年9月）财阀解体活动中被列为目标。

丰田喜一郎是丰田的一家之主。尽管他当时一门心思只想生产卡车和研发轿车，但在企业生死存亡的关键时刻，他还是要亲自出面解决问题。经过和高层们的商议，丰田喜一郎决定变更旗下的企业名称，并且减少干部们的职务。这样不但有利于集团其他企业的独立发展，也能让丰田作为汽车企业保存下来。

但当时持有集团企业股票的丰田产业不得不宣布解体。即便如此，在当时的丰田高层看来，这已经是最好的结果了。

好不容易熬过了这一关，又有一道难题摆在丰田的面前，那就是《反垄断法》（全称为《禁止私人垄断和确保公正交易的法律》）的公布。驻日盟军总司令部为了推行民主化政策，认为市场上如果出现一家独大的企业会对自由竞争造成不利的影响，因此公布了《反垄断法》。

紧接着，驻日盟军总司令部又制定了《排除经济力量过度集中法》。这项法律的目的和《反垄断法》相同，总之就是为了消除大企业在市场中的影响力。丰田虽然并没有成为《反垄断法》的目标，却被认定为《排除经济力量过度集中法》的目标企业。

但当时丰田的卡车月产量还不到500辆，称其为"经济力量过度集中"实在是有失公允。

丰田英二在自己的著作中说是"经过抗议运动，丰田终于被从目标企业中排除"，但实际上应该是驻日盟军总司令部改变了想法。如果连在名古屋一筹莫展的汽车企业都属于"经济力量过度集中"的话，那么全日本那么多老牌企业全都符合这一标准。最终的结局是丰田不再被当作《排除经济力量过度集中法》的目标企业，也没有触犯《反垄断法》。不过在那段时期，丰田喜一郎和丰田的高层几乎每天都要往位于东京的驻日盟军总司令部总部跑。

就在丰田以为终于能喘一口气的时，驻日盟军总司令部又推出了一个限制企业令。主要针对从财阀解体活动中逃过一劫的企业集团，让这些集团旗下的企业都必须独立出去。

当时，丰田的电子设备工厂独立成了日本电装，纺织工厂独立成了民成纺纱（现丰田纺织），珐琅铁器工厂独立成为爱知珐琅（现日新珐琅制作所）。

现在看来，驻日盟军总司令部的民主化政策对那些在第二次世界大战前拥有巨大影响力的财阀企业来说是非常严厉的措施，但对战后新兴的企业和像丰田这样的创业企业来说却相当于放松了管制。财阀企业的影响力越来越小，创业企业才能够顺利地进军新市场。从结果上来说，给日本的经济增添了全新的活力。

销售体系与神谷正太郎

尽管丰田被驻日盟军总司令部的民主化政策折腾得够呛，但在战后的一片混乱之中，丰田对汽车销售网络的建设要远远超过同行业的其他企业。这一切都是神谷正太郎的功劳。

战争时期，日本的汽车销售完全由国家进行管理。汽车生产企业将生产出来的汽车送到日本汽车配给株式会社（日配），然后由日配统一将汽车发送到其位于日本各地的配给公司。不过战争时期几乎所有的汽车都作为军需物资被陆军征用，要么就是被军需工厂征用为运输车。就算全日本只有一家汽车供应公司也没什么问题。

战后驻日盟军总司令部废除了日配，让日本的汽车企业"自由竞争进行销售"。

虽然日配没有了，但位于日本各地的配给公司仍然存在，这些公司一下子失去了工作目标，不知道怎样才能继续生存下去。事实上，各地区的配给公司在第二次世界大战前分别是丰田、日产、五十铃等汽车生产企业的销售公司。后来被统一起来变成了配给公司。

这些配给公司不知道哪家汽车企业能够生存下去，所以也不知道应该销售哪家企业的汽车（卡车）。当时就连汽车企业自己都不知道自己的明天在哪里，所以各地的配给公司无法把握战后的发展情况也是理所当然的。

就在这个时候，神谷正太郎出现在各地的配给公司面前。第二次世界大战前就是丰田的销售负责人，并且在战争时期担任日配常务董事的神谷正太郎在战争结束后立刻展开了行动。他首先回到丰田，然后为了构筑起全日本范围的销售网络而前往日本各地。

后来被称为"销售之神"的神谷正太郎于1898年出生于爱知县知多郡。

比丰田喜一郎小4岁，比大野耐一大14岁。

神谷正太郎从名古屋市立商业学校毕业后，19岁进入三井物产工作。入职半年后他就被派往美国的西雅图工作，第二年被派往伦敦分店负责钢铁等金属贸易。他之所以得到重用，被频繁地派遣到海外工作，是因为他在商业学校就读的时候通过夜校学习掌握了一口流利的英语。神谷正太郎27岁时从三井物产辞职，自己设立了"神谷正太郎商事会社"，从事钢铁批发业务赚了一大笔钱。他也因此成为英国纯种马的马主，甚至能在伦敦的埃普索姆和克罗伊登等赛马场的VIP席位观战。

但第一次世界大战之后英国的经济长期低迷，神谷正太郎商事会社的业绩持续恶化，他只能忍痛放弃自己在英国的业务。

回到日本后为了生计他只能重新开始找工作。神谷正太郎在三井物产自己创业从事的都是钢铁业务，所以在汽车行业人脉很广，于是他顺利地进入日本通用汽车就职。

当时日本公路上行驶的汽车有九成以上都是福特（1925年进入日本）和日本通用汽车（1927年进入日本）的汽车。这两家企业都给神谷正太郎发送了录用通知，最终神谷正太郎选择了入职时间更早的日本通用汽车。他在这里学习到了丰富的汽车销售相关经验。

汽车不但是价格昂贵的商品，同时还需要定期检查和维修。汽车生产企业并不是将产品卖给消费者之后就万事大吉，而是需要时刻与消费者保持联系。美国就拥有非常完善的汽车零售制度，消费者从汽车专卖店购买汽车而非直接向生产企业购买。

日本通用汽车将美国的销售方法直接带到了日本，在日本各地设立汽车专卖店。美国人上司给各个专卖店分配销售指标，如果销售额不达标的话就会被取消专卖资格。但神谷正太郎却从这种做法之中感到一种美国人对日本人的蔑视。

神谷正太郎曾回忆道："当时美国员工对日本员工的冷酷态度显然已经超

越了经济合理主义，而是让人能够感觉到一种歧视的态度在里面。特别是对汽车专卖店的政策可以说是冷酷无情，陷入经营困境的汽车专卖店被弃之不顾的情况屡见不鲜。或许从美国的商业习惯上来说，这是理所当然的做法。但有句话叫作入乡随俗。我作为销售代表经常会去汽车专卖店走访，所以亲眼见过许多类似的情况，我向美国员工抗议，认为应该多给汽车专卖店提供帮助。但我的意见并不是每次都能够得到采纳，与美国人员工一起工作让我感到越来越难以坚持下去。"

这样的情况在现如今的外资企业中也很常见吧。对于从美国来的人来说，数字就是一切。因为他们并不会在日本长期居住，所以也没有和日本的汽车专卖店搞好关系的必要。他们的工作只有监督而已。

但作为日本人的神谷正太郎却完全不同。为了讨好美国人上司而欺压汽车专卖店不符合他的性格，他认为在对待汽车专卖店的问题上应该考虑到"人与人之间的感情"。

神谷正太郎在日本通用汽车工作的第二年就被提升为销售宣传部部长，在销售部的地位可以说是一人之下万人之上。但每当他看到美国人上司的态度，都会感觉自己"不可能长期在这里工作下去"。

就在神谷正太郎入职日本通用汽车第八年的时候，日产汽车邀请他去做销售负责人。对于当时正打算从日本通用汽车辞职的神谷正太郎来说，这是个不错的选择。

为了了解日产汽车究竟有怎样的企业文化，神谷正太郎参加了在都内一家酒店举办的日产专卖店联欢会。联欢会结束后是派对时间。

首先是派对的主持人宣布："请大家站成一排。"紧接着日产的社长鲇川义介走了出来。专卖店的店长依次上前向鲇川义介问好，俨然一副大臣觐见皇帝的封建场面。

神谷正太郎觉得自己完全无法在这样的企业里工作，于是他就想到了丰田。

将神谷正太郎介绍给丰田喜一郎的人是曾经在丰田纺织担任过干部的冈本藤次郎。冈本也曾经在西雅图工作过一段时间，并且在那里结识了神谷正太郎。另外，他还知道神谷正太郎也是爱知县人。于是便将神谷正太郎介绍给了丰田喜一郎。

1935年，神谷正太郎第一次见到丰田喜一郎。当时丰田喜一郎正在刈谷的工厂里认真仔细地研究汽车生产。

经常将"与生产汽车相比，销售汽车更困难"挂在嘴边的丰田喜一郎对神谷正太郎这样说道："我继承父亲的遗志，无论如何都要生产出适合老百姓的汽车。我身为技术人员，在汽车生产方面不管遇到多么大的困难都有迎难而上解决问题的决心和信心。但光生产汽车是远远不够的。不管你生产出多么优秀的汽车，如果没有强大的销售手段，都不可能取得成功。"

"在民用汽车销售领域，最好是能够学习美国的经验，但我对这方面是一窍不通。所以，我负责生产，销售就全权交给你了，可以吗？"

神谷正太郎被丰田喜一郎的真诚和热情打动，当年就跳槽来到了丰田。紧接着，他就为丰田制订了一系列的销售战略，并且坚实地予以执行。

成为丰田的销售负责人之后，神谷正太郎逐一拜访了日本通用汽车的专卖店，非常诚恳地邀请他们"一起来卖日本车吧"。丰田汽车的销售网络就是被神谷正太郎这样一家一家地登门拜访建立起来的。

另外，神谷正太郎还确立了贷款购买制度。他认为："汽车属于高价商品。如果不能贷款购买的话，普通民众根本消费不起。"

在神谷正太郎的主导下，丰田金融株式会社在1936年成立。这是专门为购买汽车提供贷款的金融公司。就在神谷正太郎制订好销售战略，整备完销售系统之后，日本进入了战争时期。好不容易创建起来的丰田销售网络全都被日配收走了。

战后的先手

战争时期，神谷正太郎进入日配负责卡车的配给工作，战后又再次回到丰田，将精力都放在如何增加专卖店数量上。

在日本战败的第二天，大家都穿着国民服戴着战斗帽参加会议的情况下，唯独神谷正太郎穿着一身蕉麻西装还打着蝴蝶结来上班。虽然这其中也有他爱打扮的因素，但更能够说明他是一个非常善于把握时势变化的人。他打算趁着日本战败，社会正处于一片混乱的时候先下手为强，多争取到一些经销商。

丰田英二后来回忆起神谷正太郎的工作时这样说道："神谷正太郎先生每天不辞辛劳地四处奔波，将各地的配给公司全都变成了丰田的专卖店……我们完全抢在了日产的前面。正是因为我们抢占了先机，直到今天日产在国内的销售额仍然与丰田存在着差距。"

正如前文中提到过的那样，各地的汽车配给公司是由丰田、日产、五十铃等企业的经销商合并而成的，日配被取消之后，这些经销商虽然也可以继续销售之前的品牌，但神谷正太郎第一时间前来游说，热情地邀请他们"成为丰田的专卖店"。结果有一多半的经销商都选择成为丰田的专卖店。

当然，这里还有一层关系，那就是神谷正太郎一直和这些经销商们都保持着非常良好的关系。神谷正太郎在战争时期就辗转各地，与经销商们进行推心置腹的深入交流，给对方留下了非常好的印象，所以也很容易被对方所接受。

已经事先预见到"尽管现在不被允许，但将来日本汽车企业肯定也能够生产轿车"的神谷正太郎用自己的满腔热情说服经销商们"一起来销售丰田的汽车"。

但在东京和大阪这两个当时日本最大的汽车市场之中，情况却有所不同。东京的经销商虽然是丰田系的人，却因为一些误会而成了日产的经销商。而大阪的配给公司原本就是日产的人当社长，所以自然而然地就成了日产的专卖店。结果就是在战后的一段时期，丰田的汽车在东京和大阪的销量非常差，在这两个大城市之中的市场占有率甚至还达不到日本平均水平。

即便如此，神谷正太郎仍然做出了巨大的贡献。他之所以被丰田的人尊称为"销售之神"，正是因为他作为先驱者，在战后第一时间为丰田构筑起了完善的销售网络。

再补充一点，最早提出让专卖店里的员工全都穿西装接待顾客的人也是神谷正太郎。而在此之前，因为汽车经销商主要以维修故障为主，所以员工们全都是穿着工作服的。

第三章

战败后的重生

TOYOTA

丰田喜一郎的新征程

　　战败后的1946年，天皇发表了"人间宣言"。年初"歌会始"的主题是"松上雪"。昭和天皇的御作如下："承霜耐雪，其色不变，松之雄壮，人亦如是。"

　　当时距离战败还不到半年，皇居前是一片被燃烧殆尽的废墟。人们只能挤在临时搭建的棚屋里相互依偎着挨过这个冬天。天皇通过这首短歌，激励国民要像松树那样不畏严寒，战胜困难。

　　3年后，1949年歌会始的主题是"朝雪"。天皇御作如下："晨见庭中雪，心忧国民寒。"

　　虽然此时距离战败过去的时间也不长，但从天皇御作中多少能够感觉到一点从容。当时日本正在逐渐恢复，昭和天皇在创作这个短歌的时候心里想的是日本国民的生活。或许与自己相比，他觉得日本国民更加重要吧。

　　从战败后到结束占领的7年间，不止日本社会，整个世界都发生了巨大的变化。"冷战"开始，亚非国家相继独立。继原子弹之后氢弹也被发明出来，核战争的威胁成为摆在面前的现实。但因为席卷整个世界的战争终于结束，全世界人口数量出现了高速的增长。每一个国家都产生了许多新消费者。

消费者增加意味着市场需求的多样化，汽车市场也因此受益。日本汽车市场虽然仍然以卡车销售为主，但其他车辆的生产数量也开始逐渐增加。

1947年丰田的生产数量是3 922辆，1948年是6 703辆，到了1949年这个数字增长到10 824辆。这些都是卡车的产量，轿车的产量在1949年的时候只占全体生产数量的2.2%。

丰田的掌门人丰田喜一郎虽然在战败之后被财阀解体和《排除经济力量过度集中法》搞得焦头烂额，但仍然没有放松对轿车的研究开发。虽然丰田的其他高层也可以与驻日盟军总司令部和政府进行交涉，但要是没有丰田喜一郎，轿车和卡车的开发与生产就寸步难行。

1947年6月，驻日盟军总司令部决定允许日本汽车企业生产1 500cc以下的轿车，但年产量不能超过300辆。

"终于能生产轿车了。"

对于丰田喜一郎来说，直到这一天他才对战败后的自由有了最直接的亲身感受。

从第二次世界大战爆发之前到现在的6年间，丰田就没有正式生产过轿车。尽管为了生产轿车而在举母新建了专用工厂，但因为日本进入战争准备状态而被军部征用成为卡车工厂。丰田汽车本身早在第二次世界大战前就已经成立，但在得到驻日盟军总司令部的允许可以生产与销售轿车的这一天才真正地成为一个轿车生产企业。

不过丰田喜一郎早就提前得到了消息，所以一直在进行大批量生产轿车的研究开发和生产准备。

最先着手进行的项目是研发小型车专用的新型发动机，丰田喜一郎任命比自己小19岁的侄子丰田英二担任项目负责人。丰田英二毕业于东京帝国大学工程学专业，对汽车工程学和生产技术都非常熟悉。更重要的是，他拥有自己作为下一代的接班人必须带领丰田继续前进的理想和抱负。丰田喜一郎也经常前往丰田英二的工作间和他探讨工作上的事情。

丰田在第二次世界大战后成功开发出的第一款新型发动机是1L四缸侧置气门发动机，被命名为S型发动机。S型发动机故障少、马力大，所以也被应用在卡车上。

1947年10月，丰田推出了搭载S型发动机的SA型轿车。此时距离驻日盟军总司令部解除轿车生产禁令仅仅过去了4个月。

SA型轿车在发售前面向全社会征集名称，最后决定的名称是"TOYOPET"。这个名称深受消费者们的喜爱，后来的日冕和皇冠也分别被称为"TOYOPET日冕""TOYOPET皇冠"。

只不过丰田喜一郎似乎对这个名称并不满意。在名称决定的那一天，他回到家中后一脸困惑对儿子丰田章一郎抱怨说"新车取了个好像TOILET一样的名字"。

但SA型轿车TOYOPET毕竟是凝聚了丰田喜一郎心血的产品，所以刚一问世就得到了极高的评价。

这辆轿车采用的是与大众十分相似的流线型车身。发动机排量995cc，重量940千克，最高速度能够达到80千米/小时。作为战败后日本独自生产的第一辆国产汽车来说非常优秀。

如果说战后对汽车行业有什么好消息的话，那就是飞机研发工程师的人才进入了汽车行业。

驻日盟军总司令部虽然允许日本企业研发和生产汽车，但不允许研发和生产飞机。后来直到美苏对立的"冷战"局势确定下来的1952年才解除了这一禁令。

于是研发和设计了零式与隼等战斗机的工程师们，只能进入汽车生产企业从事日本汽车的研发工作。

樱井真一郎在现场见证了这段历史。樱井是名车天际线（SKYLINE）的开发者，在战后进入王子汽车（后来与日产合并）工作。

櫻井真一郎曾经这样说道："第二次世界大战前，优秀的发动机工程师都在飞机制造行业。第二次世界大战后，飞机不能生产了，他们才来到汽车生产企业。但当他们真正开始接触到汽车设计之后才发现，设计汽车其实比设计任何交通工具都更加困难。

"因为不管是火车、轮船、飞机甚至火箭……所有驾驶这些交通工具的人都是专业人士，所以在设计的时候只要考虑到专业人士的需求就可以了。而汽车的驾驶者是普通大众，哪怕是六七十岁的老奶奶，只要有驾照也一样能够驾驶汽车。在设计汽车的时候需要考虑到所有的驾驶状况，所以说设计汽车是最难的。

"不过，日本汽车之所以能够取得飞速的发展和进步，飞机工程师的助力至关重要。制作天际线发动机的是原零式战斗机的工程师，将单体式车身技术带入汽车领域的也是飞机工程师。你们看，英国、德国、美国、法国、瑞典、意大利、日本……这些能够生产飞机的国家和中国、韩国等不能生产飞机的国家相比，汽车完全不一样。因为两者之间的设计思想就完全不同。因为没有飞行梦想的人设计制造出来的汽车毫无魅力可言。"

所谓单体式车身指的是底盘与车身为一体式而非将车身放在底盘上的汽车结构。这种设计来自飞机的结构，日本汽车在战后才开始采用这种结构。丰田在TOYOPET日冕（1957年）上第一次采用这种结构。

再说回SA型TOYOPET。

由于SA型拥有非常稳定的性能，因此在发售的第二年就被每日新闻邀请参加了一次宣传活动。

"让SA型TOYOPET和国铁的特快列车进行一场比赛的话谁会获胜？"

比赛路线从名古屋到大阪，全长235千米。不过当时所谓的特快列车其实就是烧煤的蒸汽机车。可能有人觉得这场比赛对汽车有利，但当时并非所有的道路都是铺装好的路面。所以事先很难判断到底哪一方能够获得最后的胜利。

1948年8月7日清晨4点37分。

特快第11列车从名古屋站出发，同时SA型TOYOPET也从车站出发。TOYOPET沿着包括旧中山道在内的恶劣道路一路疾驰，在上午8点37分抵达大阪站。而这个时候特快列车还在路上，46分钟之后才抵达大阪站。

以丰田喜一郎为首的SA型开发团队都为这场比赛捏了一把汗，当得知SA型比特快列车更早抵达大阪站，而且全程没有出现任何故障的结果之后，心里的一块大石头才算是落了地。

这次比赛很快就成了大家讨论的热门话题。但SA型TOYOPET在5年间只卖出去197辆。当然这并不是开发者的责任，而是因为当时日本的汽车市场还没有培养出足够数量的轿车消费者。

之所以这样说，是因为与SA型轿车采用了同样底盘的SB型卡车在同时期内销量高达12 796辆。可见普通民众为了代步而购买汽车的时代还尚未到来。

战后的大野耐一

战后，丰田喜一郎再次出山进行轿车研发的时候，大野耐一的职务是举母工厂中组装工厂的课长。组装工厂顾名思义，就是将发动机工厂、机械工厂生产的产品，以及从其他零件生产企业采购来的零部件组装成汽车的工厂。可以说，组装工厂是汽车生产企业中工序最多也是最为重要的工厂。

但组装工厂自己并不能生产任何零部件，如果零部件没有全部到位的话就无法进行工作。特别是在战争时期更是什么也干不了，大野耐一每天的工作也只有制作标准作业表。

此外，举母工厂的生产线上虽然人数众多，但大部分都是临时被征调动员来的外行。其中甚至有人对汽车连见都没见过，对他说"把齿轮拿过来"他都听不懂。

可以说当时大野耐一的工作就是为了不让现场出现混乱，让这些外行也能掌握标准的作业流程，了解零件和工具的名称。

战争结束了，但汽车生产并不能立刻正式开始。首先要将战争时期分散到日本各地躲避空袭的机械设备重新搬运回来，然后对设备进行调试，启动生产线，等零件齐全之后才能开始生产卡车。

虽然有自己的办公室，但大野耐一基本上都在现场的生产线旁边。他身高180厘米，这个身材在当时来说相当高大，所以不管在工厂内的任何地方，只要他一出现就立刻会被认出来。

他的头发总是梳得很整齐，工作服也像熨烫过一样连一个褶子都没有，这大概和他严谨的性格有关。不过他给人留下最深刻印象的还是鼻子下面的一撮小胡子。害怕大野耐一的现场员工、不喜欢他的上司和同事，在背地里都叫他"小胡子"或者"小胡子老大"。

被调到汽车工厂的大野耐一首先发现的问题是，"这里与纺织工厂相比生产效率太低"。

"纺织女工一个人能够管理20多台设备。但在汽车工厂里，每一台设备都要有一名员工来进行操作。有时候个别员工忙得不可开交，而其他人却无所事事。多余的零件被胡乱地堆积在生产线的旁边，一片狼藉。这样下去绝对不行。但要想改变这种情况的话，首先应该从什么地方入手呢……"

有一天，大野耐一在组装工厂巡查的时候，生产线忽然停止了。他问员工是怎么回事，对方回答说："加速器和方向盘的库存没有了。"

"那就去第三机械工厂走一趟。"

举母工厂下属有三家机械工厂，主要负责生产汽车零件。第一机械工厂生产发动机、第二机械工厂生产齿轮、第三机械工厂生产底盘相关零件，也生产加速器。

大野耐一对几个培训学校出身的年轻员工说："跟我去一趟第三机械厂。"这些年轻员工中学毕业之后就进入丰田工业学园（1962年之前叫作丰田工科青年学校，后来更名为丰田技术人员培训所）学习职业技能。

他们在学园里接受过正规的训练，很服从上级的命令而且拥有很强的技术能力。只不过他们因为太年轻，在那个时候的生产现场之中往往不被重视。

大野耐一带着这些年轻员工来到第三机械工厂。跟第三机械工厂的负责人打过招呼后，大野耐一开始手把手地教这些年轻员工如何生产加速器和方向盘。

当生产出足够的数量之后，他们就带着这些零件返回组装工厂，开始组装汽车。对于第三机械工厂的人来说，大野耐一他们的做法完全是越俎代庖，这得是多"厚颜无耻"的人才能做出这种举动呢？但大野耐一可不管那么多，只要零件没了他就立刻带着人去机械工厂亲自生产。除了第一机械工厂的发动机他做不了，第二机械工厂和第三机械工厂简直就像是他自己的工厂一样，每次他都大摇大摆地进去。

在此之前，任何一家汽车工厂都是由前工序的人生产零件，而后工序的人只能等待零件送到。但在大野耐一这里，如果零件没有准时送到，那他就会亲自去前工序那里取。当然，事先他也会跟前工序的负责人打声招呼。大野耐一的行为看似有些胡来，但要是不这样做的话零件就总是送不到。组装工厂的员工一整天都没办法工作。

丰田生产方式的特点之一就是"后工序去前工序拿取零件"，但最开始只是因为零件迟迟不能给送到所以才不得不去取罢了。大概正是因为这段经历给大野耐一留下了非常深刻的印象，所以他后来才创建了这样一个让后工序能够自己去取用所需零件的系统。

大野耐一带着年轻员工去机械工厂的时候，对方的负责人总会说："大野耐一，你又来啦。"但大野耐一只是回答说："如果没有这个，就没办法生产汽车。"然后就带着员工们上午生产零件，下午回组装工厂生产卡车。

1947年，大野耐一被任命为第二机械工厂和第三机械工厂的主任（课长更名为主任）。或许是因为上级得知他经常批评机械工厂"太没工作效率"，所以干脆让他去当负责人，看看他自己能有什么办法。

组装工厂的工作是将各种各样的零件组装成汽车。现场员工都被安排在传送带的旁边，将线束、方向盘、座椅、车门等安装到车身上。或者用扳手将螺丝和螺母拧紧。当然所有人都是站着工作的。

而机械工厂的工作主要是将金属切削或弯曲来制作零件。因为有很多精细的操作，所以生产线的旁边往往摆着座椅，员工可以坐下来工作。而大野耐一在成为机械工厂负责人之后要求所有人都必须站着工作。

"坐着工作会使腰部产生弯曲，每天保持这样的姿势工作肯定会导致腰酸背痛。所以工作的时候最好站着。你们看其他的老百姓，不管是卖菜的还是卖鱼的，大家不都是整天站着的吗？站着工作对身体有好处。"

但之前一直都坐着工作的人对大野耐一的要求提出了抗议。

"让我们站着工作是一种劳动强度提高。"

"我们坐着也干得挺好，为什么非得站着工作呢？"

前来进行谈判的甚至包括工会的成员。面对这些人，大野耐一只能耐心地将原因解释清楚："战争时期我在纺织工厂。那里的女工们每天都站着工作，而且一个人要负责20多台设备。连女工都不觉得辛苦，我们这些男子汉就不能站着工作吗？而且我再强调一遍，坐着工作对腰部和肩部的损伤都很大，站着工作最好。"

在站着工作的问题上，大野耐一没有丝毫的让步。与其说他追求的是工作效率，不如说他更加重视员工们的身体健康。大野耐一一生中进行了数不清的改善，每一个都或多或少地遭到过抵制，其中最直接遭到抵制的就是站着工作。但大野耐一经过反复多次的坚持，终于让这项改善确定了下来。

其实大野耐一心里也十分清楚："人类都坚信自己一直以来的做法是最好的。我的行为就相当于推翻了他们一直以来深信不疑的东西，这可不是一件容易的事。毕竟能够做到这一点的人少之又少，但我的工作就是培养出能够独立思考的人……"

在让员工全都站立工作之后，大野耐一又逐渐地导入了许多新的体制，每一个都经历了好几年的时间。期间丰田因为劳动争议而出现了濒临破产的经营危机，但即便在罢工运动最高潮的时期，他仍然坚持说服员工"好好想一想，还是工作吧"。有时候他会被员工们从工厂中赶出去，甚至干脆被拦在大门外。但他只要见到拿着红旗的罢工者就会去质问对方："公司倒闭了对你究竟有什么好处？"

培养多能工

继站立工作之后大野耐一导入的第二项举措就是让一名员工能够操纵多台设备。但实际上这应该算是第一步，丰田生产方式就是从这项改善开始启程的。

大野耐一对上级这样说明道："假设一个车床工人不仅会操作车床，还会操作镗床和铣床，那么他在车床的工作有空闲的时候就可以去其他繁忙的工位帮忙。哪怕要花上很长的时间也应该说服员工增加自身的技能。"

机械工厂之中的工作设备基本上分为3种，分别是车床、镗床和铣床。不只是汽车生产企业，所有从事金属加工的企业都要用到这3种最基本的机械设备，除此之外就是综合性的工作设备。

镗床由圆盘和钻头组成。圆盘用来固定金属板，钻头则用来在金属板上钻孔。镗床是用来钻孔的机械设备，钻好的孔用丝锥加工后就成了能够拧螺丝的螺旋沟槽。车床就好像是一个被横过来的镗床，可以用车刀对旋转的工件进行车削加工。铣床是对工件表面进行加工的机床。

这3种机械设备在工作时都是金属和金属之间的碰撞与切削，因此会发出非常尖锐的噪声。这些噪声虽然并不是非常大，但让人听了很不舒服。

在大野耐一来到机械工厂之前，机械工厂里的员工们都非常在意自己操作的机械设备，甚至将其看作是自己私人的所有物。或许是出于匠人精神的自尊心和自豪感，他们非常不喜欢别人接触自己的机械设备。车床工人就只操作车床，铣床工人也只操作铣床。

这就好像有些老饭馆里面的厨师，认为"切生鱼片是我的工作""做煮物非我不可"一样。不止丰田，当时的工厂现场可以说全都是这种状态。每一名员工都是对自己的工作能力很有自信，有一种匠人精神。

"必须想点办法才行。"大野耐一一看到现场的情况就皱起了眉头。因为他一下子就能看出来现场里的员工谁在忙碌谁在闲着。在铣床上埋头苦干的工人旁边，是一边悠闲地抽着烟一边打磨车刀的车床工人。员工之间完全没有团队合作，每个人都各自为政地做着自己的事情。

但现场之所以会出现这种情况也是有原因的。如果用于生产的原材料每天都能够平均地送达，那么所有人都会进入工作状态。但战败后原材料紧缺，有时候只送来车床的材料，有时候则只送来镗床的材料。这样一来，无事可做的员工就只能给自己的设备上上油、擦擦灰。

"你好，我有事想和你聊聊。"大野耐一对一名站在车床旁边吸烟的男性员工说道。这是一名工作经验丰富的老员工，只要能够说服他，其他的员工自然也会像他一样主动地去学习其他机械设备的操作。

但像这样的老员工都是在第二次世界大战前就入职丰田的人。他们并不像后来的员工那样打算在丰田工作一辈子，凭本事在工厂之间跳槽对他们来说简直就是家常便饭。所以大野耐一只能客客气气地尝试说服他们。

"我觉得除了车床之外，你要是还能操作镗床和铣床就更好了，你说呢？"

对方答道："镗床？那种只能钻孔的机械设备是女人用的东西。专家都用车床，凡是用过车床的人就再也不会用镗床了。"

"是这样吗？但你可知道，纺织女工一个人能同时管理20台设备。身为一名堂堂的男子汉，而且是专家，只守着一台设备是不是有点太丢人了。"大野耐一的一番话把对方说得哑口无言，其实这是大野耐一的激将法。"纺织女工都能一个人管理20台设备，这么看来还是女性更专业呢。"

车床工立刻来到铣床跟前说道："不不不，我也能做到。"大野耐一看他没有操作镗床的意思，于是故意问道："镗床是不是很难啊？"

"一点也不难，我都会操作。"车床工说着不情愿地来到镗床面前操作起来。虽然花费了半天的时间，但大野耐一总算是成功说服了对方。

大野耐一身为管理者，完全有权力命令现场的员工按照他的想法去做。但大野耐一深知被动地工作和主动地工作在工作效率上存在着极大的差距。正因为考虑到这一点，他才先以经验丰富的老员工作为突破口，从而促使其他人也能够操作多台设备。大野耐一在执行改善方针的时候很少采取强制的措施，而是让员工们能够理解改善的好处，自愿地进行接受改善。

后来大野耐一在提起培养多种技能工的原因时这样说道："以电焊为例，就算你有电焊证，技术也很棒，但如果除了电焊其他什么都不会的话，那也是不行的。尤其是在工作量比较小的企业之中更是如此。一个人如果能够拿到电焊证，只要他愿意稍微地学习一下，肯定也能够掌握其他的工作技巧。但如果他坚持'我只做电焊'，那就没前途了……只有一技之长的人，今后在日本企业尤其是中小企业中将难以生存。所以让员工们尽可能掌握更多的技能，对他们来说是很重要的。"

大野耐一在构建丰田生产方式的具体内容并将其系统化的过程中，还提出不应该将工作分为人工完成和机器完成两部分。而是应该将人与机械结合起来。

"比如一项作业由人工组装和机械加工两部分组成。首先由人将零件组装起来，然后放进机械之中进行加工，机械和人各需要20~30秒。那么在机械加工的时候，人也不能停下。也就是说每天8小时的工作时间必须都是有效的工作时间才行。"

大野耐一认为在机械加工的时候，员工在旁边的"监视"不能被算入工作时间。

但他的主张又遭到一部分员工的抵制，"'小胡子老大'又开始发牢骚了""这是劳动强度提高"。不止现场，就连他的上司之中也有人认为"大野耐一的做法只会激化现场的矛盾"。

在这种时候大野耐一能依靠的人只有丰田英二。丰田喜一郎是社长，当时的大野耐一根本请不动。不过有总管技术的丰田英二为自己保驾护航，大野耐一总算是将现场的改革坚持了下来。

大野耐一之所以能够持续对机械工厂进行改革，是因为当时丰田的产量很少，他有更多的时间和精力去思考改善的方法。当时汽车在日本社会尚未普及，尽管丰田工厂采用的是先进的流水线式作业方法，但没有零件也没办法工作。正因为大家的时间都很充裕，所以员工也不得不按照大野耐一的要求来做。

当时大野耐一只有30多岁，而现场员工有不少是比他年纪还大的熟练工。他每天巡视现场的时候都要努力保持威严，强调"对就是对，错就是错"。等回到家里的时候都会累得筋疲力尽。

他的妻子良久总是听到他重复同一句话："花的时间还是太多了。"

大野耐一即便下班回到家中也在思考自己的工作。

"我想让丰田喜一郎先生提出的'JUST IN TIME'变成现实。但这首先需要合作企业能够'JUST IN TIME'地供应零件，这是能做到的。只要合作企业想做马上就能做到，只不过这样会使运输成本增加。而我们没有多余的资金来承担增加的运输成本，所以现在还做不到。那么，现在我应该做什么呢？怎样才能实现'JUST IN TIME'呢？"

虽然大野耐一和丰田喜一郎没有过直接的交流，但通过丰田英二的转述，他也能够理解丰田喜一郎的危机感，并且立刻想出改革的办法。但在有些人看来，大野耐一这么做完全是爱出风头。

"如果美国汽车企业进来的话，日本的汽车企业绝对无法与之抗衡。"

不仅丰田喜一郎和大野耐一这么认为，战败后的每一个日本人恐怕都有这样的感觉。这可以说是全体日本人的共识。

"既然横竖都是死，干脆放手一搏。"

大野耐一最初就是带着这种背水一战的决心投入到工作之中。

不许逃跑

大野耐一热爱工作，工作时间一刻也不会让自己闲下来，但这并不意味着工作就是他人生的一切。他弓道八段，后来开始打高尔夫也很快就成了高手，甚至经常通宵打麻将。

"他是一个沉默寡言的人。"一手创建了J联盟，并且后来担任日本足球协会和日本篮球协会会长的川渊三郎年轻时在古河电工做销售员，曾经多次在名古屋高尔夫球俱乐部的比赛中见过大野耐一的身影。他印象最深的就是大野耐一晚年离开丰田之后，和他一起参加比赛的时期。

"大野耐一先生在名古屋是个名人。只要提起'看板方式'的大野耐一可以说无人不知无人不晓，所以每次见到他我都会和他打招呼。有一次在俱乐部的比赛中我和他分到了同一组。我在沙坑里挥了3杆，但后来忘了，报告杆数的时候说'我总共挥了7杆'。结果大野耐一先生非常不可思议地盯着我的脸。我感到有些不对劲，就又算了一下杆数，然后马上更正说：'对不起，我总共挥了8杆。'听到这句话他才点了点头'嗯，对'……当时我出了一身的冷汗。大野耐一先生都没说话，只是瞪了我一眼，真是一个可怕的人。而且他身材高大，让人很有压迫感。"

大野耐一在生产现场肯定也不会大喊大叫，只是用目光盯着对方等待对方的回答。

他在现场发现问题的时候，首先会观察一阵。接着他会将管理者或工长叫来一起观察。他从不会自己告诉对方应该怎么做，而是让管理者或工长自己发现问题并且想出解决方案。

有一位部下对大野耐一"不许逃跑"的一声厉喝印象非常深刻。

"哎呀，那可真吓人。当时我为了解决生产线出现的问题，打算去拿个工具，结果'老大'突然冲我一声怒吼'不许逃跑'。我的脚顿时就不听使唤了。我解释说要去拿工具解决问题，但'老大'却说问题不是解决了就万事大吉。总之就是让我多思考，做一个能够独立思考的人。"

第四章

改革开始

TOYOTA

超越福特

　　战争后丰田生产的汽车分为SA型TOYOPET（轿车）和SB型卡车两种，但实际上生产的绝大多数都是卡车。举母工厂里虽然有专为生产轿车准备的生产线，却并没有得到充分的利用。而且当时不但无法保证零件的供应，更大的问题是生产系统也没有确立起来。各个工厂的厂长都以福特生产方式为模板，在自己的工厂中追求有限的效率。

　　由于各个工厂之间没能有机地结合起来，所以经常会出现供需不平衡的情况。比如机械工厂生产出了超过计划数量的方向盘，而组装工厂没办法消化掉多余的方向盘，那么就必须专门腾出一个空间来保管这些多余的方向盘，还要配备专人来进行看管。

　　零件生产不足会导致组装工人无事可做，而零件生产过量则会造成空间和人员的浪费。所以，只生产必要数量的零件并且及时地送往下一道工序才是最理想的状态。但每一名员工都有"我要努力工作"的意识，结果就造成中间库存越来越多……

　　大野耐一对中间库存不断增加充满了危机感，他也因此对丰田是否应该继续模仿福特生产方式产生了巨大的疑问："究竟美国是怎么解决不断增加的中间库存问题的呢？"

如果月初设定生产目标，并且按照这个目标进行生产的话，最终生产出来的产品数量肯定会超出目标。

大野耐一无时无刻不在思考实现"JUST IN TIME"的方法。而为了实现这一目标，首先就要消除导致产生中间库存的体制。所以他打算对福特生产方式进行一次彻底的理解与分析。

当时采用福特生产方式的生产企业不止丰田一家。日产的生产方式就是以美国工程师传授的福特生产方式为基础设计的，五十铃也一样。而且每一家工厂都有中间库存，因为采用的是相同的生产方式，所以难免会出现同样的问题。

福特生产方式是适合大批量生产的生产方式，而且品种越少越好，传送带上流水线式组装出来的都是同样颜色、同样型号的汽车。不只是美国，当时发达国家中通过大批量生产进行组装的工厂全都采用的是福特生产方式。

将福特生产方式捧上神坛的是T型福特汽车的巨大成功。

T型福特汽车于1908年首次发售，18年间共计售出1 500万辆。福特T型汽车是最能够代表美国的汽车，从北美大陆东部到西部，每一个城市之中都能看到这款畅销车的身影。而福特T型汽车之所以能够卖出去这么多，最大的原因是其价格便宜。

在美国国民的平均年收入只有600美元的时代，福特T型汽车的价格是850美元。而在福特T型汽车诞生之前，轿车的价格就没低于过2 000美元，可见850美元是一个多么颠覆性的数字。不仅如此，福特T型汽车每年的价格都会下调，到了1925年其价格已经降低到290美元。这就是依靠大批量生产来降低成本的典型案例，所以那些从事大批量生产的工厂才争先恐后地导入福特生产方式。

那么福特生产方式究竟是怎么一回事呢？

亨利·福特在1915年完成了福特生产方式的实施。这一年，在位于底特律郊外的海兰德公园工厂的地面上，铺设了能够连续滚动的传送带。工作人员站在传送带旁边，将零件安装到在传送带上缓缓移动的汽车底盘上。

在此之前，人们都是将底盘放在推车上移动到工位，然后再将零件安装上去。而在亨利·福特发明了福特生产方式之后，传送带就开始成为制造业的标配。

据说福特是在参观芝加哥的肉食加工厂时迸发出了这种流水线式作业的灵感。当时，肉食加工厂采用流水线式作业来分割牛肉。屠宰好的牛被挂在天花板上垂下来的铁钩上，缓缓地向前移动。然后在移动过程中被分割成小块牛肉。

或许亨利·福特在看到这个场面之后不由得心想："只要将这个过程反过来不就好了嘛。"但也有人认为"参观肉食加工厂获得灵感只是毫无根据的传言"。

但我觉得不管福特是否真的亲眼所见，但流水线作业的灵感来自牛肉的分割过程这一说法并非毫无根据。在采用流水线式作业方法之前，人们在分割牛肉时也是采取固定式的方法。将一整头牛放在桌子上，然后一点一点地将牛肉分割下来，就和之前组装汽车的方法一样。后来芝加哥的肉食加工厂率先采用了流水线式的作业方法，亨利·福特或许真的是从那里学到的灵感。

福特生产方式具有以下两个特征：首先，将工人需要做的事情细分为多个要素；其次，确定每项作业的标准作业时间。

在确定标准作业时间的时候，亨利·福特亲自拿着秒表计算一名熟练工完成工作需要多少时间。

不过，大野耐一并不赞成以"熟练工"的作业时间作为标准作业时间的做法，所以丰田生产方式不以熟练工为基准。

"如果以熟练工的作业时间为标准，那么整个生产线的速度都要提高。这种做法显然不行。既然是标准作业，就必须是所有人都能够做到的速度。"

丰田生产方式的作业时间是由整体的产量决定的，但即便是新上岗的工作人员也一样能在标准作业时间内完成工作。

让我们再回到福特生产方式的话题上来。当划分好作业的种类，并且确定出各项作业的标准时间之后，接下来就是根据上述内容配置现场的生产线并且安排工作人员。简单来说包括以下3个要素：①将作业简单化、细分化；②决定标准时间；③用传送带将作业连接起来。

不过这种方式只能生产一种车型，那就是福特T型汽车。

被安排在生产线旁边的员工需要做的工作就是配合传送带前进的速度重复自己的简单作业。因为作业内容极其简单，所以并不需要丰富的工作经验和技术，即便是新入职的员工也能够在这样的生产线上组装汽车。

在此之前，都是熟练工凭借自己的技术和经验来一辆一辆地组装汽车。

而在采用流水线式作业之后，生产一辆汽车的时间被大幅地缩短了。固定式作业组装一辆汽车需要14小时，而更换为福特生产方式的流水线式作业之后，组装一辆汽车的时间一下子缩短到1小时33分钟。

当时在海兰德公园工厂之中共有7 000多名组装工人，绝大多数是移民和外出打工的农民。这些人中还有刚刚来到底特律不久的人，生产现场出现的语言多达50种以上。即便如此，生产线上的作业却进展得非常顺利，次品的数量也并不多。

"大批量生产同样的东西就能够降低成本。"这就是福特生产方式的宗旨。而且，传送带的速度越快，生产一辆汽车的成本就越低。对于制造业的经营者来说，福特生产方式简直充满了魅力。

但对生产线上的工人来说，虽然赚的工资很高，但同时工作的压力也非常大。作业被过于简单化和细分化之后，会导致员工失去"生产汽车"的成就感。而且一整天总是在重复同样的工作内容，也很难让人长期地坚持下去。福特生产方式的关键在于作业的细分方法。如果作业内容过于简单，很容易使员工因为感到厌烦而辞职。所以当时福特工厂内的管理者最重要的工作就是在激发员工工作热情的同时，将工序简单化。

虽然福特生产方式成功地提高了生产企业的效率，但丰田喜一郎和大野耐一却对其持有疑问。

丰田喜一郎认为"只能够大批量生产一种车型的系统并不适合日本的汽车市场"，而大野耐一考虑的则是"通过大批量生产来降低成本是有前提条件的"。

大野耐一在对福特生产方式进行分析之后提出了一个假设："美国适合少品种大批量生产，但日本却适合少量生产，日本企业完全照搬福特生产方式并不能充分地发挥出优势。"

丰田喜一郎和大野耐一对于导入传送带都表示赞成。因为传送带与推车相比更有效率，还可以减轻工作人员的负担。另外，他们对作业细分化也没有异议。但他们并不赞成无限制的单纯劳动，所以他们都认为需要通过其他的办法来提高生产效率。

亨利·福特之所以和丰田喜一郎与大野耐一在看法上存在分歧，是因为他没有现场劳动的经验。福特只是一名经营者，但丰田喜一郎和大野耐一却是一直扎根于现场的劳动者。他们更能够根据现场的实际情况和现场的智慧来思考丰田生产方式。

大野耐一在面向工程师进行的演讲中提到自己对福特生产方式产生的疑问："像美国那样'只要实现大批量生产就能够降低成本'对日本来说其实是一种错觉。因为美国和日本的薪酬制度并不相同。美国的薪酬制度是时薪制，以安装轮胎为例，一名员工在工作时间内安装的轮胎越多，则安装每个轮胎的成本就越低。假设生产线停止30分钟，资方支付给员工的工资也是不变的，但这样一来安装每个轮胎的成本就会增加一倍。所以，美国的生产企业一味地提高传送带的速度，并且绝对不允许传送带停下来。但日本的薪酬制度是因人而异的。让工资高的人安装轮胎，轮胎的成本就高，让工资低的人安装轮胎，轮胎的成本就低。"

将大野耐一说的话总结一下就是这个意思。

——日本的员工工作年限越长工资越高，如果生产线上全是工作许多年的老员工，那么成本就会提高。所以应该尽可能雇用相对来说时薪低的员工，而不应该盲目地提高传送带的速度。

因为日本和美国的薪酬制度不同，所以照搬福特生产方式，一味地提高传送带的速度并不能提高生产效率。另外，日本当时的情况只能进行少量生产，所以必须根据日本的实际情况思考能够更加合理和充分利用传送带的方法。

也就是说，日本不能充分地发挥出福特生产方式的优势。

至于导致这种情况的原因，则是从美国进口的最新型的机械设备生产出来的产品"太多了"。

大野耐一对此有非常准确地理解："美国的生产设备必须进行大批量生产。如果之前的设备一小时能够生产出10个产品，那么最新型的设备1小时就能够生产出15个产品。因为机械设备需要有人操控，所以单位时间内生产的数量越多，成本就越低。但这种做法并不适用于日本。美国是只要汽车生产出来就马上能卖出去，而日本刚刚战败，汽车的销售速度没有美国那么快。如果为了降低成本而大批量生产，多余的产品就只能放在仓库里。这样就会产生库存成本，而且库存时间太长还会导致产品品质下降。"

"更重要的是，美国汽车企业的资本规模是日本汽车企业的上百倍，拥有数量庞大的生产设备，而且都是最新型的。丰田就算采用和美国汽车三巨头一样的生产方式，也绝对不可能战胜他们。所以丰田必须自己摸索适合中小企业的生产方式。"

尽管认为日本不能模仿美国的大批量生产方式，但大野耐一对亨利·福特仍然充满了敬佩："一直以来，我都觉得现在美国的大批量生产方式，乃至日本以及全世界模仿的美国式的大批量生产方式，并非亨利·福特的本意。

"我觉得美国汽车企业在导入并展开福特生产方式的'流水线作业'时，并没有准确地理解和把握亨利·福特的真正意图。因为所有企业都没有将重点放在让汽车的最终组装生产线流畅地运行上，而是一味地追求大批量生产。"

大野耐一曾经说："就算是我写的书，也不能完全相信里面的内容。"因为不管多么优秀的生产方式，如果被后世错误的解读也会造成负面的影响。

他在推广丰田生产方式的时候，只让充分了解丰田生产方式的人去亲自进行说明。他怕写成工作手册之类的话，可能会有人错误地理解文章内容。

对于大野耐一来说，亨利·福特是和丰田喜一郎一样，为丰田生产方式的诞生做出了巨大贡献的老师。最直接的证据就是，大野耐一完全赞成亨利·福特关于"什么是真正的效率"的观点："所谓效率，就是改正错误的方法，用已知的最好的方法来进行工作。"

不管是丰田喜一郎还是大野耐一，他们都亲自到现场观察员工们工作的过程，时而给出更好的建议，时而对存在隐患的地方加以修正。他们都习惯于在生产现场的噪声中思考改善的方案。或许与坐在办公室里制订计划相比，听着金属的噪声和传送带有规律的运转声能够更加促进他们的大脑思考。

取消中间仓库

举母工厂的内部十分昏暗。虽然在厂房的上方有玻璃窗，但只有窗户附近的员工能享受到自然的光线，其他地方的员工就只能在昏暗中工作。于是丰田在厂房中间加装了电灯泡用来照明。

大野耐一负责的第二机械工厂、第三机械工厂生产齿轮和加速装置。主要使用车床、镗床和铣床对金属进行切削加工。虽然没有生产车身用钢板的冲压工厂那么大的噪声，但在切削金属时还是会充满尖锐的声音。

即便是在充满这样刺耳噪声的生产现场，丰田喜一郎仍然经常亲自前来视察，并且向员工询问了解工作情况。"工作怎么样？""黑不黑？要不要再多加几个灯泡？"

如今流传下来的关于丰田喜一郎的资料很少。但通过丰田英二、丰田章一郎等人侧面的描述，可以看出丰田喜一郎是个技术优秀，而且很冷静的人，总是能够很客观地看待问题。他似乎没什么兴趣爱好，唯独喜欢喝酒所以得了高血压。认识他的人对他的评价有一个共同点，那就是"非常喜欢现场"。

就是这样一个人，带领丰田从织机制造企业转型成为汽车生产企业。可见丰田喜一郎并非学者型的技术人员，而是和他的父亲丰田佐吉一样，是一个拥有远大理想的天才。若非如此，他绝对不会倾尽所有去搞什么汽车。丰田喜一郎虽然外表看起来冷静沉稳，但内心一定拥有烈火般的激情。

改革刚开始的时候，大野耐一经常会在现场遇到丰田喜一郎。但两人之间鲜少交流，丰田喜一郎只是通过观察来对大野耐一的工作进行判断。

当时大野耐一还没有取得什么成绩。虽然培养出了多能工人，但还没到直接提高生产效率的程度。由于现场是在不断变化的，所以现场管理者必须根据现场的变化不断地采取对策才行。

大野耐一首先采取的对策是取消中间仓库。要想实现"JUST IN TIME"，机械工厂必须只生产所需数量的零件，然后送到组装工厂去。

大野耐一首先在前一天晚上确认组装工厂第二天能够组装多少辆汽车，然后第二天早上告诉机械工厂的员工"只生产组装工厂所需的零件数量"。

"那剩余的时间做什么？"当工长和组长这样问的时候，大野耐一就回答说："把工厂打扫一下，或者就休息吧。总之不要生产超过所需数量的零件。"

虽然一开始员工们都很不适应，但没有原材料就算工人们想生产也生产不出来。即便如此，有一天大野耐一仍然做出了一个惊人的决定，那就是取消将零件搬运到仓库中的这个环节。

"零件生产完成之后，组装工厂来人直接取走。"

在此之前，组装工厂的员工在零件不够的时候都会来机械工厂的中间仓库取走所需的零件。但这些被取走的零件并没有被直接拿去组装汽车，而是先被放进组装工厂的中间仓库之中。这个过程可以说完全是无用功，是和"JUST IN TIME"完全相反的作业。

大野耐一在拆除了机械工厂的仓库之后才在经营会议上报告说"我要取消中间仓库"，但有一位干部提出"现在这样做还为时尚早"的反对意见。

至于反对的理由则令人意想不到，回忆起当时的情况时大野耐一这样说道：

"当时零件经常被盗。战争刚结束的时候正规的零件能卖很高的价钱，所以中间仓库账面上的零件数量和仓库里实际保管的零件数量根本对不上。警方在抓住犯人之后让我们提交一份事情经过报告，虽然仓库有铁丝网拦着还上了锁，但实在是防不胜防。

"所以当我提出取消中间仓库的时候，才有人反对说'零件会被盗更多的，现在这样做还为时尚早'……但我直接反驳说：'这样岂不是更好吗？'……"

听到这句话的那位干部只觉得大野耐一是个"狂妄自大的家伙"。

但大野耐一却完全没有改变自己的想法。

"只要没有中间库存不就不会被盗了吗？将生产出来的零件立刻送去组装就行了。"

但大野耐一的这次尝试花了很长时间才走上正轨。因为被送到组装工厂的零件并不能马上都组装起来，最终还是被送进了仓库。但由于机械工厂没有了仓库，所以对组装造成了巨大的影响。

集中研磨工具

每当大野耐一提出新举措的时候，肯定会引起一些人的不满。甚至有人因为怄气而故意磨洋工。熟练工也批判说："大野耐一说的我都明白，但真那样做的话太费时间。"

大野耐一就是在这些反对声中一遍又一遍地重复自己的要求，有时候还亲自上阵在生产线上给员工做示范。要想让别人按照自己的要求工作有一个秘诀，那就是不发火，一直重复同样的要求。

接下来大野耐一又提出了一个现场的改善方案，那就是对切削使用的工具进行集中研磨。

一直以来，车刀和钻头等切削工具都是由负责该设备的员工自己研磨。这件事并没有明文规定，但对每一位以匠人自居的员工来说都是理所当然的工作。就像厨师要自己磨刀一样，使用这些设备的员工也要自己来研磨切削工具。

"今后要成立研磨班，所有的工具都由专人使用专用的工具来进行研磨。"大野耐一对现场做出了这样的指示。

他之所以决定对切削工具进行集中研磨，主要有两个原因。

第一个是避免浪费作业时间。如果员工认为"刀钝了，需要研磨"，那么这名员工就会离开生产线去研磨刀具。而在这个过程中，工作就被迫中断。

第二个原因是为了保证零件的品质。如果让员工自己研磨刀具，那么因为个人的水平参差不齐，研磨出来的刀具锐利度也参差不齐，而这样生产出来的零件品质自然就会存在差异。

大野耐一为了避免出现上述情况，想出了一石二鸟的解决办法，那就是成立研磨班。但现场的员工却十分反对大野耐一的这一决定。工长和组长等现场负责人因为之前也是现场员工出身，所以也支持员工们的反对意见。

有人提出"工具是工人的灵魂，当然要我们自己来研磨"的精神论。甚至有人提出："武士难道不应该自己磨刀吗？"

当时担任工长和组长的人都是从战前就跟随丰田喜一郎一起制造汽车的老员工。他们本来就对大野耐一没什么好感，再加上大野耐一坚持要求他们改变自己一直以来的习惯做法，所以他们出于匠人的尊严也对大野耐一的举措表示反对。

大野耐一面对现场铺天盖地的批评、不服从和反对等意见没有丝毫的退缩。这一次他直接动用了工厂厂长的职权，迅速地解决了问题。

丰田的生产现场由下自上分别是生产员工、班长、组长、工长。工长被称为"现场之神"，工长的意见能够充分地反映出现场的意见。

一般情况下，大野耐一都非常尊重工长的意见。但在进行大改革的时候，如果顾及到所有人的意见就会错失改革的良机。而且现场对这次改革的反对并没有正当的理由，完全是心理上的抵触情绪作祟。

更进一步说，这次改革没有任何可以妥协的地方。因为最终的结果只有员工自己研磨和集中研磨这二者之一，所以尽管大野耐一知道现场都反对集中研磨，最终还是坚决地进行了改革。

安灯

取消中间仓库虽然花了不少时间，但员工们并没有表现出明显的抵触情绪，而集中研磨却让员工们都觉得"大野耐一是个混蛋"。

为了安抚反对者，大野耐一想出了一个办法，那就是用安灯来作为停止生产线的信号。当生产线出现异常的时候，安灯就会发出黄色和红色的光，让其他人能够一目了然地把握生产线的状况。

丰田生产方式之所以被称为"自働化"的象征，就是因为其考虑到了生产线出现问题的情况。在这种情况下，员工只要拉一下生产线旁边的灯绳，黄色的安灯就会亮起。看到灯光的班长、组长就会立刻赶到现场提供帮助。当问题解决之后只要再拉一下灯绳，灯光就会熄灭，代表可以恢复生产。但如果来帮忙的人迟迟未到，问题一直没有得到解决，生产线就会在固定的位置停下来，黄灯变成红灯。在这种情况下，班长和组长都要一起寻找导致问题的原因。

在找到原因并且将其解决之前，生产线都不能运行。同一生产线上的其他员工在这个时候只能等待，或者打扫卫生。

停止生产线对福特生产方式来说是绝对禁止的行为。因此，当大野耐一导入"安灯"的时候，有人认为"这样做会导致传送带损坏"。因为传送带本身就是必须连续运转的设备，如果总是停止的话很容易将制动器烧坏。于是大野耐一委托传送带生产企业生产"频繁停止也不会损坏的传送带"。

导入安灯之后，大野耐一告诉生产线上的员工："只要你们觉得有问题就拉下灯绳。"

不过，安灯最早的作用并不是为了发现问题，也不是为了把握生产状况。安灯最早是生产线上的员工要去卫生间时给出的信号，后来安灯的用途逐渐扩大，最终演变为"自働化"的关键组成部分之一。

大野耐一这样解释道："最早导入安灯的是发动机组装流程。因为生产发动机的设备体积非常庞大，生产监督者无法总览整个生产现场。而现场员工每个人都要兼顾多道工序，在工作繁忙的时候就算想去卫生间也根本没时间找人来代替自己。所以通过安灯来告诉组长'请来一下，我想去卫生间'。"

"而且现场还有这样一个规定，那就是安灯点亮2分钟之后如果还没有人过来帮忙的话，员工可以停止生产设备然后去卫生间。所以我也决定让员工在遇到不懂的地方和出现问题的时候就停止生产线。"

安灯的作用固然重要，但有一点绝对不能忘记，那就是丰田的生产现场对能够一目了然的信号尤为重视。简单说，就是与口头的交流相比，丰田的生产现场更重视像安灯这样的客观信号。

"生产线的速度太快，我的工作效率跟不上。"

"我现在的工作内容非常复杂，需要再多一些时间才够。"

这些话新员工恐怕很难说出口，但拉灯绳对他们来说抗拒感相对小一些。如果有员工因为肠胃炎而不得不经常上厕所的时候，拉灯绳也比一个劲地汇报"我要去卫生间"造成的心理负担更小。

对于现场管理者来说，有了安灯这种一目了然的信号，自然不必再用"快点干""要来不及了"之类的语言对员工进行催促。

直到现在，绝大多数生产现场的管理者都习惯直接用语言来下达指示。

"快点干。"

"把那个东西拿过来。"

但语言之中往往夹杂着个人的感情。在心情急躁的时候语气难免会变得激动起来，这样对方听到也会感到生气，导致员工不愿意服从上司的命令。

但如果有像安灯这样的客观信号来传达状况，那么管理者就不必特意去传达坏消息。生产线上的员工也不用听上司的怒吼了。

还有更重要的一点。大野耐一要求现场管理者"不管在任何时候，都必须对拉灯绳的员工表示感谢"。

当看到黄灯亮起的时候，管理者必须马上赶到现场。

"对不起，我想去卫生间。"

这时，管理者必须回答："好的，快去吧。谢谢你通知我。"如果员工是因为自己的工作失误拉灯绳，管理者更要向对方表示感谢才行。

如果管理者对拉灯绳的员工抱怨说"这么忙的时候，不要总是叫我"，那么安灯就变成了摆设。大野耐一可以说非常了解生产线上员工们的心理。因此，当他导入安灯的时候，受到了员工们的一致好评。这和他之前的改革不同，导入安灯对现场员工们来说是件值得庆贺的事情。

有丰田的员工这样说道："我经常拉灯绳，但并非因为身体不适，如果你感到身体不适的时候，上司都会建议你回家休息。"

"我拉灯绳都是因为工作上遇到问题。比如拧螺丝的时候，螺丝拧进去的方向有些倾斜。虽然在这种时候只要将螺丝拧下来或者将那个零件从生产线上拿下来就可以了，但我总是想尝试将螺丝重新拧一遍。但有时候重新拧一遍的结果还是不行，而且螺丝又拧不下来了，那我就只能停止生产线。"

"在这个时候上司就会赶过来，并且对我说'谢谢你及时通知我'。只要我能够及时汇报工作状况就能得到上司的感谢。如果上司在这个时候对我说'混蛋，你都干了些什么'，那我下次就肯定不会拉灯绳了。正因为知道上司鼓励拉灯绳这种行为，我才会毫不犹豫地拉灯绳。"

据说张富士夫在担任肯塔基工厂社长的时候也每次都对拉灯绳的美国人员工说"Thank You"。不管是"谢谢你"还是"Thank You"，都是能够让员工毫不犹豫地拉灯绳的魔法语言。

如今安灯这种用来表示生产进程的装置，已经在许多生产企业中得到了普及。但要求管理者对拉灯绳的员工说"谢谢"的企业只有丰田一家。大野耐一是真正站在员工的立场上进行思考。他所提出的改善也并非纸上谈兵的花架子，而是确实有益于现场工作的真功夫。

第五章
濒临破产

TOYOTA

第二次世界大战后的日本汽车产业

第二次世界大战战败后，驻日盟军总司令部先是全面禁止日本的汽车生产企业生产轿车，2年后（1947年）才允许生产1 500cc以下的小型轿车。直到1949年，驻日盟军总司令部才彻底解除对所有汽车的生产禁令。

第二次世界大战前日本只有日产、丰田、五十铃这三家汽车生产企业。而在禁令解除之后，日本国内的汽车生产企业如雨后春笋一般涌现出来。

三菱汽车的前身中日本重工与美国威利斯汽车公司签订了合作协议，得到授权在日本生产和销售吉普车。第二次世界大战前就已经成立的多摩汽车更名为王子汽车工业，后来开发出了畅销车天际线（随后王子与日产合并）。发动机制造株式会社更名为大发工业株式会社。

富士重工从中岛飞行机独立出来，铃木式织机更名为铃木汽车工业，开始正式生产汽车。另外，本田技研工业也在第二次世界大战后成立，不过其当时尚未从事汽车相关业务。

战争结束之后的几年间，日本城市道路上行驶的汽车大多都是美军的吉普以及美国军人驾驶的汽车。

其实，第二次世界大战前日本道路上行驶的汽车绝大多数都是美国生产的，日产和丰田生产的汽车只是少数派。不过战败后日本的道路上三轮汽车的数量日益增加。

三轮汽车是以摩托车发动机为基础改装成的货车，早在战前就已经存在。有马自达、大发、黑铁三大品牌。战后中日本重工、新明和工业等企业也加入三轮汽车市场的竞争中来，使其价格迅速下降。三轮汽车灵活耐用，非常适合当时道路路况不佳的日本。

1950年三轮汽车的产量高达4万辆，但后来随着轻型卡车的出现，三轮汽车逐渐退出了历史舞台。但这一事实至少证明日本战后汽车的代表不只有美国车，还有三轮汽车。

丰田喜一郎在日本战败后召集丰田公司高层宣布"要在3年内赶上美国"，因为他认为"如果美国汽车企业进军日本，丰田将被彻底击败"。

但实际上通用汽车、福特和克莱斯勒都没有正式进军日本市场的打算。即便如此，包括丰田在内的日本汽车企业仍然对美国汽车三巨头心存恐惧。

现在看来，美国汽车三巨头之所以没有进军日本市场，是因为它们将国内市场放在第一位。

第二次世界大战之后，美国作为本土唯一没有遭受战火波及的发达国家成为世界霸主。美国国内出现了婴儿潮，中产阶级的消费也在不断增加。战时的军需工厂全都改建成了民用工厂，接连不断地生产出大量的消费品。

从1950年起的10年间被美国人称为"高速发展的黄金时代"，美国经济得到了飞速的发展。

通用汽车、福特、克莱斯勒每年都在推出新型汽车，而且转眼间就会一售而空。国内市场就已经足够它们赚取巨额的利润，根本没有进军海外市场的必要。而且对于这三家企业来说，日本只不过是个既弱小又贫穷的战败国罢了，日本市场根本没有任何的吸引力。

"那么贫穷的国家怎么会购买我们的豪华汽车。"这就是他们对日本的印象。

即便到了20世纪70年代日本汽车进军美国市场的时候，通用汽车的高层之中还有人不知道日本汽车是左侧行驶，方向盘在右侧这件事。这并不是说通用汽车的高层有多么无知，而是说明即便对日本一无所知，通用汽车在当时也一样能够发展下去。

虽然美国的汽车企业对日本市场毫无兴趣，但日本的汽车企业仍然对美国企业忧心忡忡，过度地高估了对方的实力。

1949年，时任日本银行总裁的一万田尚登指出："（日本的汽车企业）要想与美国生产的轿车进行竞争十分困难。"由此可见在金融界呼风唤雨、被称为"法皇"的一万田尚登对日本的汽车产业很没有信心。与钢铁、煤炭、造船、铁路等主要行业相比，汽车行业要更低一等，在当时国民都吃不饱饭的情况下，更不值得将宝贵的资金投入到汽车行业之中。

"从今往后是国际分工的时代。既然无法与美国的轿车竞争，日本就只生产卡车好了。"

一万田尚登对此深信不疑，甚至明言"发展日本制造的轿车毫无意义"。

持这一观点的不止他一个人，当时日本各行各业的代表都和他有同样的看法。

经济稳定的9条原则

丰田的SA型轿车尽管设计精美、性能优良，但因为当时日本市场还没有培养出轿车的购买群体，因此销量并不好。但搭载了相同发动机的SB型卡车却销量大增。卡车畅销的原因和前文中提到过的三轮车畅销的原因基本相同，当时正在战后复兴的日本社会需要大量能够运输货物的业务用车。

比如种植蔬菜的农户大多居住在郊区，而到了收获的季节，他们想将蔬菜运到市场去卖的话，光靠自行车是肯定不行的。摩托车比自行车效率能稍微高那么一点，但如果遇上恶劣的天气，蔬菜很容易在运输途中就坏掉。

这时候，要是有一辆三轮汽车或者卡车的话，就能够高效且安全地运送大量货物了，就算刮风下雨也不怕蔬菜会受损。购买卡车可以分期付款，而卡车提高的收益完全够支付这笔费用。所以，中小企业和商贩都愿意购买三轮汽车和卡车。

在这样的背景下，丰田的SB型卡车风靡一时。上市一年后的1948年已经达到月产100辆，1949年月产量又翻了一番。上市5年间累计售出12 796辆，是当时最畅销的汽车。

虽然SB型卡车的销量喜人，但这个时候却发生了一件意想不到的事情。

1948年末，驻日盟军总司令部提出了"经济稳定的9条原则"，要求日本政府"今后的经济发展按照我们说的做"。

9条原则如下：

（1）通过削减经费实现收支平衡；

（2）加强税收；

（3）稳定融资；

（4）工资稳定化；

（5）加强对物价的控制；

（6）加强对外贸和汇兑的管理；

（7）强化物资配给制度；

（8）增加国产原料与工业制品的产量；

（9）加强粮食收购计划。

驻日盟军总司令部提出的这些政策在当时来说是绝对正确的。

当时日本的通货膨胀十分严重，从1947年到1948年一年间物价就上涨了10倍，甚至每隔半年就要修改一次公共收费标准。

此外，虽然粮食产量增加了但食物供给仍然不足。这是因为通货膨胀严重，所以有人故意将食物藏起来，结果黑市上食物的价格不断攀升。

美国政府认为日本的贫困状况"必须得到根本性的改善"，因为这样有助于美国在"冷战"中与苏联进行对抗。当时的世界局势也迫使美国改变对日本的策略，帮助日本进行战后复兴。

1947年，苏联与东欧诸国组成共产党和工人党情报局。1948年斯大林封锁了通往柏林英美占领地区的公路和铁路，史称"柏林封锁"。

柏林封锁使欧洲局势立刻变得紧张起来。"冷战"甚至有可能演变成第三次世界大战，因此美国不得不放弃重振日本经济的计划，停止了对日本的资金援助。转而将这些预算投入到欧洲，用于对抗苏联。

于是美国政府要求驻日盟军总司令部制定了经济稳定的9条原则，并且派遣专家来监督执行。

1949年2月，底特律银行总裁约瑟夫·道奇来到日本。3月，道奇就向日本政府提出了名为"道奇路线"的经济政策，并且敦促其尽快实施。

处于占领状态下的日本政府如同傀儡。道奇的命令等同于美国总统的命令，因此他的政策很快就得到了执行。

道奇路线与高跷经济

道奇路线的目标是稳定日本经济、振兴日本的产业。让日本尽早实现自力更生，不再需要美国的资金援助。

战争结束之后，日本得到了美国的巨额资金援助。美国将这种针对占领国的援助称为"GARIOA·EROA资金"[①]，对日本的资金援助从1945年到1951年持续了6年。

日本得到的援助金总额大约为18亿美元，其中13亿美元是无偿援助。换算成现在的价值大约为12万亿日元（9.5万亿日元是无偿援助）。在身为银行家的道奇看来，这么庞大的支出无论如何都不应该再继续下去了。

首先必须消除通货膨胀，在短时间内重振日本的经济。

道奇在记者招待会上这样说道："日本经济现在就像踩着两支高跷。一支是美国援助，另一支是国内的补助金政策。"

在这次记者招待会之后，"高跷经济"就成了媒体的流行语。

道奇迅速地开始执行其制定的政策，顺序依次是消除通货膨胀、产业振兴、促进出口。

消除通货膨胀的过程如下：首先消除财政预算的赤字，均衡收支。其次命令复兴金融金库停止对钢铁、煤炭以及造船业提供贷款，并且最终解散了这一机构（1952年）。这两项政策是消除通货膨胀的关键举措。

复兴金融金库是战败后为了重振日本经济、帮助产业界渡过难关而成立的金融机构，主要为钢铁、煤炭、造船这三大行业提供贷款。

复兴金融金库发行债券，日银承收债券，然后向金库支付资金。金库利用这些资金发放贷款。只要金库发行债券，那么资金就要多少有多少。但实际上这些债券都被日银承收，而日本的经济并没有真正地得到成长，只是在不断地印钞票然后借贷给民营企业罢了。这种金融政策虽然能够在短期内帮助企业摆脱困境，却因为大量货币流入市场，会加速通货膨胀。

通过实现财政收支平衡以及停止复兴金融金库的贷款，可以使物价稳定下来。

---

① 译者注：GARIOA：Government and Relief in Occupied Areas，占领区治理和救济；EROA：Economic Rehabilitation in Occupied Area，占领地区经济复兴。

但民营企业就倒霉了。特别是无法从复兴金融金库筹措到资金的企业就只能向其他银行寻求帮助。但其他银行光是应付现有的贷款客户都力不从心，根本无法再向新的企业客户提供贷款资金。

1949年到1950年的一年间，日本全国有超过1 100家企业破产，50余万人失去工作。道奇虽然稳定了物价，但造成了大批的失业者。这段时期甚至被称为"道奇萧条"。

在产业振兴方面，道奇废除了各种补助金，坚持贯彻自由经济和市场主义。

在促进出口方面，道奇将一直以来由美军管控的出口贸易交由民间主导，并且规定1美元兑换360日元。

被称为"道奇路线"的经济政策主要就由以上三部分组成。

只不过促进出口的政策在当时并没有取得什么效果，直到朝鲜战争爆发才使得日本的出口大幅增加，不过道奇路线最大的作用是提前为日本完善了出口的体制。

汽车产业的困境

1949年道奇路线正式实施，对于汽车产业来说，这一年是噩梦的开端。首先，道奇萧条导致卡车的销量骤减。

地方政府、运输业、中小企业等原来卡车的主要消费群体都因为经济萧条而取消了订单，结果导致卡车的库存越来越多。丰田从1949年7月到8月的一个月间卡车库存就超过了400辆。在道奇政策的指引下，8月日本废除了煤炭的配给管制，9月废除了对炼铁用原料煤炭的补助金，这导致煤炭和铁的价格攀升。与此同时，钢铁的管制价格也上涨了37%。

或许有人会说："既然原材料价格上涨了，那么汽车也提高价格不就好了吗？"

但实际上直到1950年，汽车的管制价格还和之前一样，没有发生任何的变化。

因为当时汽车产业还是新兴产业，并不像煤炭、钢铁等老牌产业那样对驻日盟军总司令部和政府有一定的影响力。虽然汽车企业也向政府提出了自己的意见，但没有得到政府的重视。不过在当时的那种情况下，可能提高汽车的销售价格也没用，因为根本卖不出去。

丰田喜一郎不再去现场监督生产，而是将精力都投入到销售上，带着高层干部们四处去回收货款，同时他还要想办法降低成本来弥补原材料上涨造成的损失。但钢铁的价格上涨了接近四成，再怎么节约也难以弥补这么大的差距。所以丰田每个月还是会出现大约2 200万日元的亏损。

当时刚入职的公务员月薪才4 863日元（1948年），每个月2 200万日元的赤字对任何一家企业来说都是难以承受的损失。但丰田之所以能够坚持下来，都是多亏了丰田织机赶上了当时纺织业的繁荣时期，赚取到巨额的利润。

但战前与丰田并列成为日本汽车企业三巨头的日产和五十铃则没那么好运了，所以这两家企业首先提出了意见。

当时这三家企业的市场份额分别是丰田42.5%、日产38.2%、五十铃15.4%。虽然卡车市场完全被这三家企业瓜分，但正所谓家家有本难念的经。日产和五十铃并不像丰田那样有其他的盈利手段，为了摆脱亏损危机，只能采取通过裁员来降低成本的方法。

五十铃首先在9月宣布裁员1 271人，约占其总员工数的23%。紧接着日产就在10月宣布裁员1 826人，约占日产总员工数的21%，并且同时降低工资。显然日产是参考了五十铃的做法。

但工会并不认可这些企业的做法。战败后的5年间正是工人运动最火热的时期，各地的工会都引发了不小的骚乱。与坐下来谈判相比，工会更愿意采取罢工和封锁现场等极端的方法。

在频发的工人运动之中，最受日本全国关注的当数电影公司东宝株式会社的罢工运动。

为了与资方对抗，东宝株式会社的工会成员将东宝株式会社封锁起来，不但设立了路障、甚至还在技术员工的帮助下布置了电网和大型风扇，将东宝株式会社武装成了一个小型堡垒。由于有不少著名导演和演员都参与到这次罢工中来，因此新闻媒体对这次罢工运动进行了跟踪报道，全日本人民都亲眼看见了全过程。

在政府终于决定镇压工会的那一天，不仅来了大量的警察，连美军都出动了。而且美军还开来了装甲车、坦克以及三架战斗机。

用当时的话来说，就是"除了军舰其他的都来了"。

当时之所以频繁出现工人运动，一是因为有不少工人运动领导者在全日本范围内进行罢工和斗争宣传与指导；二是在中国的解放战争中，中国共产党明显处于上风，对日本国内造成了一定的影响。当时的日本正是左翼势力最为强大的时代。

再回到之前的话题。

五十铃和日产的工会为了抗议裁员而展开了罢工运动。罢工持续了两个月，最终劳资双方为了避免企业破产而选择谈判。不过这两家企业的社长当时都引咎辞职。

在日产和五十铃陷入劳资纠纷的时候，丰田也爆发了工人运动，举母工厂之中到处都飘扬着红旗。

求助日本银行

1949年秋季，丰田喜一郎每天都在为了筹集资金而四处奔走。每天一大早他就带着总经理拜访市内的各大银行。

"我们的卡车销量很好，请借给我们年末的资金。"这句话他一天不知道要重复多少遍。

但丰田喜一郎越是四处筹集资金，越让人觉得"丰田的危机很严重"，结果没有一家金融机构愿意贷款给他。

当时流传说大阪银行（后来的住友银行，现在的三井住友银行）的分行行长宣称"就算贷款给纺织公司也不会贷款给汽车公司"，意思是可以贷款给丰田织机，但不能贷款给丰田汽车。但并没有任何史料能够证明当时的分行行长确实说过这句话。而且区区一个分行行长是否敢说出这样的狂言也值得怀疑。但不管怎样，大阪银行并没有贷款给丰田是千真万确的事实。

因为一直贷不到款，丰田如果在年底之前筹集不到2亿日元，就会陷入破产的危机。就算丰田喜一郎拼命地强调"我们的母公司是盈利的"，仍然没有一家银行愿意帮忙。

就在这时，销售负责人神谷正太郎出马了。神谷正太郎和日本银行名古屋分行的分行行长高梨壮夫是老相识，他直接前往后者的家中，说明丰田的危机并不是一家企业的危机，还关系到丰田背后无数中小企业的生死存亡。

"如果丰田破产的话，名古屋地区的300多家零部件企业都将破产。为了挽救名古屋地区的经济，请日银协助组建一个融资银行团。"

但高梨壮夫最初是拒绝的："日本银行不能贷款给民营企业，也没有权力命令其他银行贷款给民营企业。"

"不用贷款给我们，也不用命令其他银行这样做。你只需要把他们召集起来，打声招呼就行。"神谷正太郎并没有放弃，他几次三番地去日本银行说服高梨壮夫。终于被神谷正太郎说服的高梨壮夫亲自做了一番调查，发现丰田的卡车销量确实不错，而且如果丰田破产，名古屋地区的经济确实如神谷正太郎所说的那样会遭到巨大的打击。

"我不能坐视不理。"

高梨壮夫前往日本银行总部协商。但当时的日本银行总裁是坚持汽车国际分工论的一万田尚登。

"轿车让美国去做就好了"，一万田尚登对高梨壮夫的提议无动于衷。

如果是一般的金融业者或许就放弃了，但高梨壮夫却不能眼睁睁地看着名古屋地区的经济陷入困境。

于是他以个人的名义将名古屋地区的金融机构召集起来，并且将丰田喜一郎也叫到了现场。

"诸位，日本银行无权对民间的金融机构发号施令。今天我找大家来，只是以私人的身份提出一些建议。我希望大家能够为名古屋的经济稳定出一份力。拜托诸位，我个人愿意承担一切责任。"说完，他当着所有人的面鞠了一躬，坐在他身旁的丰田喜一郎也深深地低下了头。

大阪银行的负责人问道："高梨壮夫先生，您说的承担责任，意思是如果丰田无力偿还贷款的话，日本银行愿意做担保的意思吗？"

高梨壮夫答道："我没有拜托诸位提供融资，只是拜托大家尽自己的一份力。"

这句话的言外之意很明显，大阪银行的负责人见状选择了直接退场。

而留下的金融机构负责人都理解高梨壮夫的意思，开始讨论如何向丰田提供贷款的事宜。最终，以帝国银行（后来的三井银行、现在的三井住友银行）和东海银行（现在的三菱东京UFJ银行）为代表的24家银行决定一同提供贷款。

这个时候，丰田喜一郎将与丰田工会签订的协议书提交给融资银行团。

"为了降低成本，公司将进一步推进合理化作业。不进行裁员，但工资降低10%。"

丰田喜一郎希望能够遵守协议书的约定，但融资银行团知道日产和五十铃都是通过裁员才摆脱危机的。所以虽然融资银行团当时并没有提出异议，但他们还是决定如果丰田的经营状况没有出现好转，接下来就只能进行裁员。

不管怎样，丰田喜一郎总算是逃过一劫。

大阪银行和日本兴业银行都没有加入融资银行团。因此，大阪银行（后来的住友银行）之后在很长一段时间里都没有和丰田有过任何的业务往来。

尽管有日本银行分行行长的"担保"，而且其他银行都参与了融资，大阪银行（住友）仍然没有加入融资银行团，可能是因为大阪银行（住友）的高层在当时并不认可汽车产业的价值。

住友是比三井和三菱历史更加悠久的大财团，拥有鲜明的企业文化，住友的审查基准不允许其向丰田汽车那样的初创企业提供贷款。所以即便其他银行愿意提供贷款，住友银行也不会参与其中。虽然后来丰田发展壮大，住友银行因此变成了反派，但这也从另一个侧面反映出住友银行拥有自己明确的方针政策并且能够贯彻到底。

虽然丰田摆脱了1949年的破产危机，但更大的问题却出现在1950年。

劳动仲裁

1949年到1950年是日本工人运动最鼎盛的时期，但也是工人运动最后的辉煌。

1949年10月，中华人民共和国成立，毛泽东领导的中国共产党取得了胜利。苏联的崛起与中华人民共和国促使美国决定将日本作为对抗共产主义浪潮的防波堤，帮助日本加快战后复兴的速度。可以说中华人民共和国的成立对美国造成了非常大的影响。

美国国内开始出现反共运动。参议院议员约瑟夫·麦卡锡提出要将共产党员及其支持者免除公职和民营企业职务。当时著名影星查理·卓别林也遭受了调查，导致其后来离开美国。反共的麦卡锡主义很快就席卷了整个美国，对共产党和自由主义者的镇压愈演愈烈。

在美国占领下的日本也受到反共运动的影响。

1950年6月，驻日盟军总司令部将日本共产党中央委员会的24名委员全部免除公职，并且要求其停止继续发行党报《赤旗》。日本开始了大规模的"清洗赤色分子"运动，共产党员被相继驱逐出媒体机构和民营企业。

众所周知，提倡尊重基本人权的日本国宪法于1947年开始执行。但在"清洗赤色分子"运动中，共产党员的人权却遭到了公然的践踏。尽管宪法被认为是神圣而不可侵犯的，但实际上驻日盟军总司令部的权力显然已经凌驾于宪法之上。

由于"清洗赤色分子"运动，在战后盛极一时的工人运动于1950年5月迎来高潮后戛然而止。

但对于丰田来说最不幸的地方在于，其自身爆发工人运动的时期正值工人运动的高潮期。

在日银名古屋分行的帮助下终于获得融资的丰田虽然逃过了破产的危机，但经营状况仍然不容乐观。于是，丰田和日本银行一起制订了具体的重建方案，其中包括3个方针。

（1）成立丰田汽车销售公司，与丰田汽车工业公司分家。

（2）根据销量进行生产。

（3）裁员。

重建方案的关键在于成立销售公司以及裁员这两点。

日本银行之所以要求成立销售公司，是为了将生产汽车的资金和销售花费的资金区分开。对于融资银行团来说，他们提供的资金并不是给丰田用于扩大生产的，只是在丰田收回货款之前用于救急的周转资金罢了。所以银行方面希望当丰田的销售恢复正常之后能够立刻偿还贷款。如果丰田将这些本应用于恢复销售的资金投入到汽车研发和生产上，那么这笔钱一时半会就还不上了，为了避免出现这种情况，日本银行以及银行融资银行团才提出要成立销售公司。

丰田喜一郎在与工会的经营协议会上，针对为什么要成立销售公司的问题这样解释道：

"第一，金融界对丰田的经营缺乏信任。第二，对汽车产业的前途感到不安。第三，认为我们的月供销售模式难以回款。也就是说，他们对丰田的不信任，源于认为我们将技术摆在了经营的前面，而且无法准确地把握我们的资金使用情况。

"为了解决上述问题，融资银行团提出要派人来我们的经营团队进行监督，我们将于（1950年）2月18日与融资银行团代表进行协商。我们首先要恢复金融界对我们的信任，其次要表明将经营摆在第一位的态度，并且尽早成立销售公司。"

通过这番话不难看出，丰田喜一郎认为"丰田失去了金融机构的信任"以及"自己在技术方面投入的资金过多"。

同时他或许也在思考，"自己是否适合做一名经营者"。

——我比任何人都更加熟悉汽车的生产技术。要想生产出高品质的汽车那非我莫属，但我并不擅长赚钱。这样下去恐怕不行……如果让神谷正太郎负责销售公司，我就可以像之前那样将精力都放在生产上。那么只要成立销售公司就可以让丰田渡过难关。

或许当时丰田喜一郎就是这样想的。

丰田喜一郎希望通过成立销售公司，能够让银行融资银行团不强迫丰田进行裁员。

于是他果断地成立了丰田汽车销售公司，任命神谷正太郎担任社长。在任何人看来这都是最合适的选择。没有人比他更了解销售，他还拥有能够说服日银名古屋分行行长的沟通能力。银行方面也信任他。但也有人说成立销售公司是神谷正太郎的主意，因为这是他从员工变成经营者的绝佳机会。

1950年4月，丰田汽车销售公司成立。丰田汽车工业公司因为被认定为限制企业所以无法出资，于是只能由以神谷正太郎为首的销售部成员以个人的名义贷款作为新公司的资本金。后来直到1952年丰田汽车工业公司被解除限制之后，才成为丰田汽车销售公司的股东。

日本银行和融资银行团对丰田汽车销售公司从丰田汽车工业公司分离出来的结果十分满意。因为这样一来银行团提供的资金就不会被挪用到研发和生产方面去。

导致丰田陷入困境的最主要原因并非汽车卖不出去，而是因为经济不景气导致原本应该按月还款的顾客无法按时支付货款。所以融资银行团只给销售公司提供贷款，这样在销售公司得到回款的时候立刻就会有偿还的能力。

那么，融资银行团提出的另一个条件"裁员"又将如何呢？

当初丰田对工会说明重建方案的时候并没有提到"裁员"。因为丰田喜一郎曾经多次公开表态"绝对不会裁员"，而且不管是丰田喜一郎还是管理层都认为只要成立了销售公司，使企业的经营状况出现好转，那么融资银行团就不会强迫丰田裁员。

但融资银行团可没那么好糊弄，在这个问题上只能说丰田喜一郎的认识还不够充分。事情的发展与他的期望完全背道而驰。

1950年4月22日，丰田不得不向工会宣布"希望有1 600人自愿辞职"。不仅如此，留下的人也要降低10%的工资，这一决定当然引发了员工们的强烈抗议。

工会的愤怒之情可想而知，当天就爆发了几乎让人以为"这次丰田真的要完蛋了"的严重骚乱。

1 600人约占当时丰田员工总数的20%，比日产和五十铃的裁员比例还要少一点。

但工会方面对此并不买账。因为这不是人数的问题，而是"裁员"这件事本身就不应该发生，工会的责任是保证每一位工会成员的生活。

另一方面，从年初开始丰田喜一郎的高血压症就出现了恶化，因此一直在位于名古屋郊外八事的别墅休养。以他当时的状况，根本无法与工会进行交涉，更无法前往现场安抚员工。

不过关于举母工厂罢工的消息还是不断地传到他的耳边。

"红旗被插在工厂的屋顶上了。"

"工厂内到处都是红旗，工会每天都召开职场集会。"

"干部们开始遭到批判和围攻。"

"大野耐一等工厂厂长被锁在工厂大门外，进不去了。"

丰田喜一郎忽然担心起来：

"工厂的干部们一定很不好过吧。"

大野耐一当时因为担任机械工厂厂长也成了工会的斗争对象。他让员工一个人操作多台设备，并且推行集中研磨刀具的管理办法。对工会成员来说大野耐一可以说是破坏职场传统的最大敌人。正如丰田喜一郎担忧的那样，大野耐一成了骚乱中最大的受害者。

"把小胡子叫来。"

"摧毁大野耐一创造的生产线。"

虽然工会成员们嘴上骂的厉害，但他们并不会真的破坏生产线。不过大野耐一就没有那么好的运气了，他每天都被骂得狗血淋头，要么就是被锁在工厂门外进都进不去。

"反对合理化！"工会成员及其支持者们叫道。

大野耐一默默地点了点头。周围的人笑了起来："怎么了老大,不搞合理化了吗?"

大野耐一也毫不畏惧地笑道："不,还要搞。如果不提高工作效率的话,我们公司会破产的。"

这句话激怒了工会成员："小胡子,大白天的说什么梦话。生产现场都被你搞乱套了,赶紧给我改回来,你把工人们都当成什么了。"

但大野耐一没有丝毫的退让："你们说的我都明白。但要是美国的汽车企业来了怎么办?我们要是还像现在这样生产汽车,一下子就会被对方打败。你们怎么还有工夫搞罢工呢?"

曾经在组装工厂工作的石川义之回忆起发生劳资纠纷时的情况时这样说道："在发生劳资纠纷之前,我们就知道公司面临着巨大的困境。我们虽然对经济萧条感到担忧,但又觉得和自己的工作没有关系。工人运动爆发的时候,员工们的意识形态也有很大的差异。有人信奉共产主义,有人没有任何的政治立场,还有的人属于保守派,结果当大家聚集在一起进行讨论的时候场面总是会变得一团糟。生产现场混乱不堪,到处都充满了剑拔弩张的紧张气氛。当时工会因为没有资金,所以大家只能背着笔记本和橡皮擦之类的小商品回老家找亲戚们推销赚点钱,还被亲戚们询问'你们现在干什么呢?'"

"有一次我们还以商讨经营重建为借口把大野耐一先生找来,但实际上是开批斗会。大野耐一先生其实知道我们的目的,但还是来了。我们把大野耐一先生赶到一米高的台上,然后提出自己的意见。但大野耐一先生却说'我来这里是为了和你们探讨怎样做才能让丰田生存下去',完全没有屈服。他并没有大声地怒吼,并不是很可怕的人。"

大野耐一总是很认真地回答员工们的问题。不管对方如何批斗他,他的回答只有"请想一想工作的方法"。

有时候他什么都不说,只是盯着对方。前来支持工会的员工们也和大野耐一对视，但很快对方就会觉得不好意思。因为大野耐一虽然对他们来说是"阶级敌人"，但同时也是导入了安灯让他们的工作更加轻松的恩人。

大野耐一总是说这样一句话："不工作就没饭吃。如果还按照现在的工作方法，我们是无法战胜美国企业的。所以只能采取生产效率更高的工作方法。"

其实那个时候的大野耐一连美国都没去过。虽然他读过亨利·福特的著作，也对美国的汽车企业进行过一些研究，但还完全称不上是专家。

即便如此，他还是感到十分的焦虑。他认为如果不能尽快创造出能够超越福特生产方式的新生产方式，丰田就一定会失败。当时日本已经因为战败而沦为美国的占领区。如果在汽车领域也失败的话，日本今后将何去何从呢？

大野耐一不怕工人运动也不怕被批斗，毕竟他才刚刚经历过战争和空袭。与真正的战争比起来，和工会之间的斗争只不过是人民内部矛盾罢了。

他从没有将工会看作敌人。

他的敌人只有一个，那就是福特生产方式。他坚信只要能够实现丰田喜一郎提出的"JUST IN TIME"，就一定能够战胜福特生产方式。

但他也有害怕的事情，他害怕"JUST IN TIME"的提出者丰田喜一郎离开经营层。在工人运动最高潮的时候，他只关心丰田喜一郎的立场。

丰田喜一郎虽然很担心遭到工会攻击的干部们，但他自己倒是干劲十足，一开始他完全没有考虑过辞去社长职务这件事。

最好的证据就是，在工人运动最高潮的时候，他将长谷川龙雄请到了自己家中。

这位后来以花冠开发者而为世人所熟知的工程师，原本是立川飞机（王子汽车的前身）的飞机设计师。

当时，长谷川龙雄担任职场斗争委员长。虽然是社长的邀请，但以他的身份还是不应该去贸然相见。不过长谷川龙雄觉得丰田喜一郎从工程师的身份上来说是自己的前辈，于是决定登门拜访。

丰田喜一郎这样问道："长谷川君，我想建造一个月产500辆轿车的工厂。你可以制订一个建造计划吗？"

长谷川龙雄吓了一跳。虽然他设计过飞机和汽车，但对设计工厂却是一窍不通。

"怎么样？"在丰田喜一郎的再次追问下，长谷川龙雄才答道："社长，非常抱歉。我并不是生产技术的专家。而且，现在正是劳资纠纷最关键的时期，我实在是没办法和您探讨这个问题。"

"好吧。"

长谷川龙雄后来回忆起这件事的时候，试着分析了一下当时丰田喜一郎的想法，最终得出的结论是"社长是认真的"。

"其实，社长以前也曾经很突然地找过我。当时我刚入职不久（1946年），就在发明比赛上夺得了一等奖。丰田喜一郎先生把我叫到他的办公室，对我说道：'长谷川君，你以前设计过飞机吧。这次是要设计能在天上飞的汽车吗？'社长是一个不管做什么事情都很认真的人。"

对丰田喜一郎来说，与劳资纠纷相比他更在意的是新轿车的研发和新工厂的建设。他的关注点永远都在技术领域。

丰田喜一郎辞职

举母工厂中的工人运动进程如下：

4月24日　24小时罢工。

4月25日　工会将锻造和铸造工厂厂长赶出工厂。

4月26日　其他工厂厂长也被赶出工厂，大野耐一就在这个时候被赶出门外。

5月3日　公司和工厂都连续3天禁止入内。

5月6日　上午所有工厂召开现场大会。

5月8日　24小时罢工。

5月11日　24小时罢工。

5月13日　资方向一部分工会成员发送辞职劝告书。

5月15日　24小时罢工。

5月18日　工会成员烧毁辞职劝告书。

5月20日　工会召开大会。

在这个过程中，丰田的生产完全处于停滞的状态。虽然日产和五十铃的工会也进行了持续2个月的罢工和示威活动，但这两家企业的产量并没有下降，工人运动也没有发展到像丰田这么激烈的程度。

丰田的工会非常认真地组织工人罢工，导致丰田4月和5月的产量下降了70%。

以日银为主导的融资银行团在目睹了丰田的劳资纠纷和生产停滞后态度变得强硬起来。

"好不容易得到了融资，要是公司破产了岂不是全完了。"在融资银行团看来，丰田的内部斗争完全是在自取灭亡。于是他们希望以丰田喜一郎为首的经营层想点办法。

尽管融资银行团只是不断地重复"尽快恢复生产、销售卡车"，没有提出其他的要求，但言外之意很明显，"不管采取什么手段都要尽快平息骚乱"。

丰田喜一郎在这时也终于下定了决心。"只有我引咎辞职才能让一切恢复正常"。

5月25日，丰田喜一郎宣布自己将承担一切责任，辞去社长的职务。与他一起辞职的还有副社长隈部一雄以及常务董事西村小八郎。这种情况在当时的同行业之中可以说是绝无仅有的。

日产和五十铃都采取了裁员和减少工资的措施，但经营者并没有辞职。只有丰田一下子就有3名高层管理者辞职。

丰田喜一郎之所以没能坚持下来，一是因为来自银行方面的压力，二是赶上的时机非常不好。丰田比日产和五十铃晚了半年的时间才爆发劳资纠纷，而这个时候刚好是工人运动最鼎盛的时期，因此骚乱非常严重。所以丰田最终才会出现和另外两家企业完全不同的结局。

新社长的好运

1950年6月5日，丰田喜一郎等三人宣布辞职。劳资纠纷宣告结束。

工会同意企业方裁员以及降低10%工资的决定。

丰田从创业开始一直到现在，只进行过这一次裁员。虽然战败后丰田也出现过人员减少的情况，但那时离开的都是通过勤劳动员征召来的员工，并非正式员工。

随后在7月18日，丰田召开了临时股东大会，会上宣布丰田自动织机的社长石田退三兼任丰田汽车工业公司的社长。而专务董事则由帝国银行大阪事务所所长中川不器男担任。

身为股东之一参加了这次会议的丰田章一郎回忆说，当时石田退三发表演讲的声音非常沉重。

石田退三最后流着泪说道："我就算粉身碎骨，也要让公司的业绩恢复，当公司如诸位所愿走上正轨之时，我将迎接丰田喜一郎先生回来重新担任社长，希望能够得到诸位的同意"。

石田退三为人非常节俭，总是很努力地赚钱，人称"吝啬鬼"，但他就任丰田汽车工业公司的社长既不是为了金钱也不是为了名誉，而是为了"报答自丰田佐吉以来丰田家对自己的恩情"。当时石田退三已经61岁高龄，若非情况特殊他恐怕也不愿担任丰田汽车工业公司的社长。

但就在石田退三就任社长之后，丰田的业绩立刻出现了好转。因为朝鲜战争爆发，日本出现了"特需景气"。

股东大会召开前不到一个月的6月25日凌晨4点，朝鲜军队向韩国发起了进攻。这一天是星期日。而从上周五开始连续三天，是韩国军队军官们的慰劳休假，也就是说军官们都不在前线。朝鲜军队看准这个时机发起进攻，28日就抵达了首尔，首尔市民刚一睡醒就发现自己已经处于朝鲜军队的包围之中。

朝鲜军队的人数多达182 000人。而韩国军队的人数还不到朝鲜军队人数的一半。拥有绝对兵力优势的朝鲜军只用了两个月的时间就将战线推进到了韩国南部，眼看就要将韩国军队彻底赶出朝鲜半岛。

以美军为主的"联合国军"为了帮助韩国而加入战争，朝鲜半岛变成了战场。对于美军来说，补充战略物资最方便的国家就是韩国的近邻日本。因此美国从日本大量采购军需物资运往朝鲜，而用来运送军需物资的卡车自然必不可少。

对于尚未从战败的沉重打击中恢复过来的日本企业来说，这是起死回生的绝佳机会。

从中发现商机的石田退三在就任社长之前便前往美军的采购部，与美军签订了采购1 000辆丰田卡车的大合同。到第二年美军一共向丰田采购了4 679辆卡车，金额超过36.06亿日元。

如果丰田喜一郎能在社长的位置上再多坚持两个月，就可以很轻松地偿还银行的贷款。

丰田喜一郎在辞去社长的职务后移居东京，开始筹划成立一家小型轿车研发公司。无论何时,他最想做的事都是研发轿车。所以就算他还在社长的位置上,不管美军采购多少辆卡车,他一定也会将轿车的开发和生产放在第一位。

中兴之祖

被称为丰田中兴之祖的石田退三出生于1888年,比丰田喜一郎年长6岁。

他出生在爱知县知多郡小铃谷村,本姓泽田。泽田家有兄弟六人,泽田退三排行第六。因为家里孩子太多,父亲又早早去世,所以泽田退三小学毕业就去当了学徒工。

泽田退三有一个在三井物产工作的远房表哥叫作儿玉一造,这个人改变了泽田退三的命运。儿玉一造在三井物产担任棉花事业部的部长,后来成立了东洋棉花。他在棉花和纺织领域有非常敏锐的眼光。

儿玉一造通过棉花的工作认识了丰田喜一郎的父亲丰田佐吉,并且对后者的事业提供了大量的帮助。在儿玉一造的撮合下,他的亲弟弟丰田利三郎迎娶了丰田佐吉的女儿丰田爱子。

丰田佐吉育有一子一女,儿子丰田喜一郎,女儿丰田爱子,丰田爱子是丰田喜一郎的妹妹。丰田利三郎入赘丰田家之后就成了丰田喜一郎的妹夫,但实际上丰田利三郎比丰田喜一郎大10岁。根据第二次世界大战前的《户籍法》,丰田利三郎应该是丰田家的当主,但在丰田佐吉的葬礼上却是丰田喜一郎担任丧主。由此可见丰田家的当主还是身为儿子的丰田喜一郎。

再说回儿玉一造,他得知自己的表弟泽田退三很想继续读书,于是他找到泽田退三的母亲劝说道:"今后的时代,没有文化寸步难行。至少让泽田退三读完中学吧。"儿玉一造将泽田退三接到自己在彦根的家中,让他去滋贺县立第一中学读书，并且承担了一切的生活和学习费用。看来泽田退三从小的运气就好。不过，虽说能上中学继续读书靠的是运气，但泽田退三也是个非常努力的人。

但对泽田退三影响最大的是儿玉一造的妻子。

石田退三本人这样回忆道："嫂子的教育方针是'绝对不能穷，一定要出人头地''如果没钱的话，不管做什么事都抬不起头来'。这是近江商人的传统理念，我每天都被灌输着这样的思想。总之她督促我努力学习，让我为了将来的幸福要多忍耐现在的困苦。这对我后来的人生起到了难以估量的作用。"

泽田退三坚持着出人头地、刻苦努力的目标，在儿玉一造的家里住了下来。中学毕业后，虽然他还想继续念书，但寄人篱下的身份让他无法提出这个过分的要求。于是他先去做了代理教师，但只坚持了半年。后来他接连在京都的进口家具商店、东京的和服店以及名古屋的纺织品商社工作，最后进入丰田纺织。他在24岁的时候成为石田家的养子，因此改名为石田退三。

石田退三进入丰田纺织之后就认识了丰田佐吉，而且和入赘丰田家的丰田利三郎关系亲密起来。石田退三先是在担任大阪办事处负责人的时候取得了不俗的业绩，后来又在印度的孟买扩大了棉布的销售网络。战争爆发的1941年，他从丰田纺织转到丰田自动织机担任常务董事，1948年升任为社长。

石田退三在丰田纺织和自动织机工作的时候对汽车事业持怀疑态度，甚至还曾经反对进军汽车市场。

对汽车一窍不通的石田退三之所以被推荐担任丰田汽车工业公司的社长，完全是丰田利三郎的主意。丰田利三郎和石田退三自幼相识，并且亲眼看见了他在丰田纺织和自动织机取得的成绩。更重要的是，自从石田退三担任社长以来，丰田自动织机的产量就屡创新高。让一个盈利企业的社长兼任丰田汽车工业公司的社长，融资银行团也不会有异议。

除此之外，丰田利三郎还通过下属了解到石田退三十分擅长交涉。战后，石田退三曾经不卑不亢地与驻日盟军总司令部进行交涉，保证了丰田自动织机的正常经营。

战争刚一结束，石田退三就想将库存的自动织机拿出来卖掉。但国内的棉布生产企业还没从战争的影响中恢复过来，没有能够大批量购买自动织机的客户，所以只能销往海外。于是石田退三前往东京，与商工省的官员进行商谈。

但商工省负责人的回答却是"不可能"。

"石田退三先生，我们不能给你许可证。而且就算我们给你许可证也没有用，一切都是驻日盟军总司令部说了算。"

正如商工省负责人所说，战败后日本政府没有许可出口的权限。

为了得到出口许可，石田退三前往驻日盟军总司令部总部，通过翻译向美国负责人提出"请允许我们出口自动织机"的请求。但对方的回答却不留任何情面："不行。日本是战败国，战败国没有权利出口产品。"

石田退三没有气馁，赔笑着说道："我们确实战败了。但就算战败了也要做生意养家糊口啊，无论如何都拜托了。"

"你说什么呢？战败的三等国还能出口机械设备？"

这时石田退三终于愤怒了，他当着美国人的面拍着桌子大声说道："这种理由我不能接受。我们并不是自愿成为三等国的，我们是因为被你们打败才成为三等国的。归根到底这还是你们的责任。所以拜托了，如果不能出口商品的话工人们都得饿死。"

石田退三不知道去了驻日盟军总司令部多少次，软磨硬泡一直都没有放弃。

最后，美国负责人终于允许丰田出口800台自动织机。这也是日本战后得到允许出口的第一批商品。

"朝鲜特需"

1950年爆发的朝鲜战争在1951年的春季陷入胶着状态，7月在板门店进行了停战谈判。

谈判直到1953年7月才宣告结束。真正持续了整整3年零1个月，韩国军队死伤95万人，朝鲜军队死伤61万人。参战的中国军队死伤50万人，美军死伤40万人。"联合国军"死伤40万人。除此之外，还有200万平民失踪。

因为战争持续了很长时间，"联合国军"在朝鲜战争中消耗的弹药数量甚至比美军在太平洋战争中扔到日本的炸弹数量还要多。

尽管朝鲜战争对朝韩两国来说是非常不幸的灾难，却使日本经济一下子起死回生。当时的"朝鲜特需"给日本带来了相当于现在20万亿~30万亿日元的长期需求。

在朝鲜战争持续的3年时间里，日本产业界总计收入11.36亿美元。按当时1美元兑换360日元计算就是4 089亿日元。

日本产业界得到的不只有金钱，还有比金钱更加重要的东西，那就是品质。"联合国军"不接受任何次品，军需品一旦出现问题将直接威胁到前线士兵的生命安全，因此以丰田和日产为首的各大企业在大批量生产的同时也提高了对产品质量的把控。丰田虽然自创业以来就对品质有着严格的要求，但直到朝鲜战争的特需生产才做到彻底消除次品。

彻底消除次品说起来容易做起来难，只有客户的谴责和投诉才能迫使企业做到这一点。特需的订购方名义上是"联合国军"，但实际上都是美国在掏钱，因此对产品的质检十分严格。

由于经济飞速发展，日本国内对卡车的需求也日益增加。很多客户都迫切地希望能够尽早拿到卡车，因此生产现场不得不加班加点进行生产。

朝鲜战争停战之后，美军的卡车订单仍然没有停止。这些卡车并非美军自己使用，而是用于对菲律宾、泰国、印度西尼亚以及越南进行军事援助。虽然日产和五十铃也都给美军提供车辆，但提供数量最多的还是丰田。

丰田汽车工业公司《第22期事业报告书（1950年4月到9月）》中提到特需对业绩恢复带来的影响：

"过去一直在经营上给我们带来诸多束缚的汽车销售统制价格终于在四月中旬取消了，朝鲜战争爆发后，钢铁、零部件、轮胎等原材料价格高涨，如今我们终于能够根据采购价格来调整汽车销售价格，再加上需求增加带来的产量提高，劳资纠纷解决后，公司业绩逐月回升。"

美军采购卡车的货款是不会拖欠的。融资银行团意识到丰田已经有能力偿还贷款，也不再对担任社长的石田退三指手画脚。

石田退三对公司内部宣称"我们要借此机会能赚多少就赚多少"，同时将丰田英二叫来提出了一个建议："丰田英二君，你去趟美国吧。"

石田退三心情大好地开始了自己的演说："等特需结束之后，丰田就终于要冲出三河、走向世界了。因此你需要去福特看看。这本来应该是丰田喜一郎交给神谷正太郎君的任务……现在我代表丰田喜一郎，推荐你去美国留学。丰田英二君，你去看看真正的现场，学习学习他们的生产方法。"

石田退三被称为"丰田的掌柜"。但他即便只是个掌柜的，却真心地为丰田的发展着想。在任期间，石田退三的目的不仅是达成销售目标，更是为丰田的发展打下坚实的基础。趁着同行业的日产和五十铃都在专心赚取眼前利润的时候，石田退三已经开始考虑接下来的打算。将丰田英二送到美国去就是为丰田的未来而做出的决定。

丰田英二眼中的美国

丰田英二动身前往美国的时候是朝鲜战争爆发之后。当时日本到美国没有直达航班，因此要途经关岛、夏威夷，然后才能抵达美国本土。护照上写的也不是"日本人"，而是"联合国军占领国的日本人"。每当看到护照上的这一页，丰田英二都会痛心地感觉到"日本并不是一个独立的国家"。

那一年前往海外的日本人只有8 255人（1950年）。其中绝大多数都是在外务省工作的公职人员，民营企业的成员出国进行技术学习的例子可以说是少之又少。

当时的丰田只不过是三河的一家中小企业而已，这种规模的企业就算派遣常务董事去美国进行考察也是很不正常的举动。从这一点上来说，尽管石田退三看上去好像乡下的顽固老头一般，但在开明程度上却远胜于大财团的经营者。

丰田英二最初的目的是去美国和福特洽谈技术合作事宜。丰田汽车销售公司的社长神谷正太郎先行前往美国进行准备，原计划是谈判都由精通英语的神谷正太郎进行，丰田英二抵达美国之后只需要在合同书上签字就行了。

但由于丰田英二的航班推迟了半个月，事情发生了变化。

抵达美国的丰田英二从神谷正太郎的脸色上看出了问题。"神谷正太郎先生，接下来要做什么？"

神谷正太郎有些难以启齿地说道："丰田英二先生，技术合作的事黄了。"

"嗯？为什么？"

神谷正太郎答道："因为朝鲜战争。美国政府叫停了福特的海外投资，也不允许技术外流，福特的高层领导都不允许出国。就相当于禁足令。"

"那我们应该怎么办才好，神谷正太郎先生"。

"这种情况福特也毫无办法。不过，对方可能觉得我们可怜，表示虽然不能进行技术合作，但可以接纳我们的技术员来实习。所以你可以在这里学习一些技术。"

结果，丰田英二就成了丰田有史以来第一位实习生。他在丰田就是技术负责人，学成归来后能够将学到的知识教给其他人，可以说再也没有比他更适合的人选。于是丰田英二放下心来，积极地开始了在福特工厂的实习生涯。

福特的总部位于底特律西部的迪尔伯恩。这里除了福特公司总部之外，还有胭脂河工厂、海兰德公园工厂、山路工厂、化油器工厂、活塞环工厂等许多家生产工厂。

当时福特一天能生产8 000辆汽车，而丰田的这个数字是40辆。如果将福特比喻为一个巨人的话，那么丰田就相当于一只兔子。

但在丰田英二眼中看来，福特的这些工厂简直就是无价之宝。不管他去到哪一个工厂，都能够学到非常多的知识和经验。

给丰田英二做翻译兼导游的是一名叫作詹姆斯·平田的日裔美国人。当时已经65岁的平田年轻时趁在货船上工作的机会偷渡到美国，辗转来到底特律进入福特工作，接待丰田英二时平田已经退居二线，在检查部门担任顾问。

平田带丰田英二去了很多地方参观，第一天去旁听了专门面向事务职员的预算管理讲座。尽管平田全程进行了非常仔细的翻译，但丰田英二还是没能理解。与其说是因为语言不通，倒不如说预算管理的内容过于专业。

第二天平田带丰田英二去旁听了品质管理的讲座。但这个丰田英二还是听不懂……最终，丰田英二决定去生产现场，和在现场工作的员工们直接交流。

福特的生产现场采用的当然是大批量生产的福特模式。在占地面积相当于丰田工厂两倍的巨大厂房之中，生产线一字排开，屋顶上的荧光灯将厂房里照的一片光明。当时丰田工厂里还在使用电灯泡照明，因此丰田英二对福特工厂里的荧光灯印象十分深刻。

福特工厂里的员工只按照工作手册上的内容做自己分内的工作。当时大野耐一已经开始培养多能工，而福特的车床工人只能操纵车床，也就是说福特的工人一直到退休都只从事一项工作。一直从事同样的工作，工资当然也不会有变化，但福特的员工们似乎对此并没有什么意见。

福特的员工按时上下班，到了下班的时间就算手头还有工作没做完，他们也会直接回家。对他们来说，上班就相当于将自己的时间卖给了工厂，所以对工作内容没有任何的不满。

丰田英二趁着工人休息的时候走上前去，询问对方的工作内容以及一天能够生产多少产品。

每一个被问到的人对丰田英二的态度都很热情，言语中还流露出自豪之情。有的人甚至还会将自己的工作内容亲自演示一遍给丰田英二看。

他们并非被动地工作，而是主动地配合传送带的速度来进行工作。

"传送带的速度合适吗？"

"生产线是绝对不能停下来的，所以我们只能尽量配合传送带的速度工作。熟练了之后就能跟得上传送带的速度了。"他们似乎比自己的上司更加重视传送带的速度。

丰田英二觉得"这就是美国人的工作方式"。美国人非常服从命令，但工作时间结束之后就立刻下班。日本人有种"工作告一段落再结束"的想法，美国人绝对不会免费加班。这种不动脑只动手的工作方式倒是非常适合大批量生产系统。

尽管现场员工可以不动脑地工作，但工程师级别的工作方式就完全不同了。福特的工程师们连午饭都是随便吃几口完事，整天都在办公桌上阅读专业书籍。因为技术人员要想继续升职，只有掌握更多的技术和知识才行。

丰田英二不由得心想："或许在现场员工这方面，我们丰田更胜一筹。"

"现场环境显然是福特更好。它们的机械设备都是最新型的，但现场的员工却不行。福特的员工只会听命行事，没有多能工。

"丰田要培养的是能够自主思考的人。只会听命行事的人无法提高生产效率，现场员工必须充分发挥自己的聪明才智。这也是我今后的工作重点。

"美国的经营管理者几乎不会到现场与员工进行交流，他们只负责公布计划。而我们经常到现场与员工交流，大家都是平等的。我们要想战胜福特，不能只靠经营者也不能只靠员工，需要大家齐心协力。"

丰田英二用了一个半月的时间参观了福特的许多家工厂，在认识到自身与美国工厂之间存在着巨大差距的同时，也得到了不少感悟。他认为丰田的优势在于现场的员工，但除此之外的所有方面都要远远落后于美国。

"日本的机械设备品质太差，必须采购一批新设备才行。"

于是他结束了在汽车工厂的实习，用剩余的时间去考察了21家机械设备生产企业。他打算如果发现合适的设备就引进到日本。

"只要有了更好的设备，我们也能生产出更好的汽车。"

要说丰田英二这次美国之行有什么收获，或许就是与福特的现场员工进行了交流，以及决定引进最新型的生产设备。

当时丰田英二虽然只是丰田两个常务董事之一，但因为丰田喜一郎辞去了社长的职务，所以他就成了丰田家的代表。

石田退三在接任社长时保证等公司的业绩恢复将社长的职位还给丰田喜一郎，同时他也打算将丰田英二培养成为下一个时代的接班人。丰田英二也能够感觉到石田退三对他的期待之情。

在美国的参观和实习结束之后，他也开始认真地思考起丰田的未来。

"福特生产方式是专门为美国的生产现场设计的，完全照搬到日本并不能充分地发挥作用。我们必须采取适合自己的方法才能赶超美国。还有一点非常重要，那就是经营者必须有牺牲自己成全他人和公司的觉悟。我也必须做出相应的改变才行。"

有一位美国工程师所说的话给丰田英二留下了深刻的印象，这位美国工程师充满怀念地说："福特以前是一家乡镇工厂。

"老爷子（亨利·福特）在的时候，发给我们的支票全都是他亲手写的。现在企业规模大了，员工多了，福特二世整天吵着要加强管理，过去的做法正在逐渐地发生改变。"

最后，美国工程师摊开双手摇了摇头说道："乡镇工厂的时候，福特反倒能生产出好汽车。"

看到这一幕，丰田英二不由得感叹："福特走错了路。

"丰田就算一直做个乡镇企业也没什么不好的，我们要继续坚持以'工作服精神'来生产汽车"。

第六章

看板

TOYOTA

多能工制度

1950年，由于朝鲜战争带来的特需景气，丰田在第22期结算时终于消灭了亏损。特需景气一直持续到第二年，这使得丰田甚至有余力重新给股东分红。之前差一点倒闭的丰田汽车工业公司，一下子变成了拥有良好发展前景的企业。

但身在现场的大野耐一却仍然充满了危机感，一点也放不下心来。

自从来到丰田汽车工业公司，大野耐一就一天也没清闲过。虽然公司的经营状况总算是有所好转，但大野耐一认为照搬福特的大量生产方式对丰田来说并非长久之计。

从美国归来的丰田英二和大野耐一持同样的看法。两人在工作之余经常和其他的干部们一起探讨，想要找出"不花钱对现场进行改善的方法"。

丰田英二对大野耐一这样说道："福特通过改善物流环节削减了不少成本，我们也可以效仿他们的做法来降低物流成本。

"如果能降低运输成本的话，现场的抵触也能小一些。但关键还是在于现场的改善。

"确实如此，但改善不能投入太多的成本。而且绝对不能忽视现场员工的声音，只有让大家都参与进来，才能让改善长久地进行下去。我们不能直接告诉员工应该怎么做，而是应该让他们自己思考。你的工作就是想办法让员工养成自己思考的习惯。因为不能花钱，所以必须开动脑筋。我们要培养出能够独立思考的员工。"

丰田英二根据自己在福特的所见所感，回到丰田后便立即开展了"独立思考"运动。

一直以来，独立思考运动都被看作是和丰田生产方式不同的改善活动，但实际上两者的目标是一致的。让现场的员工都养成独立思考的习惯，这样才能使所有人都参与到对现场的改善活动中来。

尽管丰田英二和大野耐一提出要"不花钱对现场进行改善"，但在对物流和运输进行改善的时候还是引进了一些新的设备。之前丰田使用手推车来搬运零件，后来逐渐换成了叉车和牵引车。

既然采用了叉车，那么就要用到统一规格的木制货架，叉车在现场的行驶路线也需要固定下来。同时，工厂内还导入了电动起重机，这样一来工人们就不用依靠人力来抬起发动机了。丰田的举母工厂是当时最先导入这些物流和搬运系统的工厂。

机械设备的更新换代难免要花费金钱，但在改变现场员工思维模式的问题上，大野耐一却做到了"不花一分钱"。

以"多能工制度"为例，为了让员工自愿掌握更多的工作技能，大野耐一每天不厌其烦地宣讲多能工的好处。在工人运动结束后，丰田生产现场的员工几乎每个人都能操纵5到6台设备。即便如此，大野耐一仍然严格地要求员工们更进一步减少等待的时间。

对大野耐一来说，他的敌人并非日产和五十铃这些国内同行，而是现场员工的"匠人精神"以及现场负责人深信不疑的"福特生产方式"。

大野耐一明确指出："站在旁边监督设备的生产过程根本不能算是工

作。"因此，他要求每位员工必须能够操作多台生产设备，而且这些设备必须是不同的种类。

在刚开始实行多能工制度的时候，大野耐一先是让员工操作两台同样的设备，这样一来员工就生产出了两倍的产品。如果操作三台同样的设备，就会生产出三倍的产品，但同样的产品生产太多会产生库存积压。于是大野耐一决定让员工操作不同种类的设备。

有一位干部问道："为什么让员工操作不同种类的设备呢？"

"如果员工发现自己生产的产品变多了，会感觉这是一种变相的劳动强度提高。工作的过程中可能感觉不到，但看到自己生产出的产品之后，就会有种自己干多了的错觉。所以，绝对不能让员工生产过剩的产品。"

听完大野耐一的解释，这位干部才恍然大悟。

"大野耐一，你考虑的可真周到啊。"

就这样，大野耐一首先将多能工制度在自己担任厂长的机械工厂内进行了推广。同时还导入了安灯。

不过，现实情况与大野耐一的理想还存在着巨大的差距。尽管大野耐一在机械工厂内部尽可能地保证了零件的定时定量生产，但原材料的供应却很不稳定。丰田需要从钢铁厂和其他企业采购原材料来进行生产加工。尽管大野耐一希望"只采购所需的原材料"，但他对外部的合作企业并没有足够的约束力。

铃村喜久男的感受

当时在机械工厂中有一名现场负责人叫作铃村喜久男，他是大野耐一的头号弟子，为丰田生产方式的推广做出了巨大的贡献。

铃村喜久男身材高大、表情严肃，经常用严厉的声音训斥部下。如果说大野耐一的特点是善于察言观色，那么铃村喜久男的特点就是开门见山、直言不讳。但他脾气来得快去得也快，而且很爱笑。所以虽然他发起火来挺吓人，但为人热情，不惹人讨厌。

铃村喜久男后来担任生产调查室（现生产调查部）的主查，负责在丰田内部、合作企业以及外部推广丰田生产方式。如果将推广丰田生产方式看作一场战争，那么铃村喜久男就是整个部队的前线指挥官。主查相当于部长级的职务，尽管当时担任这一职务的人不只是铃村喜久男一个，但在现场只要提起"主查"那么指的一定是铃村喜久男。

每当现场的生产线出现多余的零件或者出现问题的时候，现场负责人训斥部下的第一句话一定是"要是让主查知道了可不得了"。

铃村喜久男1927年出生于爱知县西加茂郡的举母町，举母工厂建成的时候他才10岁。铃村喜久男从爱知县立工业专科学校（现名古屋工业大学）毕业后，1948年入职，加入丰田。

刚入职的铃村喜久男被安排进机械工厂工作，经历了工人运动和裁员之后，铃村喜久男在入职第三年的时候被提拔为现场的组长。本来只有入职七八年的员工才能担任这一职位，但由于裁员导致人员减少的缘故，大野耐一破格提拔表现优异的铃村喜久男担任组长。后来铃村喜久男又作为技术人员在大野耐一的手下负责丰田生产方式的推广，直到1970年生产调查室成立之前，铃村喜久男一直都战斗在生产第一线。

铃村喜久男刚当上组长的1951年，机械工厂的现场气氛非常紧张。他这样回忆道："当时丰田的员工总数大约有8 000人，其中2 000人被解雇。不管对离开的人还是留下的人来说，这都是一段如同地狱般的经历。每个人都害怕自己被解雇，失去了人与人之间的信任。我真的再也不想经历这样的事情了。就在这时，"朝鲜特需"忽然出现，大家必须都投入到工作中去。裁员时计划的月产量是700辆。但特需要求月产量要达到1 000辆才行。虽然人手不足，但毕竟刚进行过裁员，所以也不能马上再雇用新员工。"

于是丰田只能采取消除无用功提高生产效率的方法来弥补现场人员的不足。就是在这个过程中，丰田生产方式得到了落实和发展。

尽管当时铃村喜久男刚刚入职三年，但在他眼中看来丰田的生产现场都存在着许多的无用功。

"在当时的机械工厂里，车床都摆在这边，铣床都摆在那边，而镗床加工完的零件都堆积在另一边，车床工要用到零件的时候需要走很远去取。到处都充满了无用功。因此我们决定按照生产流程重新摆放生产设备。同时，我们还得说服员工多掌握几种设备的操作方法。为了实现流水线式的生产，我们足足花了5年的时间。"

从他的描述中来看，取消中间仓库和推行多能工制度是同时展开的。或许在大野耐一的头脑中，"取消中间仓库"和"推行多能工制度"是两个独立的项目。但现场的每一个要素都是相互联系的，所以不管是什么项目都必须同时进行。具体的过程应该是大野耐一将自己的想法传达给工长和组长，然后由身为组长的铃村喜久男落实到现场。

在推行多能工制度的同时还诞生出了标准化作业的概念。以前的工人在按照自己的节奏操作设备的时候，各项作业所需的时间是不固定的。工人会根据自己的经验来决定工作时间和工作内容。但推行多能工制度之后，就必须规定一个标准作业时间。因为只有让所有人都能在规定的时间内完成作业，才能够实现流水线式生产。

从战争结束后到工人运动爆发的这段时期，丰田的现场有很多经验丰富的老员工。这些老员工都只操纵自己熟悉的设备，按照自己的节奏生产产品。生产出来的产品先送到A仓库，然后装配工厂的人从A仓库取出这些产品进行装配。装配完毕的半成品被送进B仓库，组装工厂的人从B仓库取出半成品组装成汽车。虽然每道工序都有传送带，但因为生产出来的产品被送到了仓库之中，所以并没有真正地实现流水线式的作业。

取消突击生产

铃村喜久男还这样说道："在我们刚开始推行丰田生产方式的时候，也就是工人运动刚结束的时候，丰田的机械工厂都是在月末进行突击生产。"

机械工厂的员工在月初的时候因为没有足够的原材料，只能靠打扫生产线来消磨时间。等到了中旬，原材料都准备得差不多了，机械工厂才开足马力进行生产，这种生产方式被称为"突击生产"。

当时丰田的工厂里有个不成文的规矩，那就是将每天生产出来的产品都堆放在生产线的旁边。因为等到了月末的时候，下一道工序的人自然会来将产品取走。甚至有的时候用于堆放产品的空间比用来工作的空间还要大。

因为产品堆积如山，来取产品的人总是从上面先拿。结果放在下面的产品就一直也没人拿，放到最后生锈，只能报废。

大野耐一对此痛心疾首。

不仅如此，工人每天用于找地方存放产品和从堆积如山的产品之中寻找自己想要的零件所花费的时间，甚至比正经工作的时间还要多。

寻找想要的零件和搬运的过程不能创造任何附加价值，而且毫无乐趣，任何人都不喜欢。有时候员工之间还会因为取产品的问题发生争执，可以说现场从上到下都被这些多余的产品搞得疲惫不堪。

"我要取消突击生产。"大野耐一做出这个决定之后，首先约见了为丰田提供原材料的钢铁厂和合作企业。

"能不能将每月一次的送货频率改成每周给我们送一次货。"

"大野耐一先生，运费你们承担吗？"

"不，我们不能承担。"

"那我们只能提高原材料的价格了。"

"不，价格也不能提高。"

大野耐一平静地说道，但他也不能让合作企业吃亏。

"你们看这样行不行？想办法降低运输成本。比如以前一个月用三轮货车运输一次，现在改成用一周用自行车运输一次。我们现在卡车的销量很好，将来可能会增加原材料的采购数量。采购数量增加，运输费肯定也会增加的。到那个时候，你们就可以用三轮货车每个月分三到四次运输原材料了。"

大野耐一亲自与合作企业进行交涉，终于使原材料的供应稳定下来。可以说从根源上解决了突击生产的问题。

大野耐一的计划是，首先在机械工厂实现流水线式生产，然后让装配工厂与机械工厂同步，最后再将流水线式生产推广到组装工厂。这样就可以彻底消除中间仓库，让整个举母工厂变成一条从原材料到成品汽车的完整流水线。

有人说："要实现这个目标至少也得10年的时间。"

但大野耐一知道他并没有那么多的时间。

——现在因为有"朝鲜特需"，所以我们的卡车销量还不错。但我们的轿车还没卖出去，甚至都没有摆到生产线上。如果美国的汽车三巨头进军日本市场，我们毫无抵抗之力。所以必须趁现在把现场的一切都准备好。

大野耐一在会议上提出了自己的看法，但他并没指望在会议上能够讨论出什么结果。他知道要想让新的生产方式确定下来，只能在现场一边推广一边改善。他没有时间等待会议的讨论结果。他的这种做法遭到其他人"独裁"的批判，但丰田英二却给了他大力的支持。尽管不知道大野耐一的做法是否正确，但至少现场每天都在不断地推进并发生着改变。

与此同时，铃村喜久男和现场的工长、组长们根据大野耐一的想法提出了两点建议。

第一个建议是"东海道线"。由人工将堆积如山的产品运送到下一道工序的做法完全不符合"JUST IN TIME"的理念，因此铃村喜久男等人在工厂与工厂之间的矿车用轨道上加装了一个牵引车，并且在上面放了一个货架。前一道工序的作业者只生产货架上能摆得下的产品，生产出来的产品也只允许摆在牵引车的货架上。

货架的尺寸是固定的，防止员工一次性运送太多的产品。东海道线成功地解决了产品在生产线旁边堆积如山的问题，这也是在"看板"出现之前的权宜之计。

第二个建议是"兜裆布"，就是将作业内容写在像兜裆布那样的细长纸条上。

如果将全天的生产计划都写在一张纸上，那么员工可能用半天的时间就一口气将全天的生产计划都完成了，但这种做法不符合"JUST IN TIME"的理念。

铃村喜久男为了让作业稳定化，每次只让员工生产少量种类和数量的产品，现场的员工在完成当前的工作任务之后需要到铃村喜久男那里汇报工作进度。

然后铃村喜久男就会从"兜裆布"上将接下来的工作内容剪下来交给对方。这样一来，生产现场就将单一品种大量生产变成了多品种少量生产，作业也实现了稳定化。

大野耐一提出整体规划和目标，现场的人则思考如何将其落实到生产线上。丰田生产方式绝非纸上谈兵制订出来的计划。就像"东海道线"和"兜裆布"表现出来的那样，简单实用就是丰田生产方式最大的特征。

丰田喜一郎去世

丰田喜一郎在辞去丰田社长的职位之后，在位于东京世田谷区冈本的自己家中成立了一个研究室，带领少数几个部下开始设计小型直升机。

小型直升机的发动机使用的是压缩空气，丰田喜一郎是在德国容克飞机制造厂的柴油发动机上获得的灵感。

后来丰田英二看到直升机的设计图时发出了这样的感慨："丰田喜一郎虽然是以容克的发动机为基础，但他发明的发动机却采用了前所未有的动力来源。这是完全超出人们想象的做法，丰田喜一郎总是能想出别人想不到的事情。"

丰田喜一郎研发小型直升机的主要目的是用于运送货物，因此他也可以称得上是无人机研发的先驱者。尽管辞去了公司的职务，他也没有虚度光阴，而是将自己的研究热情投入到新的领域之中。

由于丰田的经营状况出现好转，身为股东的丰田喜一郎得到了不少的分红。于是他计划要自己筹集资金成立一家生产直升机的新公司。

就在这个时候，丰田汽车工业公司的社长石田退三专程从名古屋拜访丰田喜一郎。

"老爷，我有话想对您说。我已经年过花甲（当时64岁）。如今丰田虽然起死回生，但只是一家生产卡车的企业而已。接下来必须让轿车的开发和生产走上正轨。我自知力不从心，所以希望您能回来，拜托了。"

石田退三说着低下头鞠了一躬。

尽管丰田喜一郎对石田退三的突然来访感到有些惊讶，但生产轿车毕竟是他一直追求的理想。不过当时他设计的直升机刚刚制作完成，所以他想进行一次试飞的心情十分强烈。归根结底丰田喜一郎是一名工程师，与企业经营相比，他更倾向于技术开发。

"石田退三先生，您说的我都明白。但我现在也有自己想做的事情，能不能让我考虑考虑……"

石田退三的声音激动起来："您别这么说。老爷您可要知道，如果没有您的话，轿车的研发根本无法进行。要是美国企业进军日本的话，我们该怎么办呢？我不想再败给美国了，再也不想经历那样的屈辱，想必您的心情也是一样的吧。如果不能在3年内提高生产效率的话，日本的汽车企业就将消失。这话是您说的，您还记得吧？"

丰田喜一郎没有出声。

石田退三继续说道："老爷。这件事非您不可。您的大名不管在织机还是汽车行业都无人不知、无人不晓。像您这样的大人物，怎么能眼睁睁地看着自己的企业就这样走向没落呢？您一定要再次出马呀。"

丰田喜一郎将双手交叉在胸前。

石田退三见状又继续说服道："老爷，您还记得吗？以前我曾经反对研发汽车。那个时候您对我说，'石田退三先生，你非常反对研发汽车。但是我们如果不研发汽车的话就没有更进一步发展的空间，我们不能一直只做织机。你要不要去考个驾照啊，等你有了驾照，我想送你一辆汽车做礼物。当然是我们自己生产的。'老爷。您还没送我汽车呢。所以，请把轿车生产出来吧。"

话说到这个分上，丰田喜一郎再也无法拒绝。再说他本来就很喜欢汽车，只要将直升机和汽车的开发同时进行就可以了。

"我明白了。石田退三先生，就照你说的，我们一起努力吧。"丰田喜一郎决定复出。

石田退三则打算辞去丰田汽车工业公司社长的职务，继续回自动织机任职。在得到丰田喜一郎的承诺后，石田退三很快就返回了名古屋。

丰田喜一郎也开始了行动。为了给自己的复出做准备，他先后拜访了通产省、银行以及客户企业。同时他还接连召开会议，就连坐车的过程中也在思考轿车的设计方案。晚上还要接连应酬。显然，他对汽车的热情一直都没有改变。尽管在辞去社长职务的那段时间里他一直在研究直升机，但在决定复出之后他的脑海里就只剩下汽车了。

这段时期他每天都要工作到很晚，还因为应酬而不断地喝酒。他甚至说回自己家是浪费时间，干脆一直住在朋友经营的酒店之中。结果，就在他答应石田退三将重新出任社长的一个月后的3月21日，丰田喜一郎昏倒在酒店的房间之中。

造成昏迷的原因是高血压引起的脑出血，经过抢救后他被送回自己的家中。但丰田喜一郎一直处于昏迷状态，没有恢复意识。石田退三和丰田英二等丰田的高层因为担忧丰田喜一郎的状况紧急从名古屋赶往东京。丰田喜一郎的家人、石田退三以及丰田英二都围在病床前，丰田喜一郎则毫无苏醒的迹象。众人束手无策，只能祈祷他早日康复。

但事与愿违，丰田喜一郎在昏迷一周后的3月27日早晨永久地离开了。享年57岁。不到60岁的年纪就离开人世。而且正是他即将回归丰田之时。着实令人惋惜。

大野耐一等现场的工作人员在举母工厂得知了这一消息。

因为距离丰田喜一郎辞职还不到两年的时间，员工们都对丰田喜一郎的事情记忆犹新。在听说丰田喜一郎即将回归的时候，还有人期待着"终于能开始生产轿车了"。尽管当时因为生产任务重，工厂里实行了两班制，但在得知丰田喜一郎去世消息的那一天，所有人都无心工作。而大野耐一也没有因此训斥任何人。

"'JUST IN TIME'是丰田喜一郎先生提出的理念……"

丰田喜一郎未竟的事业只有自己来将其完成。大野耐一在现场默默地双手合十，做出了决定。

在丰田喜一郎去世之后两个月的6月3日，丰田的初代社长丰田利三郎也离开人世。丰田利三郎虽然曾经对汽车研发持反对态度，但毕竟也是与丰田喜一郎一路并肩走来的人。至此，从创业之初就带领着丰田不断前进的两位领导者相继离世。

而从创业之初一直到这个时候，丰田可以说从没有过顺风顺水、平平稳稳的日子。

举办丰田喜一郎葬礼的时候，丰田英二到丰田利三郎的病榻前转达这一消息。当时的丰田利三郎已经虚弱得无法起身。

"曾经最反对研发汽车的丰田利三郎对我说的最后一句话是'丰田要做轿车，事到如今只生产卡车是不行的。无论如何也要想办法生产轿车'。我安慰他'已经都准备好了。很快就能生产出来，到时候一定给您看看'，遗憾的是最终也没能给他看到丰田自己生产的轿车。"

如果丰田喜一郎和丰田利三郎两个人都活着的话，会使丰田后来的历史发生变化吗？

我觉得不会。唯一可能出现的改变，或许是在昭和年代丰田就会着手研发无人机。丰田喜一郎在生产轿车和推进JUST IN TIME体制的同时，如果还有余力的话，一定会全都投入到小型直升机的开发之中。

以前关于丰田喜一郎的资料都将其描述成一名理性的技术人员，但我觉得他实际上更像是一名积极进取的汽车工匠、一名有冒险精神的企业家。我在采访了解战前汽车行业的老人时，他们最常说的一句话就是"那个时候敢做汽车的可不是一般人"。

正如丰田英二所说，丰田喜一郎确实是一个出人意料的人。

第七章

意识改革

TOYOTA

超级市场方式

1952年，丰田的创业者丰田喜一郎去世。同年，联合国于前一年签订的《旧金山对日和平条约》在4月28日正式生效。

日本再次成为独立的国家，占领日本的联合国军（以美军为主）解散、撤退。但同时日本与美国签订了《日美安保条约》，美国军队继续以驻守的名义留在日本。

和平条约和安保条约之所以能够如此快速且顺利地签订，是因为当时美苏之间的"冷战"状态越发激化。

同年11月，美国为了拉开与苏联之间的差距，成功完成了氢弹爆破实验。但仅仅过了一年，1953年苏联和英国都相继成为拥有氢弹的国家。

核武器从原子弹发展到氢弹，破坏力大幅增加。苏联在1961年实验成功的氢弹"沙皇炸弹"，据说爆炸威力是美军投在广岛的原子弹"小男孩"的3 800倍。

虽然恢复了独立，但日本周边却并不安全。1950年爆发的朝鲜战争一直持续到1953年才停战。朝鲜半岛的战火虽然熄灭了，但从1946年开始的越南对法国的独立战争却一直持续到1954年。美国和苏联之间的斗争导致亚洲各地都冲突不断。

但这两个超级大国之间的实力其实并不对等。即便在战后的全盛期，苏联的GDP也不到美国的三分之一。要和比自己国家富裕三倍的国家进行竞争，当时的苏联也相当不容易。

反观日本，当时像丰田这样的民营企业都取得了不错的业绩，日本的战后复兴告一段落，基础设施也得到了完善。

在战败后的婴儿潮中出生的孩子都从幼儿成长为儿童，进入消费者的行列。随着孩子们越来越大，日本国内市场出现巨大的需求，这就使日本的经济景气一直持续。从1954年开始，日本相继出现神武景气和岩户景气，经济飞速发展，人口不断增加，消费者也越来越多。

这段时期，丰田的卡车一生产出来就被抢购一空。时任社长的石田退三拍着胸脯打包票说："就算'朝鲜特需'结束，汽车也一样能卖出去。我们一定要抓住这个机会大赚一笔。"同时催促生产现场"努力生产，能做多少做多少"。

1953年，担任机械工厂厂长的大野耐一在机械工厂和装配工厂之间导入了一个系统。

最初大野耐一将这个系统称为"超级市场方式"，具体内容是由后一道工序的人自己来前一道工序这里拿取所需的产品。在此之前，前工序的人从来不考虑后工序的情况，只要自己有原材料就生产产品，然后将生产出来的产品一股脑地全都送到后工序去。而采用"超级市场方式"之后，拿取产品的过程就变成了由后工序为主导。

超级市场方式的灵感来自大野耐一在学校时的一名同学。

大野耐一在名古屋高等工业学校（现名古屋工业大学）的足球队里有一个叫作山口的队友去了一趟美国，得知这一消息的同学召集校友举办了一次"美国见闻座谈会"。对美国颇感兴趣的大野耐一参加了这次座谈会。

山口将自己在美国拍摄的照片用幻灯片打到屏幕上，同时介绍自己在美国的见闻。包括大野耐一在内的所有人都被屏幕上一个大型商店的照片吸引了。

商店里的货架上摆满了肉类、蔬菜、罐头、面包、牛奶等食品和日用百货，有人不由得叹息道："美国的罐头和牛奶可真多啊。"

大野耐一虽然也对商品的丰富程度充满感叹，却发现了一个"与日本的不同之处"。"山口，这个商店里没有店员吗？我怎么在你的照片里没看到呢……"

山口停下幻灯片解释道："这是一个很大的商店。但卖场里并没有售货员。出口的地方有个收银台，里面有一个女性收银员。顾客自己去货架上拿取所需的商品，然后拿着商品到收银台结账。"

"卖场里没有售货员也太不安全了。货架上摆着这么多东西，不会被人偷走吗？"

"哈哈，没有人会干那种事的。那可是美国啊，东西多得很呢。而且，货架上也不会摆太贵的东西，都是蔬菜、肉类和牛奶之类的。"

大野耐一将双手交叉在胸前问道："这个商店叫什么？"

"大野耐一，你对这个很感兴趣啊。不止这个商店。美国有很多商店都是这个样子的，名字叫作超级市场。

超级市场里不像日本的蔬菜店和鱼店那样有伙计来招待顾客。商品任凭顾客自己挑选，顾客也不会叫店员帮自己拿。大家都各取所需，然后结账走人。"

说完，山口开始继续播放下一张照片。但大野耐一的思绪却一直停留在超市的照片上。

——美国人的做法很合理，顾客可以根据自己家冰箱的大小来购买合适的商品。美国的物资很丰富，不管什么时候都能买到需要的东西。所以顾客在需要的时候去买就可以了，反正商店里什么都有。只要在必要的时候购买必要的东西就行了……

大野耐一在思考如何提高工厂效率的时候，不经意间想到了这件事。

"丰田喜一郎先生提出的'JUST IN TIME'或许也可以用这种方法来实现……原来如此，原来是这么一回事。"

大野耐一召集现场的工长和组长宣布道："从今往后我要开始实行超级市场方式。"但现场的人谁都没听懂他说的是什么意思。因为在当时的日本，只有在东京的青山有一家超级市场。或许东京极少部分的富裕阶层能够理解超级市场的概念，但在举母工厂里工作的人对超级市场这个名称根本连听都没听说过，所以听不懂也是情有可原的。

其中一名工长问道："厂长，超级市场是什么意思啊？我们应该怎么做呢？"

大野耐一解释道："美国有一种商店叫作超级市场，卖场里没有售货员。我打算效仿超级市场的模式，这样做……"

随后，大野耐一开始对自己构想的系统进行说明："一直以来，前一道工序只顾自己的生产效率而从不考虑后一道工序的需求，因此生产出来的产品越来越多。但今后我们要改变这种做法。从今天开始，后一道工序就是'顾客'，而前一道工序就是'超级市场'。如果顾客需要的材料不够了，那就去超级市场拿取自己所需数量和种类的产品。但是记住一点，绝对不能在生产线旁边堆积太多的材料。每次只拿必要的数量。"

工长又问道："那和我们现在的做法有什么区别呢？"

大野耐一有点生气，说道："我说的不够明白吗？也就是说，不要生产多余的产品。前一道工序只要生产必要的数量就行了，然后让下一道工序的人来取走。"

但在场的工长和组长还是没明白。

"刚才您说的那个超级市场，卖场里没有售货员，只有出口的地方有个收银员，是吧？"

"是的，没错。"

"那要是我们进去，把里面的面包和牛奶都吃完了也没给钱，那该怎么办啊？"

这下大野耐一可头疼了，因为他自己对超级市场也不是很熟悉，只是在幻灯片上看过照片而已。于是他只能敷衍道："混蛋！美国是文明的国家，怎么会有人不给钱就在商店里吃面包喝牛奶？我是这么觉得的。总之，我想说的是，后一道工序的人自己去取所需的材料，就这么简单。"

可能一直到最后，在场的所有人都没有搞清楚到底什么是超级市场。

但这种方式，在实际导入现场的时候却意外地顺利。因为超级市场方式既没有提高生产目标，也没有加快传送带的运转速度。唯一看得见的改变只有生产线旁边堆积如山的产品消失了。

以前工人们只顾着自己埋头生产，但现在前工序要考虑后工序的需求，生产定量的产品。也就是让员工自己对工作进行控制，这要求员工具有更加广阔的视野。更具体点说，就是要员工边思考边工作。不过，也有些人对手边没有材料感觉不安，会悄悄地在脚底下藏一些产品。于是大野耐一亲自到现场巡视，发现有人藏材料就严厉地训斥。

后来，生产现场终于实现了后工序去前工序拿取产品的方式，只不过名字不再叫"超级市场方式"。从导入开始大约过了一个月，大野耐一觉得现场的员工都比较熟悉这种做法了，于是再次将工长和组长叫到一起。

"现在大家都习惯后工序去前工序拿取产品的方式了，接下来我们要开始使用这个。"

说着，大野耐一拿出一块写着产品数量的大约45厘米长、30厘米宽的看板，然后又在看板前面放了一个货筐。

大野耐一在纸上画图对周围的人讲解道：

"前工序生产出来的产品就放在这个筐里并且挂好看板，等后工序的人来拿。"

后工序的人拿走产品后在看板上标明自己所需的产品数量，然后将看板还给前工序的人。前工序的人根据看板上写的数量进行生产。生产完成之后将产品放在筐里并且挂好看板，等后工序的人来拿。

简单说，就是相当于一个后工序给前工序下订单的系统。

有了看板这个订单，前工序就只生产后工序所需的数量。最早看板方式只在机械工厂和装配工厂之间实行，后来被推广到所有的工厂之中，也由此诞生出许多种不同的看板。

在将看板方式推广到其他工厂的时候，大野耐一提出："首先让员工们习惯超级市场方式，然后再实行看板方式。"

大野耐一怎么也想不到，自己竟然会因为看板方式而成了名人。在丰田推行看板方式许多年后，业内开始流传"丰田的生产现场采用了一个名字很奇怪的生产方式"，许多同行和业内的记者将其称为"看板方式"，这个名字从此就流传开了。

"看板这个名字竟然广为人知，说真的有点出乎我的意料。"大野耐一后来这样说道。

"看板虽然很重要，但只不过是实现'JUST IN TIME'的一种方法和手段而已。所以如果只模仿看板的话，反而会使生产现场变得混乱。在导入看板方式之前，必须在整个工厂确立起固定的流程。在没有真正理解丰田生产方式的情况下，就算给产品加上看板也毫无意义。"

因为"看板方式"成了当时的热门话题，一时间出现了许多解说"看板方式"的书籍。大野耐一在看过这些书之后来到现场，对部下们说道。"现在出现不少关于看板方式的书。我也看了看，但看板方式只有亲身实践过的人才能搞清楚究竟是怎么一回事。你们都是在实践中学习的，所以完全不必去看那些书，哪怕是我写的书也一样不用看。因为看了也理解不了。"

看板方式究竟是什么

正如大野耐一所说，市面上确实出版了很多关于"看板方式"或者"丰田生产方式"的书。其中有大野耐一自己写的，也有大野耐一的徒弟们写的，还有研究者和报纸以及杂志的记者写的。

每一本书中都充满了"批量生产""节拍时间""前置时间"之类的专业术语。普通读者在看到这些专业术语之后就会失去阅读的兴趣，更别提理解了。

确实，普通读者仅凭阅读这些书籍，很难在脑海中浮现出生产现场的景象。而且即便看到"后工序去前工序处拿取产品"的说明，也完全无法理解这究竟是多么具有划时代意义的改变。

要想真正地理解丰田生产方式，只能去现场。而且不能只去丰田的生产现场。还要去其他汽车企业的生产现场进行比较。否则根本无法理解丰田生产方式究竟有哪些先进的地方。

所有采用丰田生产方式的工厂都没有中间仓库。而且工厂内没有放产品的空间或者空间很小，这些都是丰田生产方式的特征。

那么，为什么大野耐一说"完全不必去看那些书"呢？

这是因为大野耐一故意在书中用了很多普通读者难以理解的语言来进行说明。

当时大野耐一将丰田生产方式当作丰田的独门秘笈，不希望被其他企业效仿。

他本人曾经这样说道："为了不让美国的汽车生产企业效仿，我故意取了个外人难以理解的名字。这就是'看板'的来历。"

正如大野耐一所说，最初他在所有解说丰田生产方式的文章中都使用了大量外人难以理解的新词和术语。

或许会有人说，"既然如此不要写解说书不就好了吗？"

事实上，大野耐一本人也是不想写的。但其他企业的人在得知"丰田生产方式能够提高生产效率"之后，也纷纷效仿导入了似是而非的生产方式，结果反而使工厂出现了混乱。而"丰田压榨承包商"的问题甚至还一度被拿到国会上进行讨论。在这种局面下，大野耐一只能亲自写一本关于丰田生产方式的解说书。只不过并非面向所有人罢了。

在很多资料中，都说大野耐一在导入丰田生产方式的时候遭到了现场的强烈反对。那么，现场的工作人员究竟反对的是丰田生产方式的哪些部分呢？

多能工制度、设定标准作业、导入安灯、出现问题就停止生产线、后工序去前工序拿取产品……

上述这些方针并没有在肉体上给员工带来更大的压力。在导入以上方针之后，员工并不需要搬运更多更重的物品，也不需要加快传送带的速度。

有时候，后工序的人还没来拿取产品，前工序的人就已经将货筐装满了。前工序的工长对大野耐一说："工人们总是闲着没事做，希望能提高一点规定的生产的数量。"

大野耐一这样说道："如果员工提前完成了生产任务，那就让他休息一会吧，也不用每次都清洁设备。"

有个干部听到大野耐一的话后责问道："为什么让工人休息呢？"大野耐一却一脸平静地答道："让传送带空转很费电。"一句话就让那个干部哑口无言。

大野耐一导入的丰田生产方式并没有增加员工们的劳动强度，只是减少了工作中的无用功。

既然如此，为什么丰田生产方式在最初导入的时候会遭到现场员工们的反对呢？现场的员工们究竟对哪些地方不满意呢？

引起反对的地方主要有两点。

第一个让员工们感到不舒服的地方是，员工们一直以来的工作方式遭到了否决。

"不能只操作一台设备，要操作多台设备。"

"不能在生产线的旁边堆积产品。"

"不要生产多余的产品，尽量按需生产。"

人类习惯于自己实际采取的工作方式，在潜意识中会认为只有自己的做法是正确的。即便这种工作方式存在大量的无用功，如果被别人指出问题之后，还是会感到很不舒服。

导入丰田生产方式，就意味着否定了现场员工一直以来的做法，相当于一次全面的意识改革。而且，还必须让员工们自己认识到问题，自己主动去进行改变。

大野耐一并没有每天怒吼着强迫现场的员工们做出改变。因为不管再怎么怒吼都没用，只有现场员工自己主动改变才能真正地提高生产效率。

第二个让员工们感到不舒服的地方是，为了设定标准作业时间，工长或现场管理者总是拿着个秒表站在员工身后计算时间。

当时生产现场的员工们普遍有一种匠人精神，他们在工作的时候习惯于按照自己的节奏来进行作业。如果一项作业花费的时间稍微多了一些，他们就会在下一项作业中将时间弥补回来，也就是自己调节作业的时间。

但是这样做很容易导致产品的品质参差不齐。设定标准作业的目的不仅在于确定生产线的运转速度，更重要的是为了保证产品的品质。

在设定标准作业时，现场管理者会一直观察员工的作业过程，然后告诉员工"这项作业的标准作业时间是1分15秒"。那么以后同样的作业就必须在1分15秒之内完成，这就使人产生一种被剥夺了自由的感觉。

而且，如果你观察一个人的工作过程，会发现其中必然存在无用功。但对于进行工作的人来说，即便是上司告诉他"你这样做是无用功"，心里也会感到不高兴。这就是人的本质，只要是人类进行的工作就无法彻底消除无用功。

但大野耐一追求的目标是尽可能地消除无用功，去追求工作的本质。现场的员工们尽管心里也很清楚这一点，但听到别人对自己说"产品不能放在这""不要一下拿太多的螺丝和螺母"的时候，还是难免会骂一句"这个混蛋"。

当然，我们不能嘲笑那些提出反对意见的员工。

即便是现在，绝大多数的日本人如果被别人否定自己的工作方法，也一样会骂一句"这个混蛋"。而且不管是谁，被迫更改工作方式肯定会感觉不舒服。每个人的工作中都存在着许许多多的无用功而自己还毫无察觉。关于这一点，谁都无法否认。

根据最近的统计，日本的正式社员平均每年的工作时间约为2 000小时。各行业带薪休假的执行率平均在47%到48%之间，将带薪休假全部用完的人在任何职场中都不存在。

另一方面，欧洲的白领平均每年的工作时间只有1 300到1 500小时。而且几乎所有人每年都会带薪休假一个月，不休假的人甚至会被看作是异类。

即便如此，根据IMF（国际货币基金组织）的经济预测，欧洲的经济增长率为1.5%，与之相比日本的经济增长率则只有0.6%。由此可见，日本的劳动者在工作中存在着大量的无用功。人们普遍认为日本人工作勤劳，但实际上日本人的工作效率很低。

大野耐一可以说挑战的是日本人的劣根性。在将丰田生产方式落实到生产现场的过程中，他投入精力最多的并不是对生产方式进行说明，而是对员工们的意识改革。

大野耐一在现场巡查的时候总是说："你们要对你们现在所做的事情保持怀疑。"他还公开表示："日本人的工作方法中存在大量的无用功。"因此，那些爱慕虚荣的媒体经常对他发起攻击。

"劳动强度提高""无视劳动者的人权"，他之所以遭到这些批判，正是因为他触动了日本人最敏感的那根神经。

第八章
皇冠发售

TOYOTA

朝鲜战争后的汽车行业

从1951年起，在日本的道路上行驶的汽车种类就逐渐多了起来。战败之后出现最多的汽车是吉普，紧接着是三轮货车和日本产卡车，然后海外汽车企业设计的轿车相继出现。

但这些轿车并非个人消费者购买的，几乎全都是出租车公司购买的业务用车。而且这些轿车也不是整车进口的，是与海外汽车企业进行技术合作的日本汽车企业进口汽车零件自己组装生产的。

1951年，从三菱重工分离出来的东日本重工与美国的凯撒-弗雷泽汽车公司合作，发售了亨利J型轿车。1953年，日野柴油工业与法国雷诺汽车合作，开始组装生产4CV型汽车。同年，日产和五十铃也分别与英国的奥斯汀和希尔曼展开了技术合作，开始销售组装生产的汽车。

这些车都是适合日本道路实际情况的小型汽车，奥斯汀的汽车排量是1 200cc，雷诺的汽车排量只有750cc。价格方面，奥斯汀是112万日元，雷诺则是73万日元。与之相对的，丰田销售的SF型TOYOPET（1 000cc）的售价是95万日元。当时公务员入职第一年的月薪是7 650日元（1952年）。

随着日本国内汽车数量的增加，日本的交通规则也发生了巨大的变化。

在驻日盟军总司令部的指导下，日本执行了"人右车左"的通行规则。

从明治时代一直到战败之初，日本不管是行人还是车辆（人力车、小型车、汽车）都在道路的左侧通行。之所以这样做，据说是因为如果右侧通行的话，那么佩刀的武士擦肩而过的时候"腰上的刀会碰到一起"。总之，日本人之前一直是左侧通行的。

在占领初期，驻日盟军总司令部打算让日本和美国一样，车辆在右侧通行。但发现要想完全改变交通信号灯和交通标识需要花费庞大的预算，"对贫穷的战败国来说完全不可能"。于是只能选择和英联邦国家一样，人在右侧、车辆在左侧通行的方式。

就在这一时期，日本国内的汽车企业都选择与海外的汽车企业进行技术合作，将性能更加优秀的汽车引进到日本，只有丰田坚持自主研发。

"利用日本人的头脑和技术生产汽车"是创始人丰田喜一郎的初衷，因此时任社长的石田退三和常务董事丰田英二压根就没考虑过技术合作的选项。

丰田遵照丰田喜一郎生前的嘱托，开始了对轿车的研究与开发。但公司内部的绝大多数人都不知道这件事。

忙于现场改革的大野耐一虽然也听说公司在开发新型汽车，但当时他的精力都集中在如何提高卡车产量上。

研发皇冠

从丰田织机时代开始，丰田喜一郎的梦想就是生产日本人自己的轿车。但最终他也没能在活着的时候实现这一梦想，继承他遗志的是丰田的副社长兼技术总监丰田英二。

丰田英二为了研发日本产轿车，将设计部和生产技术部的技术人员都召集到一起，组建了一个横跨多个部门的技术团队。担任第一位研发主查的是工程师中村健也。

中村健也出生于兵库县西宫市。从长冈高等工业学校电子工程学专业（现新潟大学工程学专业）毕业后，他进入共立汽车制作所从事克莱斯勒汽车的组装工作。干了4年之后，中村健也觉得光是组装汽车太没前途，他希望能够参与到日本产汽车的研发之中去，于是便选择了辞职。就在这个时候，他看到汽车杂志上刊登了一篇关于丰田喜一郎的报道。

中村健也的直觉告诉他"应该追随这个人"，于是他便去丰田毛遂自荐。幸运的是，当时丰田的举母工厂刚刚建成，正是招贤纳士的时期。经过丰田喜一郎的亲自面试后，中村健也顺利地进入丰田，在车身工厂担任焊接机的负责人。

后来，中村健也与住友机械制作（现住友重机械工业）合作研发了举母工厂所需的2 000吨冲压机。虽然开发过程因为战争的爆发而一度中断，但在战后的1951年，冲压机终于完成。这是当时全日本最大的钢板用冲压机，使用寿命相当长，直到今天，丰田在泰国的合资企业仍然在使用这台冲压机来生产车身。

从照片上看，中村健也和电影《国王与我》中的著名影星尤尔·伯连纳十分相似。他们都拥有棱角分明的五官，而且都是光头。关于中村健也还有许多有趣的故事。

尽管中村健也与西装领带无缘，但并不意味着他的服装搭配就很随便。他不管是在生产现场还是在办公室，总是穿着一身卡其色的工作服，里面配上纯白色的衬衫。这是中村健也的标志性装扮。他还有一个众所周知的特点，那就是不管下多大的雨都不打伞。即便暴雨倾盆，他也只是将双手紧贴在身体两侧大步前行。

做过他部下的丰田章一郎曾经好奇地询问过："中村先生，为什么你不打伞呢？"

中村健也带着似乎很开心的表情答道："丰田章一郎君，下雨的时候如果甩开手臂走路的话，那整个袖子都会被淋湿。但像我这样夹紧胳膊的话，就只有脑袋和肩膀会被淋湿。怎么样，我的想法不错吧？"

尽管丰田章一郎觉得要想不被淋湿只要打伞不就好了嘛，但又怕被人认为自己多管闲事，于是只能点了点头。

中村健也这种与众不同的思考方式或许正好适合开发新车。被丰田英二破格提拔为主查之后，中村健也创建了一套能够完美体现"走在时代前列"这一丰田纲领的研发方法。

丰田英二对中村健也提出的要求是："研发出一辆既适应日本的道路状况，又让人有舒适驾乘体验的汽车。"

在1955年，日本的道路铺装率只有不到1%。除了主干线路以外全都是沙土路。一到下雨的时候路面就泥泞不堪，干燥后的路面更是坑坑洼洼。而刮风的时候则尘土飞扬。中村健也的任务就是开发出一辆即便行驶在这样的路面上，仍然能够让人拥有舒适驾乘体验的汽车。

中村健也召集开发人员，宣布："大家全都去做市场调查。"于是所有人分头前往出租汽车公司、丰田的销售店等地，收集顾客关于新型轿车的大小和外形之类的意见。丰田就是在这个时候第一次导入了正式的顾客调查和市场调查。

与此同时，为了让汽车拥有舒适的驾乘体验，中村健也还必须导入最先进的技术。通过在前轮加装螺旋弹簧，并采用独立悬挂系统设计，可以大幅降低车身上下颠簸的幅度。这个系统是在中村健也的指导下设计的，但最初却遭到了开发工程师们的反对。

"虽然加装螺旋弹簧确实可以起到减震的效果，但螺旋弹簧的耐久度尚未得到证实。"

听完工程师的意见，中村健也默默地摇了摇头说："我以前是金属方面的专家，我比你们更了解铁的性质。用来制造螺旋弹簧的材质非常坚韧，不会轻易坏掉。这次就照我说的做。"

还有一个中村健也坚持的地方就是将前风挡换成曲面玻璃。在此之前的汽车前风挡用的都是两块平面玻璃拼接而成，但中村健也要求丰田的汽车玻璃供应商旭玻璃公司无论如何都要开发出曲面玻璃。使用曲面玻璃之后，驾驶者的视野更加开阔，还会使驾驶室显得更加宽敞。这也成了丰田新车最大的卖点。

在研发过程中，中村健也经常听取技术人员的建议，但凡是涉及"日本首次""世界首次"的技术时，他总是坚持自己的意见。

当时在研发轿车的不只是丰田一家，日产、五十铃、三菱都在研发轿车。如果放眼全球的话，还有以三巨头为首的美国汽车企业以及欧洲的汽车企业……在更新换代非常频繁的汽车行业，如果新推出的车型没有什么亮点的话很快就会被淘汰。

日本的小企业如果只是一味地模仿，永远也无法走上世界舞台参与竞争。尽管日本的汽车企业因为"朝鲜特需"积累了不少资本，但在研发上投入的资金和美国的汽车三巨头相比简直是九牛一毛，人才不管是数量和质量都无法相提并论。

即便如此，中村健也等人还是凭借自己的创新精神和团队合作开发出了新型轿车"皇冠"。

1955年，丰田皇冠发售。除了前轮独立悬挂系统之外，后轮还采用了三弹簧的悬挂方式。这样皇冠就拥有了非常优秀的减震性能，即便行驶在路况恶劣的道路上也能保持良好的驾乘体验。

在操作方面，皇冠选用了不用踩离合器就能够改变速度的同步啮合式变速机，大幅降低了驾驶难度。

第一代皇冠最大的特点是其采用了"对开式"的车门。由于这种开门方式"便于乘客上下车",因此很受出租汽车公司的欢迎。事实上,丰田也是以业务用车为前提才设计出这样的车门。

中村以开发团队的市场调研为基础,再结合当时最先进的技术,终于成功地开发出了皇冠轿车。

当时日本组装生产的海外汽车企业的轿车全都是过时的款式。日产的奥斯汀A40是英国在1947年推出的车型的后续款式,日野的雷诺也是1946年设计完成的车型。虽然日本人普遍认为"外国车就是好车",但丰田推出的皇冠与这些欧洲汽车相比非但毫不逊色,甚至在性能上更加优秀。

当时丰田推出的皇冠共有两种款式。RS型TOYOPET皇冠面向家庭用户,RR型TOYOPET大师主要面向出租汽车公司,也就是业务用车。之所以首字母都是R,是因为这两款轿车使用的都是最新款的R型发动机。

1955年刚发售的时候,丰田的目标是"两种车型加起来月产1 000辆",但实际上每个月只卖出去600辆。虽然业内人士对皇冠给出了一致的好评,称其为"真正的日本产轿车",但皇冠的销量却一直没有增长。

直到第二年,皇冠的销量开始激增。因为之前购买皇冠的出租车公司的驾驶员们表示"乘客们都觉得这台车坐起来很舒服",所以越来越多的出租车公司都选择购买皇冠作为业务用车。

皇冠一下子成了月产800辆的热门车型,而到了1956年10月的时候,仅面向家庭用户的RS型就达到了月产1 000辆。就在这时,出租车公司提出"乘客们表示更愿意乘坐皇冠,因此我们也想购买皇冠来取代大师"。

于是丰田又推出了对皇冠进行改良的高级版(RSD型),这款车型刚一上市就引起抢购热潮,出租车公司也大量地采购了这款豪华型皇冠。

结果,第一代皇冠经过不断地改良,连续7年都是销量第一的日本产轿车。

RSD型皇冠的销售价格是1014 860日元。当时公务员入职第一年的月薪是

8 700日元，也就是说一个普通的工薪阶层大约要努力工作10年才能买得起一辆皇冠轿车。

伦敦试驾与对美出口

在皇冠诞生之前，丰田的轿车都是以字母和数字命名，比如AA型、SA型等。其中SA型因为每日新闻举办的从名古屋到大阪的汽车与特快列车的比赛而广为人知，但对绝大多数的人来说，通过这次比赛记住的都是丰田这个企业的名字，而非汽车的型号。

但1956年朝日新闻报道了"伦敦到东京5万千米试驾"的新闻之后，给人们留下深刻印象的则是"皇冠"这个汽车的名字。这次活动也让日本人认识到了一个事实，那就是丰田这家来自名古屋的名不见经传的小企业，竟然生产出了一辆能够从伦敦开到东京都不会坏的日本产轿车。

当时的日本人都知道发明王丰田佐吉，但对丰田佐吉的儿子成立了汽车公司，以及这家叫作丰田的汽车公司位于名古屋这件事却知之甚少。

特别是对于居住在首都圈的人来说，一说起汽车企业首先想到的都是日产。丰田给人的印象只是比日产更低一等的乡镇企业罢了。

朝日新闻不仅报道了"伦敦到东京试驾活动"，还将相关内容整理成册，这本书一下子成了当时的畅销书。从此，皇冠就成了日本产车之中的明星。

这次活动的具体过程如下：朝日新闻驻伦敦记者辻丰和从东京赶来的摄影师土崎一搭乘皇冠RSD型，于同年4月从伦敦出发，途经欧洲、中东、印度、东南亚等国家和地区抵达越南。在越南乘船抵达山口县，然后从山口县一路开到东京。这项活动在宣传丰田皇冠汽车性能的同时，也对欧洲、亚洲许多国家和地区的风土人情进行了介绍，因此受到大量读者的欢迎。

用现在的眼光来看，或许会有人感叹"1955年的日本产车竟然能在亚洲的山岳地带行驶而不出现故障"。但仔细想一想就会发现，当时日本的道路其实和亚洲山岳地带的道路在恶劣程度上不相上下，皇冠没有出现故障也是理所当然的。反而是美国汽车三巨头生产的大型轿车如果来到路况如此恶劣的地带，可能更容易出现故障。

这次试驾活动的成功再一次引爆了皇冠的销量。于是社长石田退三找到销售公司的社长神谷正太郎，决定将皇冠出口到美国去。出口项目主要由神谷正太郎负责。

1957年，丰田在美国加利福尼亚成立了销售公司，开始为出口美国做准备。但实际办理手续的时候却非常麻烦。

美国各个州的车辆法规都有细微的差别。因此，丰田必须在想要进行销售的每个州都取得许可手续，这就花费了不少时间。比如销售公司所在的加利福尼亚州必须取得交警的许可，派驻在当地的员工花了接近一年的时间才取得销售许可。

终于取得销售许可之后，日本方面就开始准备出口用的货船。但就在货船即将出发的时候，加利福尼亚交警发来消息说"车前灯太暗了"。与美国汽车普遍使用的封闭式车灯（带有透镜和反光罩）相比，皇冠的日本产车前灯明亮度确实不够。

"皇冠的车前灯无法保证在公路上行驶的安全。"

但这个时候货船已经出发了。最后，丰田只好将所有汽车的车前灯都拆了下来，等抵达美国之后专门购买了一批通用电气生产的封闭式车灯安装上去。

尽管皇冠在出口美国之前在日本进行了大量的测试，方向盘也改成了和美国一样的左侧方向盘，还对许多地方进行了改良，但实际销售之后却遭到了美国消费者的差评。

"马力不够强劲，合流的时候总有种会被后车追尾的感觉。"

"上高速之后也加速不起来，上坡的时候加速还会导致熄火。"

"速度太快的话车身会出现震动。"

皇冠虽然能够适应恶劣的路况，但发动机的动力不足，加速性能也很差。由于消费者的投诉太多，神谷正太郎决定暂时停止皇冠在美国的销售。

负责统筹皇冠开发的丰田英二事后回忆起这件事的时候感慨道："当时我们太冲动了。马力不够的话是没办法在高速路上行驶的，但我们害怕如果不尽快出口汽车到美国，丰田就会倒闭。"

后来丰田章一郎在纽约遇到索尼的井深大和盛田昭夫，他们给出了自己的建议："丰田章一郎先生，如果你想将汽车出口到美国的话，马力强劲的汽车比较好。而且，美国人只喜欢开自动挡的汽车。"

于是，丰田的技术人员开始拼命地提高汽车的高速性能。但直到10年之后，丰田的汽车（自动挡日冕）才被美国人接受。因为这个时候日本也已经有了高速公路（1963年），丰田终于可以在高速公路上进行实际驾驶测试。

皇冠第一次进军美国市场以失败告终，但丰田英二却认为进军美国市场的判断本身是没有错的。

"当时美国市场正在被欧洲汽车蚕食。其中销量最好的是西德的大众汽车，曾经有一段时期，欧洲汽车在美国的市场份额接近10%。如果这样发展下去的话美国一定会采取措施。考虑到这一点，销售公司的神谷正太郎先生提出'如果美国采取了贸易保护政策，丰田就永远也无法进入美国市场了。所以必须趁现在赶快采取行动'。我们正是出于这个理由才仓促地进军了美国市场。"

与其说当时进军美国市场是为了增加皇冠的销量，不如说是为了先在美国市场之中抢占一席之地，这就是神谷正太郎的判断。但丰田英二的心中肯定很不是滋味。毕竟皇冠在日本是销量第一的畅销车，出口美国竟然惨遭滑铁卢。不过，丰田也因为这次失败了解到了美国消费者对轿车的需求。这也可以算作是出口失败带来的财富。

在皇冠出口到美国的时候，大野耐一也第一次踏上了美国的土地。他前往包括福特在内的许多家汽车工厂进行了参观学习，亲眼看见了福特生产方式的大批量生产方式。

当时给大野耐一关注的重点就是生产方式和工人们的工作状态。

"美国工人和日本工人在工作时的状态完全不同。美国的工人好像都无忧无虑的，每当和我碰面的时候，他们都会主动与我打招呼，或者挥挥手。日本工人就不会这样做。我在工厂里巡视的时候，如果工人们看到我就会立刻做出一副很忙碌的样子。要么拿起抹布擦来擦去，要么开始给机械设备上油……日本人总觉得自己很勤劳，总是在工作，所以当有别人看着的时候就会做出一副努力工作的模样。但美国的工人从不会那样做……那么，究竟应该如何从工人的行动中去除那些多余的动作，或者说不应该出现的动作呢？尽管工人本身很勤劳，但企业却让工人将工作时间都浪费在了无用功上。"

通过在美国生产现场的考察，使大野耐一认识到日本工人的工作方法之中存在着大量的无用功。

美国工人只在生产线上做自己应该做的事情，到了下班的时间就直接离开。

而日本的工人只要掌握了工作方法，明明一个小时就能完成的工作，却非要装出勤劳的样子干上八个小时。大野耐一认为，如果不进行意识改革，就无法真正实现"JUST IN TIME"。

"错的不是工人，而是没有教给他们正确工作方法的管理者。"大野耐一这样想到。

大野耐一在美国只参观了生产现场，连给他带来超级市场方式灵感的超级市场都没有去。

回到名古屋之后，有部下问他："超级市场是什么样的？"他只能回答说："我没去，我怕去了会破坏自己对超级市场的理解。而且，从现在开始我决定不再使用超级市场方式这个名字。改成后工序自助还是同期化方式呢？"

这时，部下说道："我们都习惯叫看板，不如就叫看板方式吧。"

当时还没有丰田生产方式这种叫法，现场都将其称为"流水线生产"或者"看板方式"。不知何时"看板方式"的名字流传开来，而大野耐一则一直强调"看板只不过是一种工具罢了"。或许对拘泥于理论的大野耐一来说，从一开始他的脑海里就有"丰田生产方式"的概念了。

第九章
七个无用功

TOYOTA

汽车工厂的体制

从经济高速增长的20世纪60年代一直到现在，汽车工厂的基本体制都没有发生太大的变化。最多也就是在特定的场所加装了空调，使工作环境更加舒适，以及给员工们配备了平板电脑。但工厂的格局以及整个生产流程都基本相同。

那么，汽车的整个生产流程都包括哪些内容呢？要想理解丰田生产方式，首先必须对汽车工厂的整体情况有一定的了解。

汽车的制造工艺大体上可以分为3部分：

（1）车身制造工艺；

（2）发动机制造工艺；

（3）树脂零件成型工艺。

车身制造工艺从车身零件的生产开始，一直到整辆汽车完成。

发动机是汽车的心脏，因此发动机制造工艺是重中之重，需要将许多零部件组装成发动机。生产完成的发动机会在组装生产线上被装进车身。

树脂零件指的是保险杠、仪表盘等零件。除此之外，一辆完整的汽车还需要车窗玻璃、轮胎、车座、车灯、车载导航等配件，这些配件由合作企业生产和送货，然后在组装生产线上被安装到车身上。

车身制造工艺包括五道工序：冲压、焊接、涂装、组装、检查。

发动机制造工艺包括四道工序：铸造、锻造、机械加工、发动机组装。

树脂零件成型工艺包括两道工序：成型和涂装。

车身制造中的冲压，指的是使用冲压机将汽车专用钢板冲压成车顶或车门等车身用的部件。焊接则是将冲压完成的部件焊接在一起组成汽车的形状，现在焊接工序基本都由机器人完成。涂装正如其字面意思一样，就是为车身涂上油漆，起到防锈和美观的作用。

发动机制造包括铸造和锻造这两个生产零件的工序。

铸造主要用于生产形状比较复杂的零件，发动机就是铸造完成的。以前都是用铁作为原材料，现在大多改用铝作为原材料。

锻造主要用于生产需要较高强度的零件。铸造是将熔化的金属倒进模具中来成型，锻造则是用铁锤或冲压机来成型。被锻造过的金属组织更加致密，强度也随之增加。锻造主要用于生产凸轮轴、曲柄轴、活塞与曲柄轴的连杆等需要长时间高速运转的零件。

机械工厂负责对锻造产品和铸造产品进行切削加工，装配工厂负责将机械工厂生产出来的产品装配到一起。

在组装生产线上，工人们将车座、方向盘、发动机等零部件安装到涂装完成的车身上，一辆汽车就这样生产完成了。最后还要经过质检部门的检查，然后就会通过经销商分销到消费者的手中。

很多人对汽车工厂的印象就是组装工厂，工人们利用传送带将零部件逐一安装到车身上。

因为普通人去汽车工厂参观，只能看到组装生产线。而焊接、铸造和锻造等工序是不允许直接参观的，最多只能通过视频来了解一下。这些工序在生产过程中会有火花飞溅，金属加工的温度很高，存在一定的危险性，而且有一些机密的制造工艺，所以不能轻易让外人参观。

我介绍这些是想告诉大家，汽车工厂里并不是每个生产现场都有传送带。铸造、锻造和机械加工中有很多工序都需要员工在一个很小的区域内进行作业。生产出来的产品则通过自动搬运系统或者人工来进行搬运。

将丰田创始人丰田喜一郎提出的丰田生产方式系统化的大野耐一，希望能够将丰田生产方式导入到所有的工艺之中。

对于利用传送带进行生产的工艺来说，导入丰田生产方式相对比较简单，只要消除中间库存、采取标准化作业、清除无用功就可以了。

但要想在冲压、锻造等没有生产线的工艺中导入丰田生产方式则没那么容易。这些工艺需要工人们团队作业，一个团队根据自己的节奏来进行生产。只有非常熟悉相关工艺的人，才有可能发现这些工艺之中存在的无用功。

从事这些工艺的工人都拥有极强的"匠人精神"。他们拥有丰富的经验和优秀的技能，但也不允许别人对自己的工作指手画脚。所以就算大野耐一和他的部下铃村喜久男磨破了嘴皮，这里仍然有很多老员工不肯按照他们的指示工作。

饱经磨炼的新人

张富士夫和池渕浩介在20世纪60年代后半段相继成为大野耐一的部下。张富士夫毕业于东京大学法学部，入职丰田担任事务员，池渕浩介毕业于大阪大学工程学部，入职丰田担任技术人员。后来张富士夫逐渐成为社长、会长、名誉会长，池渕浩介成为副会长。

张富士夫入职的时候是1960年。那个时候丰田对东京大学法学部的毕业生可以说并没有太大的吸引力。因为丰田只是一家位于东海地方的汽车企业，而且出现过劳资纠纷。东京大学毕业生的首选目标是政府部门、银行以及大型商社，丰田与上述部门相比，吸引力显然要更低一等。

就算东京大学毕业生想要进入汽车企业就职，那日产也是第一选择。日产因为其广告语"技术日产"而广为人知，总部就位于东京。而且日产还和政府部门以及金融资本之间有很深的联系。日产的主要合作银行是日本兴业银行，这是东京大学毕业生最想入职的银行。

因此当时有志于投身汽车产业的精英们很有可能将日产选为自己的目标，而非丰田。丰田只是一家位于名古屋的名不见经传的小企业，而且总部所在地是距离名古屋还有1小时路程的丰田市。

当时就连当地人对丰田市这个名字都很陌生。因为直到1959年这里才改名叫丰田市，在此之前对居住在东海地方的人来说，这里是"丰田工厂所在的举母市"。在张富士夫刚入职的时候，丰田以及丰田市就是这样的一种状态。当然，那个时候日本还没有新干线。从东京到名古屋需要花费一天的时间。

有一天，张富士夫在东京大学剑道部的同学国松孝次（后来成为警察厅长官）到他的寝室看望他，寝室就在距离工厂不远的地方。

"晚上我俩打算出去喝点酒，在一片漆黑的道路尽头有一家小酒馆。张富士夫说这是附近唯一的一家酒馆，感觉好像快要倒闭了的样子。我还记得我俩在里面喝酒时，收音机里传来水原弘的歌曲。现在回忆起来，1960年时候的丰田市真落后啊。"

看到这些，或许让人觉得当时的丰田是个毫无魅力的地方，但实际上并非如此。要说丰田吸引人的地方，那就是丰田从上到下全都团结一心，这个优点直到现在仍然没有改变。除此之外，可能在外人看来丰田和其他企业没什么两样，但每一个入职丰田的人都会发现，丰田拥有非常广阔的发展空间。

毕竟中学学历的员工能够从生产现场一步一步走到副社长位置的汽车企业，在全世界都是绝无仅有的。在丰田，只要有能力，并且凭借自己的努力取得成果，谁都有出人头地的机会。

或许在别的企业"东京大学毕业生"的名头是个加分项，但丰田只看能力。张富士夫之所以后来能够成为社长，全凭他自身的能力，当然也多亏了给予他充分磨炼的大野耐一和铃村喜久男。

张富士夫是在剑道部前辈的介绍下才入职丰田的，这位前辈觉得他性格温和，而且一旦确定了目标就会坚持到底、有种不达目的决不罢休的顽强精神，于是便劝他来丰田就职。在张富士夫入职后前辈对他也是照顾有加，但当听说张富士夫被安排在大野耐一手下之后，前辈顿时吓了一跳。

"张富士夫，不好了。我去人事帮你求求情。你要是跟了那家伙，搞不好会没命的。必须得为你的将来着想。大野耐一可是全公司最可怕的家伙。"

但张富士夫却说："不，我去。"不管面对怎样的上司，张富士夫都会积极地面对自己的命运，他就是这样性格的人。而且，张富士夫对入职时社长石田退三所说的话一直记忆犹新。所以他决定不管被分配到什么地方都绝不退缩。

当时石田退三非常激动地说道："诸位，我们终于实现了月产1万辆的目标，年产量能够达到10万辆。可以说值得庆贺。但是，通用汽车的年产量是369万辆。如果贸易自由化，以通用汽车为首的美国汽车三巨头进入日本市场，我们根本毫无招架之力。诸位，我们今后必须带着必死的决心努力奋斗。"

同样听到石田退三这番话的池渊浩介回忆起当时丰田的情况这样说道："公司上下充满了危机感。我们都是战后出生的，并没有亲身经历过那场战争。但我刚入职的时候，公司里有不少曾经在战场上和美国人打过仗的人，也就是退伍军人。他们在战场上感受过美国的强大，所以知道要想在汽车行业战胜美国，半吊子的努力是绝对不行的。在他们看来，我们都是没上过战场的傻小子。所以他们心里想的肯定是'这样的年轻人必须好好锻炼一番才行。否则丰田的未来就完了'。大野耐一先生虽然没上过战场，但在磨炼我们的时候采用的却是斯巴达式的教育。"

入职几年后，被分配到大野耐一手下的张富士夫和池渊浩介全都彻底地掌握了丰田生产方式。但他们并不是在课堂上学会的，而是在现场学会的。

他们经常跟在大野耐一的身后去现场巡视。每当大野耐一发现无用功的时候就会大发雷霆，如果大野耐一不在，铃村喜久男就会代替他的位置。张富士夫和池渊浩介大多数时候都是在后面默默地听着，偶尔也随声附和几句。

当时的感觉就像是师父和大师兄带着徒弟们在实战的现场进行教育。

张富士夫与池渊浩介的经历

张富士夫与大野耐一第一次见面，就被教训了一顿。张富士夫入职后先是在总务部的宣传科工作，负责内部报刊的编辑和接待参观工厂的小学生。入职第七年的时候他被调到了生产管理部，主要工作内容是按照前辈们的要求，向外部的合作企业下订单。

前辈们的要求一般是这样的："数量少而且生产起来需要一定技术含量的零部件全都委托合作企业生产，我们自己只做大批量生产的简单零部件。"

于是张富士夫只要发现有生产难度的零部件就都在建议书上写下"外部订购"提交给上司。上司则看也不看直接盖章通过，这便是他每天的工作。就这样过了半年，生产管理的负责人变成了大野耐一。张富士夫的上司脸色苍白地对他说道：

"大事不妙，魔鬼来了。你听好了，可绝对不能接近他。不管他说什么，你都要低下头，绝对不能出声，就连'是'和'不'都不能说。要是把他惹怒了后果不堪设想。"

上司的话音未落，大野耐一已经走了进来。大野耐一拿起张富士夫刚写完的建议书看了看，脸色顿时变得非常难看。他拍着桌子怒吼道："你这家伙，究竟是在干什么？"

张富士夫的上司战战兢兢地问道："常务董事，有什么地方写错了吗？"

大野耐一继续怒吼道："混蛋，你们怎么把不好生产的零部件都交给外人去做？反而让我们自己的工厂只生产这些简单的零部件。"

"常务董事，非常抱歉。张富士夫是文科生，对技术上的东西不是很了解，我马上让他修改。听到了吗？张富士夫，快给常务董事道歉。"

虽然张富士夫一头雾水，但还是乖乖地低下头去。

大野耐一见状没有继续追究下去，脸色也缓和下来解释道："你记住，一辆汽车有3万个零件组成，其中70%都需要从外面订购。如果这70%的采购成本降不下来的话，那么总成本就降不下来。所以，尽量从外面订购技术含量低、易于生产的零件。因为技术含量低，外部企业更容易降低成本。而那些技术含量高、生产起来费时费力的零部件则应该尽量我们自己生产。挑战难关降低成本应该是我们丰田员工的工作。明白了吗？马上修改建议书的内容。"

张富士夫马上回答"明白了"，心想"这个大叔说得很有道理，是个值得信赖的人"。

从此以后，张富士夫和大野耐一一直保持着亲密的师徒关系。

池渊浩介第一次和大野耐一碰面是他在现场做技术员的时候。

"我们这些技术人员都习惯每天早晨在工厂一个小房间里抽根烟之后再开始工作。有一天，大家正在小房间里吸烟，突然大野耐一先生走了进来。屋子里的所有人都急忙掐灭了烟站起身，有的人甚至被吓得浑身发抖。可见大家是多么害怕他。

"大野耐一先生找个凳子坐下，抬起头盯着我们说道：'你们怎么都站起来了？好了，好了，继续抽烟吧。不用太在意我。'但是没有一个人敢坐下，而且因为手在发抖也没心思继续抽烟。大野耐一先生就是这样一个让周围人都害怕的人。"

池渊浩介又讲了一个关于大野耐一的故事："大野耐一先生命令我的一个前辈'仔细观察那个在生产线旁工作的员工，找出他动作之中存在的无用功'。然后，大野耐一先生用粉笔在地上画了一个半径1米的圆圈，对前辈说'除了上厕所之外你就一直站在这个圆圈里观察'。结果那位前辈就站在圆圈里观察了半天多的时间。"

大野耐一的这种做法要是放到现在，肯定会遭到员工的投诉。但在那个年代，部下被上司抽耳光、拍脑袋之类的体罚在任何一家企业之中都司空见惯。但大野耐一并非只对部下强硬。如果有不合理的地方，哪怕对方是上司他也一样敢于挑战。

池渊浩介回忆道："每一个汽车发动机上都有一个编号。这是用于记录的号码，非常重要。所以员工都会专门用铅笔和纸将这个号码拓印下来。每当我们生产完成一辆汽车并且质检合格后就会拓印发动机号码。而运输省的检查人员来检查的时候他们还会再拓印一次，用大野耐一先生的话来说这就是无用功。我们都已经把这道工序完成了，运输省的检查人员何必还再拓印一次呢。于是大野耐一先生就把检查人员大声地教训了一顿。尽管对方是运输省来的人，他也丝毫不留情面。那个年代的人好像全都是大嗓门似的。至于和公司内其他干部之间的争吵更是家常便饭。哪怕是当着对方部下的面，大野耐一先生也敢说'你做的一点都不对'。"

池渊浩介继续说道："后来我也成了干部，因为总是训斥部下被取了个绰号叫'热得快'。但我从来没有训斥过刚入职的新员工和入职没几年的年轻人，一般我只是把负责人叫来训斥一通而已，而且从来没有脸红脖子粗的怒吼过。但大野耐一先生可不管么多。哪怕对方年龄都可以当他的儿子了，他也一样激情万丈地大声怒吼。那场面甚至让人感觉天都要塌下来了，被他训斥的年轻人都缩成一团一句话也不敢说。现在像他那样有使命感的人可很少见了。"

张富士夫和池渊浩介在大野耐一手下工作了30多年。但在一起工作这么长的时间，大野耐一却从来也没有夸奖过他们，最多也就说一句"你们挺有精神的嘛"。不管多么严厉的上司，一年里怎么也会有那么两三次夸奖部下"做得好"吧。但大野耐一却从来没有夸奖过部下。

因此，公司里面能够理解大野耐一的人只有极少数。尽管大野耐一自从战败后就一直为了将丰田生产方式确立下来而在生产现场鞠躬尽瘁二十余年，但公司里的绝大多数人仍然觉得"大野耐一就是个自作主张的家伙"。

但敢于当面批判大野耐一的人并不多，因为丰田喜一郎和后来成为第五任社长的丰田英二都非常支持大野耐一。不过，也有敢和他正面对抗的勇者。有一位工厂的部长就告诉部下："如果常务董事来了，不要让他进门。"大野耐一的车开到工厂门口，因为工厂关上了大门所以车开不进去，于是大野耐一只能下车走进工厂里，但即便如此部长也没有出来迎接。

当初，工会也对大野耐一进行了批判："在工厂里画个圈，让员工站在里面，这简直就是对人权的侵犯。"

虽然工会对大野耐一和铃村喜久男的现场指导提出了反对，但丰田英二把工会的反对意见驳回了。

因为这件事，铃村喜久男都很少见地感到有些气馁："大野耐一先生，我们全心全意为公司努力付出。可他们却说我们早晚把公司搞垮。"

说着说着，铃村喜久男的眼睛里泛出了泪光。大野耐一拍了拍铃村喜久男的肩膀说道："铃村喜久男，至少你还可以哭出来。那我呢，我连哭都不能哭啊。"

张富士夫和池渊浩介等大野耐一的直属部下也遭到了周围人的孤立。但这反而使大野耐一他们变得更加团结，并且促进了丰田生产方式的进化。大野耐一他们在公司的时候，心里只想着一件事，那就是如何提高生产效率。

但休息日的时候就不一样了。他们在休息日的时候从不会将工作带回家里，而是将精力都用在休闲娱乐上。张富士夫、池渊浩介、内川晋、好川纯一等年轻人在休息日的时候经常去大野耐一家里玩。大野耐一夫妇因为没有孩子，所以也很欢迎职场里的年轻人前来做客。

大家聚会的时候从来不聊工作上的事情，整天就是打麻将、练习高尔夫挥杆、吃饭、喝酒……休息日的时候相互之间没有上下级的关系，大家可以随心所欲地聊天、玩耍、吃吃喝喝。

但如果公司里的年轻人每周都来玩耍，大野夫人就会埋怨大野耐一："我说你啊，人家那些年轻人也有女朋友的。而且难得的休息日还想去别的地方玩玩呢，你不能每周都叫他们过来。"

于是大野耐一就会露出一副不好意思的表情，抱起家里养的猫自言自语地说道："你说的也有道理。"

这些年轻人之所以休息日的时候也愿意到大野耐一家聚会，不只是因为使命感将他们联系在一起，还因为平时在公司里对大野耐一敬而远之，所以休息日的时候也希望能有一个发泄心中郁闷的机会。

张富士夫和池渕浩介都有"危机感与使命感"。他们异口同声地说道："如果美国的汽车三巨头进军日本的话丰田肯定完蛋。不只是大野耐一先生，丰田从上到下所有人都清楚这一点。战争年代日本就被美国打得落花流水，如果美国全力以赴的话，日本根本毫无还手之力。但就算没有胜算也不能放弃抵抗。大野耐一先生希望让丰田生产方式走上正轨，将丰田变成一个不会被轻易打败的企业"。

遭到抵制的原因

丰田生产方式的导入顺序依次是机械工厂、组装工厂、涂装工厂、冲压工厂、锻造（铸造）工厂。

机械工厂是对发动机和变速器进行生产与装配的工厂。在机械工厂和组装工厂里都有传送带。而涂装工厂里用的是悬挂式传送带和推车，焊接工厂用推车，从冲压到检查工序之间又用传送带。如果能够消除这些工序之间运输的无用功，那么生产效率必将得到大幅的提高。

与之相对的，锻造和铸造工厂生产出来的零部件都通过一个滚轮状的滑道来运输。所以必须从工人进行作业时的动作中来寻找无用功。

对于不使用搬运装置和使用搬运装置，以及使用不同搬运装置的工序来说，发现无用功的过程也各不相同。

大野耐一因为自己担任机械工厂的负责人，因此首先将丰田生产方式导入到机械工厂之中。

紧接着就是组装工厂。组装工程师单纯作业的重复操作，因此很容易设定标准作业。而且组装工艺是新人也能够很快熟练的工艺，所以只要实现了系统化，那么任何人都能在规定的时间内完成工作。

而锻造和铸造工艺则是比较专业的工艺。就算设定标准作业，给每一个步骤都规定到具体几秒钟之内完成，新人和熟练工最终生产出来的产品也完全不同。就像给生鱼片料理设定标准作业，但并不是所有人都能够根据标准作业做出美味的生鱼片一样。

言归正传，在导入丰田生产方式的时候，遭到现场抵制最严重的就是设定标准作业。从事组装工艺的员工认为"设定标准作业有种被监视的感觉"，而从事锻造和冲压工艺的员工则提出"设定标准作业毫无意义"。

要想设定标准作业，需要负责人站在员工背后观察员工的工作过程，同时负责人用秒表给员工的每一个作业动作计时并且做好记录。对于现场的工作人员来说，不管是新员工还是老员工，都认为这种做法令人难以忍受。

但认为"难以忍受"的似乎只有在日本工厂里工作的员工。我特意问了在肯塔基工厂里工作的人，他们的回答都是"用秒表记录时间？没问题啊"。也就是说，即便有人在背后观察，也不会对他们的工作造成任何影响。甚至还有人反问我："为什么要问这个问题？"日本人不愿意在工作的时候被别人监视，美国人则认为"这是工作的一环，理所当然"。

说到底，日本人在有第三者观察的时候，不自觉地就想将自己最好的一面表现出来。但要是一直这样工作的话会很累而且很容易紧张，所以员工们才不愿意有人在背后计时。与之相对的，美国工人很清楚"我拿多少钱就干多少活"。不管后面有没有人看着，不管有没有秒表计时，只要是在工作时间之内，他们就没有丝毫的怨言。而且他们也不会因为有人看着，就故意表现出比平时更努力的样子。

大野耐一曾经这样说过："我在美国汽车工厂（福特）参观的时候，发现那里的工人在很悠闲地吸烟。但日本工人如果看到上司来了，一定会马上掐灭烟头做出一副工作的模样。"

也就是说，日本人有些自我意识过剩，被别人看到自己工作时的样子就会感到坐立不安。而且一旦自己工作中存在的无用功被别人指出来，还会气急败坏地否认。即便改善这种无用功能够使工作更加轻松，日本人也不会因此而产生任何的愉悦之情。

现场员工们之所以反对导入丰田生产方式，主要是因为不愿意自己的工作过程被别人看到，不愿意被别人指出自己工作中存在的无用功，以及对改变一直以来的工作方法的恐惧。总结起来就是员工们希望能够将现状永远地维持下去，不愿意做出改变。

大野耐一等人面对的敌人并不是丰田的员工，而是甘愿维持现状这一日本社会的普遍理念。因此，导入丰田生产方式花费了大量的时间，而且如果不能真正地改变员工们的意识，就没办法将丰田生产方式在现场确定下来。大野耐一等人每天都坚持在现场监督和推进改善的落实。

在大野耐一等人不懈的努力下，丰田生产方式逐渐地渗透进生产现场。正如我在开头介绍过的那样，首先是机械工厂和组装工厂接受了丰田生产方式，然后是涂装工厂和冲压工厂，最后是锻造工厂。

所有的工厂都导入了丰田生产方式之后，改善仍然在继续进行。因为现场处于不断的变化之中，所以每当发现新的无用功就要及时地对其进行改善。

假设生产皇冠的所有工艺都导入了丰田生产方式，并且已经确定下来。但当丰田对皇冠进行改良的时候，其中一些零部件就会出现变化。零件的变化必然导致工艺出现变化，这就可能出现新的无用功。于是大野耐一和铃村喜久男就要再次出马消除这些无用功。

除了升级改造之外，丰田的生产现场每年都会入职新的员工。而新员工对作业的熟练度参差不齐，所以必须对生产线进行重新的安排。也就是说，诞生于现场的丰田生产方式并不是导入之后就一劳永逸的，需要根据现场的实际条件来随时进行调整。生产方式永远也不会完成，也不可能一成不变。

那么，大野耐一等人在现场发现的无用功都包括哪些内容呢？

大野耐一自己将无用功分为七类，每一个都是在生产现场和事务部门很常见的情况。

七个无用功：

（1）过量生产的无用功；

（2）等待的无用功；

（3）搬运的无用功；

（4）加工的无用功；

（5）库存的无用功；

（6）动作的无用功；

（7）生产次品的无用功。

在这七个无用功之中，大野耐一最想消除的就是"过量生产的无用功"。

或许有人会说"为什么过量生产是无用功呢？与不足相比，充足不是更好吗？"但在大野耐一看来，虽然不足并不好，但过量生产却是相当于犯罪一样的行为。

关于消除过量生产这个问题，包括大野耐一在内的很多人都对其进行过说明。但解释得最通俗易懂的人还是张富士夫。

张富士夫是文科出身，他总是能够从和技术人员不同的角度提出问题。由于张富士夫对技术上的事情一窍不通，所以他向大野耐一提出的问题都是最基础的。

技术人员在做讲解的时候不自觉地就会搬出专业术语和丰田自己创造的词语（可视化、自工序完结等），而张富士夫在说明的时候使用的都是连小学五年级学生都能理解的通俗易懂的语言。

关于过量生产的无用功，张富士夫引用了这样一个例子加以说明："比如有两个兄弟。哥哥是社长，弟弟是负责生产的专务董事，这是一家生产地毯的企业。社长要求'根据销量小规模生产'，但弟弟却觉得'花了那么多钱买来的生产设备，如果不充分利用的话岂不是亏了，必须大批量生产'。结果兄弟两人的意见产生了分歧，这样的例子可以说不胜枚举。那么接下来会发生什么样的情况呢？

"假设这家企业大批量生产了红色的地毯，由于其只有一条生产线，那么在生产红色地毯的过程中就无法生产蓝色和黄色的地毯。但市场不仅需要红色的地毯，同样还需要蓝色和黄色的地毯，所以这家企业要想赚钱就还要生产蓝色和黄色的地毯。比如每种各生产半个月，或者每种各生产一个月。

"不管企业选择大批量生产还是小规模生产，都不会对地毯的实际销量造成影响，却会影响企业的成本。大批量生产会导致库存增加，产品在库存过程中会影响资金的运转。另外，为了防止产品出现污损必须建造一个能够妥善保管产品的仓库。同时还需要库管人员来对库存产品进行管理。"

也就是说，过量生产的无用功会导致出现库存的无用功，而库存增加势必需要扩大保管场所和增加保管人员。由此可见，过量生产的无用功是导致出现各种问题的根源。

接下来再看等待的无用功。所谓等待的无用功，指的是工人虽然想工作，但因为原材料或零部件没有送到，结果无事可做的状态。导致出现这种无用功的原因是生产线上配置的人员过多。解决办法只有一个，那就是减少生产线上的工人数量。

但"减少人数"的决定却遭到了现场的反对。对于现场的员工来说，谁也不愿意好不容易熟悉的同伴被从团队中调走。这里说的减少人数并不是指裁员，只是将冗余人员调到其他的生产线上而已。但留下来的人还是会感到有些寂寞，另外也会产生自己的工作量会增加的担忧。

关于等待的无用功，张富士夫这样说明道：

"大野耐一先生有一天问我：'张富士夫，你了解排球吗？'我回答说：'知道，我上学的时候还是9人制的，现在已经改成6人制了。'大野耐一先生点了点头说：'没错。在半场里站9个人，真的就厉害吗？那么多人挤在一起，如果大力发球的话很有可能打到队友吧？虽然没亲眼见过，但如果6人队和9人队同场竞技的话，获胜的或许是6人队呢。'生产现场也一样，大野耐一先生认为并非人越多越好。我也有过类似的经历，曾经有现场负责人提出由于员工能力不足，无法完成规定的产量，于是我到现场去进行了许多改善，结果在减少员工数量之后现场也能够完成规定的工作任务。这样的情况出现过很多次。"

搬运和物流的无用功又是指什么呢？

假设现场有中间仓库，或者零件堆积如山，那么员工就必须在工作间隙去拿取所需的原材料或零部件。在刚导入丰田生产方式的时候，丰田的现场还存在中间仓库和临时堆放零件的地方。大野耐一发现员工用于寻找和搬运零件的时间甚至比装配的时间还要长。于是大野耐一决心彻底消除中间仓库和零件的临时堆放处。

动作的无用功指的是现场员工在作业时的动作中存在的无用功。

比如某个零件被放在员工的背后。那么员工每次拿取这个零件的时候都要转过身去。这样一来员工的作业动作中就会多出一个"转身"的多余动作，通过改变零件的位置就可以消除这个无用功。消除员工作业时的无用功，可以使员工的工作过程更加轻松。

曾经有人在文章中说丰田生产方式通过提高传送带的速度来提高生产效率，显然这个人完全没有理解什么是丰田生产方式。

一味地提高传送带的速度并不能提高生产效率。员工对自己不喜欢的作业不可能长久地坚持下去，肯定会在什么地方消极怠工。

有一天，张富士夫和大野耐一两个人站在组装生产线旁边，张富士夫问大野耐一："究竟怎么来区分动作的无用功呢？"

大野耐一这样答道："闭上眼睛，用耳朵仔细倾听。"

等张富士夫闭上眼睛之后大野耐一继续问道："张富士夫，能听到'嗡嗡'声吗？"

"嗯。"

"那是电动扳手拧螺丝时候的声音。记住，只有用电动扳手拧螺丝的时间是工作时间。其他的时间都是无用功。"

实际上，要将劳动时间全部变成工作时间是不可能的。但必须以此作为消除无用功的终极目标。

眼见为实

大野耐一经常命令张富士夫和池渊浩介："到现场去，不要回来。"

虽然他们两人都有西装，但在工作时间几乎从来不穿。两人从早到晚都穿着工作服在现场巡视。由于大野耐一要求他们"找出无用功",所以他们总是站在生产线旁边观察,因此没少被现场的工人呵斥"碍事"。

如果生产线停止,张富士夫和池渊浩介都会第一时间赶过去和工人一起找出问题,如果工人对他们说"帮我把零件拿过来",他们二话不说马上就去……两人经过的不懈努力终于和现场的工人们拉近了距离,然后他们才能发现工人工作中存在的无用功。

当发现无用功之后,他们并不是用高高在上的态度命令员工进行改善,而是用请教的态度询问员工如何才能做得更好。

如果是大野耐一和铃村喜久男的话,发现无用功只要找来现场负责人怒吼一声就能进行改善,但对于入职8年左右的张富士夫和池渊浩介来说,这种做法是行不通的。他们只能拿出"虚心请教"的态度来,现场的工人们才会听他们说话。

仔细想来,他们一开始不但束手无策而且受尽冷眼,确实很不好受。但即便如此,他们仍然坚持了下来。

我自己也在7年的时间里去丰田工厂参观了70次,我也观察过生产线。要问我发现了什么无用功,我的回答只有"什么也没发现"。现场的实际情况完全没有我们想象的那么简单,所以我连一个无用功也没发现。我每次去参观,感觉生产线上的作业都是一样的,就算生产线停止了,如果不向工人们询问的话我甚至不知道究竟发生了什么问题。

有时候,担任生产调查室室长的二之夕裕美(现常务董事兼元町工厂长)会和我一起巡视元町工厂的组装生产线。

就在我们走在参观通道眺望生产线的时候,二之夕裕美忽然停下脚步,嘴里自言自语道"这地方必须改善"。

我有些奇怪地询问发生了什么事情,二之夕裕美说道:"你看到那个员工了吗?就是那个人。他在安装保险杠之前首先要将包装上的胶带拆掉。"

我顺着她的手指看去,确实有一名员工在逐一撕掉保险杠包装上的胶带，然后才将保险杠安装在车身上。

"撕胶带是个很麻烦的事情。如果每天的工作中都要重复这个步骤的话会让人感到烦躁。必须专门增设一个拆除胶带的工序，或者换成不使用胶带的包装材料。"

二之夕裕美只是朝生产线上瞥了一眼就发现了问题点，同时还想出了改善方案，紧接着她就叫来部下，让其马上采取行动。通过这个例子可以看出，即便在经过了如此之多的改善之后，只要仔细观察生产线，一样能够发现无用功。

这就是让丰田生产方式确立下来的办法。拥有敏锐观察力的专业人士，找出影响员工工作效率的问题点，然后逐一改善。

丰田现场的改善，并不是将问题点整理成册分发给大家，然后大家照着手册上的内容进行改善就一劳永逸的，而是需要像大野耐一和铃村喜久男传授给张富士夫和池渊浩介那样，一代一代地将方法传承下去，然后才能开始思考系统化。丰田生产方式的传承就是从现场的每一个细节开始，然后将解决的案例共享到整个企业。

系鞋带的方法

当丰田生产方式逐渐渗透进现场之后，生产线的运转就顺畅起来，没有人再将零部件堆放在脚边。尽管在外行看来，丰田的生产现场里是一派秩序井然的情况，但对其他的同行来说，他们似乎并不喜欢在这样的生产现场里工作。

有一位外资汽车经销商和我说过这样一件事，他曾经与奔驰、大众、日产、本田等汽车企业的部长级干部一起到丰田的元町工厂参观。

这些曾经担任过现场管理者的部长们都感慨："丰田生产方式果然没有无用功。"

"工人们的动作都很高效。""手边的零部件真少，我们工厂可做不到这样。""现场打扫的真干净啊，通道上一点垃圾也没有。""我们的生产设备比丰田的更加先进，但丰田的团队合作要更胜一筹。"

不过，有人在感慨完之后又补充了一句："丰田很了不起，但我不愿意在这里工作。"

在场的所有人都不约而同地点了点头。

对现场有一定了解的人，都能看出丰田生产方式确实消除了现场中存在的许多无用功。丰田的生产现场不依赖最先进的生产设备，全凭消除无用功和团队合作来提高生产效率。

如果将丰田比喻为一个足球队，那么丰田并不是在生产现场聚集了众多精英的梦之队。丰田需要每一个平凡的选手都能够在适合自己的位置上发挥出最大的能力，其凭借的不是先进的生产设备这一精英选手，而是充满默契的团队配合。丰田需要通过不断地精准传球和跑位，才能将球射入对方的球门。要想做到这一点，离不开每天的坚持训练。

要想将工作做到极致并不容易。如果没有坚定的决心，可以说是绝对做不到的。那些同行企业的部长们之所以发出感叹，并不是认为丰田的劳动强度大。而是因为他们心里十分清楚，要想实现像丰田这样没有无用功的生产现场，需要付出大量的心血和汗水。

大野耐一后来出版了一本名为《丰田生产方式》的著作。但他却对部下说："你们都已经在现场进行实践了，所以不用看这本书。"

因为生产现场每天都在不断的进化，所以书中的内容很快就会过时。此外，大野耐一深知丰田生产方式的运用无法用语言和文字彻底解释清楚，只能通过在现场的实践来学习。

　　畅销书《目标》的作者艾利·高德拉特非常尊敬大野耐一，《丰田生产方式》刚一出版，他就马上买来仔细阅读。他发表了许多关于大野耐一和丰田生产方式的论文，其中有一段内容是这样的："'掌握理论'和'能够实际进行操作'哪一个更难？显然与'掌握理论'相比，'能够实际进行操作'要更难一些。那么'能够实际进行操作'和'教会别人实际操作'哪一个更难呢？哪怕是对某项工作掌握的炉火纯青的人，要想'教会别人实际操作'也非常困难。"

　　高德拉特又举了一个例子来说明这个问题："系鞋带人人都会，那么你能用理论向我说明一下系鞋带的方法吗？"

　　要想让全公司以及所有的合作企业都掌握丰田生产方式，仅凭工作手册是不可能做到的。如果没有人手把手地在现场进行指导，现场的员工们绝对不会按照丰田生产方式要求的方法来进行工作。

　　有时候大野耐一和铃村喜久男怒吼一通过后，张富士夫和池渊浩介还要仔细地进行说明。这就像插画师傅教徒弟们如何完美地插画一样，不能靠书本上的理论，而是要靠实际的操作。

　　即便如此，工会仍然每个月都会向大野耐一提出针对丰田生产方式的抗议。张富士夫和池渊浩介也经常被员工们批判和漠视，甚至还有人当着他们的面说"你们早晚完蛋"。

　　幸运的是，身为高层的丰田英二一直在背后支持着他们。"JUST IN TIME"是丰田喜一郎提出的，大野耐一只是将其发扬光大而已。"

　　大野耐一知道自己的团队在公司内遭到孤立，同时他也很感谢丰田英二的支持。但他从来没有安慰过张富士夫和池渊浩介，也从没当面对丰田英二的支持表示过感谢。大野耐一是一个不愿意将自己内心的感情表露出来的人。

　　他这样解释道："部下能够感觉到上司是否关心自己。有时候我确实也想制止他们做一些事，但我从不会指手画脚地告诉他们'去做这个，去做那个'。因为我自己也不会说'我想做什么什么',而是直接去做。如果不管做什么事都要征得上司的同意,那么部下就很难自立。我觉得如果用语言交流,会破坏相互之间的信赖关系。"

或许是出于使命感,大野耐一可以说将自己的全部生命都投入到工作之中。他每天都在现场如同恶鬼一般对管理者进行训斥,池渊浩介对他当时的形象记忆犹新:"大野耐一先生在工厂里从来不戴安全帽。公司的规定是进入生产现场必须戴安全帽,但他除了带客人参观的时候之外从来不戴安全帽。很难相信像他那样整天把规定挂在嘴边的人,竟然在这个问题上完全不遵守规定。我有一次小心翼翼地问他原因,他这样回答说:'池渊浩介,我知道大家都恨我,大概还有人想用锤子打我的头吧。如果我戴安全帽的话,岂不是不方便别人下手了嘛。为了让大家不管从哪个角度都能打中,我绝对不戴安全帽。'"

第十章
花冠之年

TOYOTA

花冠发售

1966年，丰田花冠发售。担任开发主查的长谷川龙雄曾经是飞机工程师，后来成为丰田的专务董事。

花冠在全世界140个国家累计售出超过3 000万辆，堪称日本汽车普及的最大功臣。

当时花冠的平均售价是432 000日元，而同时期工薪族的平均年收入是486 500日元。只要承担一点贷款，中等收入群体就都能拥有一辆属于自己的汽车。

长谷川龙雄认为花冠的特点是"80分+α"："面向普通大众的汽车，必须在性能、舒适性、价格等所有的方面都达到80分以上。除此之外还必须有至少一项超过90分，也就是能够吸引消费者的α。"

长谷川龙雄所说的"α"指的是排气量、车身设计以及现代感。第一代花冠搭载了比日产阳光排气量高100cc的发动机，采用的是年轻人喜欢的流线型车身，动感十足的设计吸引了大量的消费者。

在那个年代，普通家庭拥有耐用消费品的普及率如下表所示（数据取自《朝日年鉴》）。

耐用消费品	1966年普及率	1980年普及率
洗衣机	75.5%	98.8%
电冰箱	61.6%	99.1%
吸尘器	41.2%	95.8%
彩电	2.1%	98.2%
空调	2.0%	39.2%
家用车	12.1%	57.2%

通过上表可以看出，当时拥有家用车的家庭甚至比拥有彩电和空调的家庭还要多。也就是从这一时期开始，汽车逐渐得到了普及。

当时虽然日本国内一片和平，但世界仍然处于动荡之中。美国在越南战争的泥潭中越陷越深，国内的反战情绪日益高涨，示威游行频繁发生。中东爆发了第三次中东战争（1967年）。同年欧共体成立，1968年苏联率领华约武装力量进攻捷克斯洛伐克。

尽管在这样的国际局势下，日本仍然实现了经济的稳定发展。可以说当时在全世界范围内只有日本的经济发展迅速，呈现出一片繁荣的景象。这一切都要归功于战败后执掌政权的吉田茂首相所提出的"轻军事、重经济"的政策方针。

1968年，日本的名义GDP（国内生产总值）仅次于美国，位居世界第二位。自战败起过了23年，从废墟上重建的日本成为仅次于战胜国美国的世界第二大经济强国。

汽车企业所处的环境也已经发生了变化。既然日本成了全球第二大经济体，那么汽车就应该和船舶、家电一样成为日本的主力输出商品。

当时已经成为日本第一的丰田不能只追求轿车在国内的普及，还必须放眼全球市场制订经营战略。在国内最为畅销的花冠就是丰田进军全球市场的主力军。

战败后，丰田的创始人丰田喜一郎曾经说过："如果我们不能在3年内赶超美国，丰田就将被打败。"在丰田喜一郎因为劳资纠纷而辞职后，继任社长的石田退三经常在迎接新员工入职的演讲上说："如果美国汽车企业三巨头进入日本市场的话，我们就完蛋了。"

丰田对美国汽车企业的恐惧可谓是根深蒂固。一直以来，丰田都在尽可能不被巨人们发现的情况下悄悄地积蓄力量，但现在丰田必须亲自踏上巨人们的领地——美国与之一较高下。而花冠的发售，就象征着丰田与巨人们之间拉开了战争的序幕。

河合满入职

花冠发售的1966年3月，从丰田技能培训所（现丰田工业学园）毕业的河合满入职。在此之前他只有中学文凭。但他在入职后经过自己的不懈努力，从现场员工、班长、组长、工长、现场主管一路晋升为副厂长，后来又作为技术人员成为技术总监，2015年升任专务董事，2017年成为副社长。

河合满出生于1948年，老家就在距离举母工厂不远的地方。在他小学4年级的时候父亲去世，母亲一个人将他和妹妹两个孩子抚养长大。

河合满不喜欢读书，他在当地的松平中学读三年级的时候对母亲这样说道："我不想读高中。我非常讨厌读书，而且家里不是还有妹妹嘛。我们两个都上学的话家里负担不起吧，所以我要去丰田的培训所。"

"你在说什么？你知道我辛辛苦苦工作都是为了谁吗？小满，我求求你了去上高中吧。"

母亲难过地哭了起来，希望儿子能够回心转意。但河合满非常固执："妈妈，丰田是个好企业，而且工厂离我们家很近。父亲不是也在那里工作过吗？虽然我的学习成绩不好，但看在是当地人的分上，他们会录用留下我的。"

母亲坚决反对。但河合满第二天就和中学的班主任表明了自己的想法："我要去丰田的培训所。"

班主任反问道："你是认真的吗？像你这样的笨蛋人家根本不会要的。不过，你有不怕死的决心来努力学习吗？或许还有一点希望，如果你决心努力尝试一下的话，我可以帮你补习。"

河合满有生以来第一次认真学习，竟然真的通过了培训所的考试。

丰田的培训所给学员发工资。根据1964年当时的资料，培训所给一年级学员每个月发放8 500日元、二年级学员10 500日元、三年级学员12 500日元。当时大学毕业生第一年的平均月薪大约20 000日元，由此可见培训所发的工资并不低。

"我入职后被安排在总部工厂（原举母工厂）的锻造部门。不过，那个时候工厂的规模还很小。举母町本身就是个小乡村，除了丰田的工厂之外，其他地方都是农田。只有一条很窄的公路，白天都能看到狸猫和狐狸在路上闲逛。

"锻造就是用锤子敲打烧红的材料（铁）使之成型的工艺。像发动机的后传动轴和连杆之类的零部件都需要通过锻造来增加强度。现在锻造工艺都是使用机械设备来进行锻打，但当时主要还是依靠人工。现场很吵，而且有很多的煤烟，一开始我还抱怨怎么被分到这么个地方……我在培训所学习的时候曾经在丰田的工厂里尝试过拆卸和组装发动机，看着自己组装出来的发动机发出运转的轰鸣声真的很有成就感，而且组装的过程也很有意思。但一开始我对锻造的工作并没有什么兴趣。"

锻造工厂里有用来炼铁的锅炉。一到夏天，生产现场里就热得像蒸笼一般。尽管安装了大型风扇，却也起不到降温的作用，只能吹起一阵阵的热浪。

冬天也好不到哪去。因为刚生产出来的锻造零件都很热，所以必须拿到工厂外面冷却，于是工厂的大门总是敞开着，冷风呼呼地往里灌。冬天时现场的工人每工作一段时间就要搓搓手、吹吹气防止手被冻僵。

唯一的取暖工具只有火盆，而且一周只能领取一捆木炭。每个工人都必须掌握以最少的木炭获取最长时间取暖效果的本领。这听起来好像是明治时期的情况，但实际上却发生在昭和经济飞速发展的时期。

河合满被安排在锻造工厂的时候，正是披头士来日本在武道馆开演唱会的那一年。而丰田总部工厂锻造部门的工人们则在顶着酷暑与严寒生产连杆。

河合满入职的第二年夏天，现场的前辈对他说："你也想点改善提案吧。"

当时伴随着丰田生产方式的推进，公司上下开展了"创意改善提案制度"。这是一项全员参加的改善提案制度。自从1951年该制度开展以来，截至目前丰田员工已经提出了超过5 400万个改善方案，几乎全都得到了采纳。每一个新入职的员工都会被前辈们要求"思考改善提案"。

顺带一提，提出的改善方案如果被采纳是有奖金的。虽然钱数不多，但有时候也够几个人去小酒馆潇洒一番。

河合满将自己的想法告诉职场的前辈们："我想在风扇上面加一个水管，你们觉得怎么样？"

他的想法是，在风扇上方加一个水管，然后稍微打开水龙头，这样顺着水管滴落下来的水滴就会变成水雾，可以更加有效地降温。从这个角度上来说，河合满相当于制作了一个非常简单的喷雾机。

锻造现场

当时的丰田正处于大规模扩张的时期。除了原有的总部工厂和元町工厂之外，丰田又增设了许多家工厂。1965年生产发动机的上乡工厂建成，1966年专门生产花冠的高冈工厂竣工，1968年三好工厂建成，1970年堤工厂建成，随后明知工厂（1973年）、下山工厂（1975年）、衣浦工厂（1978年）、田原工厂（1979年）也相继建成。

丰田之所以能够将国内最大的竞争对手日产甩在身后，最大的原因就是这一时期的扩张。因为拥有充足的产能，丰田才能够在自己的汽车最畅销的时候及时满足市场需求。

1966年，大野耐一升任为常务董事，但他的工作重心仍然是推进丰田生产方式以及将其在公司内部全面地确立起来。

这一时期丰田生产方式的推进过程大致如下，而丰田生产方式在所有工厂中确立则是进入20世纪70年代之后的事了。

（1）后工序自助取件（1948年）；

（2）在发动机组装生产线上导入安灯（1950年）；

（3）设定标准作业（1953年）；

（4）导入看板方式（机械工厂1953年）；

（5）装配工厂与车身工厂实现同步化，开始向所有工厂导入丰田生产方式（1960年）；

（6）公司全面采用看板方式，缩短冲压工厂的准备时间（1962年）。

1966年的时候，丰田生产方式的主要方法都已经开发完毕，并且导入到各个工厂之中。大野耐一提出工作目标，铃村喜久男发出命令，然后张富士夫、池渕浩介、好川纯一、内川晋等人前往现场进行指导。

但1966年的时候，丰田生产方式还没有渗透进河合满所在的锻造部门。锻造需要趁铁还没冷却的时候进行锻打，所以利用一个模具在短时间内锻打出尽可能多的零件是基本常识。以小规模生产为目标的丰田生产方式似乎并不适合锻造部门的生产现场状况。

河合满回忆起当时锻造现场的状况时这样说道："锻造的现场没有生产线，一般是三到四个人一组进行工作。简单说，就是将作为原材料的铁棒加工成生产汽车所需的零部件。每个小组有一个负责人，由他来下达工作指示。然后有一个'锅炉师'负责在锅炉前将作为原材料的铁棒加热到1 260℃，接着由负责人和'锻打师'用脚踏式的捣锤来进行锻打，最后由'磨边师'清理掉成型后的零部件上的毛边。

"锻造现场非常热，而锅炉师要一直在锅炉前进行工作，所以有时候需要换班，否则的话一个人真的坚持不住。我们那时候大家都穿着工作服还要戴安全眼镜，但我看过刚战败时期的照片，那时候的锅炉师在工作的时候上身系着一条围裙，下身就穿着一条兜裆布，脚上穿着木屐。虽说是汽车工厂，但工作环境也相当恶劣。所以工资也比其他职场更高，那时候一小时的工资是12日元到13日元。"

被烧红的铁块用锤子锻打四五次之后，其组织结构就会更加紧实和坚韧。锻造现场的工人们每天都在重复同样的工作。要是不小心烧红的铁块掉到脚面上，就会导致严重的烧伤。

"以前的工人干起活来手脚非常麻利。从锅炉里将铁棒取出来的速度很快，锻打也一眨眼就完成了。现在的工人不管怎么努力也不可能有那么快的速度了。"

现在锻造工厂的工艺基本都由机械来完成，但依照河合满的说法，熟练的工人比自动化的机械工作效率更高、无用功更少。

河合满这样说道："锻造工艺需要独特的才能。我们有一道工序叫作试打，一般来说锻造需要用两个模具上下将加热后的铁材夹住，然后进行锻打。如果锻打产生0.3毫米的误差都会导致产品不合格，所以工人需要通过试打来调整模具的位置，这项工作拥有很高的技术含量。一般人都得经过两三次的试打才能使模具的位置完全合适。但有些熟练的工人第一次就能将模具的位置调整得刚刚好。"

由此可见，锻造现场的情况和组装现场完全不同。锻造现场不仅环境恶劣，在那里工作的员工也都自尊心极强。他们绝对不会轻易对丰田生产方式点头，因此丰田生产方式的导入花费了大量的时间。

其中最难的就是设定标准作业。正如河合满所说，一名熟练的工人甚至比机械设备的工作效率更高，而新员工则要花费大量的时间。如果取两者的平均时间的话，熟练工人反而会觉得"工作怎么能那么拖拖拉拉"。要想将丰田生产方式导入锻造现场，必须和现场的工人多进行交流，听取他们的意见来进行改进。

埋在花坛里

河合满入职三四年之后，升任为后传动轴生产现场的小组负责人。他的小组每生产完50个传动轴就将这些产品都放在货架上，等两个货架都装满之后，后工序的人就会来将产品都取走。

有一天，就在河合满等人正在工作的时候，来了一名身材高大、面色红润的男子。他的嘴里叼着香烟，腰间挂着一条毛巾。男子来到河合满的旁边，盯着两个货架看了一会儿，然后将其中一个看板摘了下来。

"喂，小伙子。"男子对河合满微微一笑。

"啊？"

"小伙子，你这里有两个看板。把这个拿到工厂外面的花坛里埋掉。"

河合满不知道男子这番话是什么意思，但他能感觉出来对方的怒火即将爆发。

"不好意思，看板是非常重要的工具，不能埋掉。"

这名男子——铃村喜久男——大声地反问了一句："你说什么？"接着怒吼道："把你们班长叫来！"周围的人都停下手中的工作，向铃村喜久男和河合满这边望去。

班长急忙跑了过来。铃村喜久男厉声斥责班长道："你是怎么教这些年轻人的？蠢货。这里为什么有两个货架？我们导入看板方式的目的究竟是什么？"

班长出了一身的冷汗，语无伦次地为河合满辩解，但铃村喜久男根本不听，只是一个劲地大声怒吼。茫然地站在一旁的河合满终于也有点生气了。

"这个大叔怎么回事啊？突然出现在现场，乱发一通脾气，真是受不了。明明是我做错了，干什么一个劲地训斥班长呢？"

但这些话河合满并不能真正地说出口。等铃村喜久男走了以后，班长对大家说道："今后传动轴做完一货架就让后工序的人来取，不要攒够两个货架才通知后工序的人。"

一些老资历的工人抗议道："班长，这样搬运起来会很麻烦的。我们部门不是一直都用两个货架的吗？"

"不，现在规则改变了，铃村喜久男先生要求我们只用一个货架。而且，每个货架装的产品数量也要从50个减少到30个。"

"太乱来了。"

虽然大家都满腹的抱怨，但命令就是命令。现场很快改变了规则，开始采取少量多次的搬运方式。

但河合满却感觉很不舒服，因为他完全不理解这样做究竟有什么意义。

第二天，张富士夫来到现场。张富士夫的年龄与河合满相仿，也不像铃村喜久男那么可怕。于是河合满便询问道："张富士夫先生。"

"什么事？"

"昨天铃村喜久男先生来过，把我们训斥了一通。让我们将现场的两个货架减少成一个。这么点小事，他为什么要发那么大的火呢？"

张富士夫微微一笑，可能是觉得眼前的这家伙还挺有想法的。

"河合满，你看。"

张富士夫拿起现场的一件产品开始说明："如果你这里有两个货架，那就相当于是中间仓库。产品积压意味着资金周转不畅。一旦做好了产品，就应该立刻让后工序的人来取走。后工序就像是顾客，你生产完的产品不能留在自己手里，而应该立刻交给顾客。铃村喜久男先生想说的就是这个意思。"

丰田生产方式中的"后工序自助取件"，就是指后工序的人自己去前工序拿取所需的零部件。一般来说，普遍的做法是前工序将生产出来的产品送到后工序去。

尽管从物理的角度来说，产品的移动路线是相同的。但河合满从张富士夫的说明中认识到了"后工序是顾客"这一理念。也就是说"前工序不能让产品留在自己的手里，而应该立刻将其变成资金"。后工序自助取件的目的不仅是为了让产品实现"JUST IN TIME"的移动，更是为了让员工们在生产时考虑到顾客情况的意识改革。

河合满从此更深刻地理解了丰田生产方式。为了不产生库存，必须采用少量多次的搬运方式。大野耐一的目标就是让生产现场能够流畅地运转起来。

河合满在锻造工厂的前辈小田桐胜也这样说道："大家都害怕大野耐一那伙人，最可怕的瞬间就是（后来大野耐一成立的）生产调查室的人来到现场的时候。因为他们第二天会来检查今天指出的问题有没有得到改善，所以现场的人往往要通宵加班解决问题。在大野耐一先生主持的生产调查室会议上，就连部长级别的干部都会遭到毫不留情的批判。工厂里很快就会传开

'今天又有哪个部门的部长被收拾了'。"

同样曾为河合满前辈的石川义之也回忆道："生产调查室的人真的非常可怕。大野耐一先生、铃村喜久男先生、张富士夫先生……大野耐一先生指出问题、铃村喜久男先生厉声训斥、张富士夫先生出言安慰，大概就是这种感觉。铃村喜久男先生就像个火药桶一样，一点就着。他曾经让人拿着水桶站了一个多小时，直到找出设备漏油的原因为止。"

铃村喜久男一旦发现作业中存在不合理的地方或者无用功，马上就会大发雷霆。但他的训斥对象不是工人，而是班长和组长等现场负责人。而且他发起火来一点情面也不留。不过在发完火之后，他会派像张富士夫那样的年轻人来到现场进行说明，然后让现场自己想办法进行改善。感觉就像是警察审问犯人时常用的方法一样，铃村喜久男唱白脸，年轻人则唱红脸。

但不管怎样，主角永远是现场的员工。大野耐一等人的一切努力都是为了让现场的员工自己思考出解决问题的答案。

当时，像河合满这样的现场员工虽然学习了丰田生产方式，但并没有充分地理解其中的含义。他们只知道要消除现场的无用功、提出改善方案、创建一个能够流畅运行的生产线。

"班长的一番话让我恍然大悟。他说如果有无用功的话，就赚不到钱。他对我说'河合满，我们用现金购买原材料。原材料变成零部件，然后再变成汽车，最后将汽车卖给顾客我们才能得到资金。如果我们保存过多的原材料或者生产多余的零部件，那么就会产生无用功。这就相当于延缓了资金周转的速度'。"

大野耐一在自己的著作里这样写道："我们的任务是找出从顾客下订单的时间点，一直到资金回收的时间点的时间轴，并且尽可能地缩短这个时间轴。"

准备阶段的改善

"冲压和锻造一直抵抗到了最后。"正如大野耐一感慨的那样，冲压和锻造的生产现场即便减少了物流的无用功，但还是难以缩短生产零部件的时间。另外，在这两个生产现场之中还存在着许多固执的工人，想推进标准作业简直难比登天。

于是大野耐一将目光放在缩短准备阶段的时间上，冲压和锻造都是利用模具对钢板或棒材施加压力使之成型的工艺。

以锻造部门为例，由于皇冠和花冠使用的零部件型号不同，因此每次生产时都要更换不同的模具。战争刚结束的时期，仅更换模具这项准备阶段的作业就需要花费接近两个小时的时间。大野耐一命令现场想办法缩短更换模具的时间。现场的反应可想而知。

首先，现场的管理者和工长就异口同声地提出了反对："不可能的。就连我这样经验丰富的老员工都需要这么长的时间，不可能再缩短时间了。"

但大野耐一不为所动，仍然坚持让现场想办法进行尝试："不要轻易说做不到，首先尝试一下。只要不断地尝试总能找到解决问题的突破口。"

尽管所有人都认为不可能，但大野耐一在现场做出改善之前每天都前来视察，询问现场的员工是否有想到什么改善的方法。如果大野耐一来不了那就是铃村喜久男来，如果连铃村喜久男也没时间那就是张富士夫等年轻人来。这就使得现场不得不开始行动起来，寻找缩短时间的方法。

河合满这样说道："锻造部门的改善中效果最明显的就是缩短准备时间。这里说的准备阶段指的是包括更换模具在内的一系列准备作业。锻造需要用模具上下将1 260℃高温的铁材夹住然后进行锻打。但锻打几次之后模具就会松动，需要重新调整。除此之外试打也需要时间。我们用了两年的时间，将准备阶段的时间从一个半小时缩短到了9分钟。

"首先是缩短调整模具的时间。然后是减少试打的次数，争取一次就能生产出合格的产品。此外，还要进行同步准备。大家都看过F1赛车的比赛。赛车进入维修区之后，所有人都围上来一起更换轮胎，力求让赛车以最快的速度返回赛道。同步准备的要领就和F1赛车换轮胎一样，我们事先准备好所有要更换的模具，在取下旧模具的同时立刻换上新模具。

"最后是对工作手册的修改。当时，锻造现场使用的设备都是从美国进口的，是和福特同款的设备。尽管这是当时全世界最先进的设备，但更适用于单一品种的大批量生产。可以说是专为福特生产方式量身定做的设备，并不适合少量生产的丰田生产方式。于是现场的员工们参考设备的说明书，每天都尝试着改变操作顺序，尽可能地争取缩短时间。

"我们将现场的改善展示给生产调查室的人看。但是他们看完后却说'河合满君，这种程度的改善还不够'。不管我们改善了多少次，他们的回答都是'还不够'……就在这样不断重复的过程中，我们将时间从一个半小时缩短到了9分钟，但生产调查室的负责人仍然不满意地说'还不够'。"

通过锻造现场的改善案例可以看出，丰田生产方式的消除无用功并不是劳动强度提高。因为这种改善并不是强迫工人"加快劳动速度"，而是通过改善设备的使用方法来减少作业时间。

另外，丰田生产方式的改善也并没有"使经验丰富的员工失去用武之地"。一个熟练的锅炉师一眼就能看出加热后的棒材的温度，并且能够迅速地将棒材从锅炉中取出交给锻打师。

像"一眼就能看出棒材温度"这样的工作经验，即便在导入丰田生产方式之后也一样能够派上用场。从现场的实际情况来看，导入丰田生产方式之后，经验丰富的员工往往拥有更高的工作效率，而且现场也不全是简单的重复作业。如今在丰田的生产现场仍然拥有大量技术优秀的员工。

河合满现在已经成为丰田的副社长，但与副社长这个职位相比，他更为自己锻造专家的身份感到自豪。他还对现场的工人充满了敬意："当我们对发动机进行试运行的时候，测试负责人仅凭发动机发出的声音就能够听出问题。有一次负责人对我说：'河合满先生，这台发动机在某个地方肯定有破损。'

"我虽然对他的说法保持怀疑，但为防万一还是将发动机全都拆开进行检查，最后用了工业内窥镜才在气缸的内部发现了一处不到0.1毫米的划痕。结果那家伙很干脆地说这不合格，真是个冷酷无情的家伙，连声音不对劲都不行。我们在生产过程中已经尽可能地保证产品的精度和质量，但汽车这东西非常有意思。并不是说将所有最好的零部件组装到一起就能组装出一台最好的汽车，零件也讲究适材适所。"

如果没有懂得这个道理的员工，那么不管IT技术多么发达，丰田都不可能生产出优秀的汽车。

一直以来所有对丰田生产方式进行解说的书籍，全都强调的是这一方式如何和消除组装工艺中的无用功。也因此，许多人都认为丰田生产方式只适用于组装工艺的生产现场。但正如前文中介绍过的一样，丰田生产方式和在没有传送带的生产现场之中同样能够得到充分的利用。

在大野耐一将丰田生产方式导入锻造和冲压现场之前，几乎所有人都认为："利用同一个模具生产尽可能多的产品是最有效率的工作方式，也能够降低成本。"但大野耐一首先对传统的做法产生了怀疑，然后导入小规模生产方式，并且为了消除无用功而要求现场员工缩短准备工作的时间。

也就是说，大野耐一彻底颠覆了现场的传统做法。大野耐一并不是丰田的一把手，更不是冲压和锻造的专家，但他却大胆地改变了现场的思维模式。幸亏最终的结果是他成功地缩短了零部件的生产时间，如果他没能取得成功的话，很有可能要引咎辞职。

丰田生产方式的本质既不是看板也不是安灯。正如大野耐一在冲压和锻造的现场所采取的举措一样，丰田生产方式的本质是对常识的怀疑、是对新方法的不断探索。打破传统的做法，导入全新的改善。

"我的比喻可能不太恰当，但与循规蹈矩的优等生相比，大胆创新的捣蛋鬼更能实现改善。"河合满这样说道。

"现场有许多让人感觉麻烦，希望能够进行改善的地方。比如在作业的时候总是需要转身拿取某个零件，那么只要省略掉转身的动作就好了。这样肯定能缩短作业时间……有时候可能员工只是想让自己的工作更轻松一点，很多绝妙的改善方案都是从这样的想法中诞生出来的。"

能够让现场实现进化的并不是优等生类型的人，而是懂得抓住关键、随机应变的人。另外，在像锻造这样拥有极高技术含量的生产现场，在改变设备的使用方法和物流搬运上做文章，能够更有效地缩短作业时间和降低生产成本。

在物流搬运的改善上，丰田没有采用电动搬运设备，而是选择了滚轮式传送带，利用重力来运输零部件。不使用电力就不会因为停电或者设备故障而影响运输。不仅锻造现场，丰田的工厂里有许多类似这样的机巧设计。这也曾经是丰田佐吉最擅长的领域。

有人说丰田佐吉给丰田工厂留下的最大财富是"自働化"，但我认为是充分利用机巧的精神。在丰田的生产现场，存在着大量利用自然动力进行运输的机巧就是最好的证明。

一直以来，人们都觉得机巧是小把戏，只有采用最新型的电力设备才意味着工厂现场的进化。但利用自然动力的机巧设备比电力设备更加符合现代社会重视绿色和环保的主题。综上所述，丰田佐吉给丰田留下的宝贵财富不只有"自働化"，还有机巧的技术。

累计1 000万辆

20世纪60年代到70年代，大野耐一等人在现场努力奋斗的时候，以丰田为首的日本汽车企业全都在汽车普及的浪潮中赚了个盆满钵满。

1960年丰田汽车的年产量为15.5万辆，1970年这个数字攀升至160万辆。1960年日本全国的汽车年产量为48万辆，1970年则是529万辆。

1967年，日本赶超西德，成为仅次于美国的全球第二大汽车生产国。那是一个只要汽车生产出来立刻就能卖出去的年代。

推动汽车快速普及的除了经济高速增长使日本人的钱包越来越鼓之外，还有一个非常重要的因素，那就是道路铺装率越来越高。

和原本就用砖石铺路的欧洲不同，日本原来的道路都是土路。一下雨就会变得泥泞不堪。战败后日本的吉普车比豪华轿车更多的主要原因就是道路的铺装率不高，底盘低车身重的美国车经常陷在泥地里动弹不得。

1970年，日本全国的普通道路铺装率是15%。可能有人觉得"怎么才这么少"。但国道的铺装率已经达到78.6%。也就是说主要的道路都已经铺装完毕，人们可以开车通往日本全国各地，哪怕天气恶劣也不会受到任何影响。道路铺装完善给汽车的普及打下了坚实的基础。

因为当时汽车的销量非常好，因此增产成了现场的主题。尽管大野耐一希望"在不增加人员的前提下增加产量"，但每年销量都以二至三成的比率上涨，如果不增设工厂的话根本无法满足消费者的需求。而且不仅花冠，随后发售的SPRINTER、日冕MKII、Celica、Carina都取得了不俗的销量。

日本人的生活变得更加富裕，道路的基础设施建设也逐渐完善，这些都是促使日本家用车数量大幅增加的原因，但还有一个重要的原因，那就是丰田。丰田为花冠修建了两座专用工厂。

在花冠发售的第二年（1967年），成为社长的丰田英二这样说道："有人认为花冠是借了汽车普及的东风，但我认为恰恰相反，是花冠带动了汽车普及的浪潮。丰田为了花冠而专门修建了发动机（上乡工厂）和组装（高冈工厂）两个工厂。因为一切都很顺利，我现在才能这么悠闲地在这里发表讲话，如果没有引发汽车普及的浪潮，那丰田现在肯定在为产能过剩而苦恼。"

看到丰田取得的成功之后，同行其他企业也开始修建工厂扩大产能。因为竞争激烈，任何一家企业都不敢提高自己产品的销售价格。但日本经济持续飞速发展，人们的工资水平不断提高，而汽车虽然价格不变，性能却越来越好。于是消费者更加愿意购买汽车，每次出现改良款消费者都会跟着更新换代。汽车就这样在日本普及开来。

因为汽车畅销，所以每家企业都开设修建工厂、招收员工。由于来不及等待每年的新员工入职，所以20世纪60年代和20世纪70年代的汽车生产企业都开始招聘临时工和短期工。丰田自然也不例外。

"那个时候很多煤矿相继倒闭，于是很多曾经在煤矿工作的人都来到了丰田。"河合满这样回忆道，很多煤矿工人和从农村出来打工的人都进入丰田的工厂工作。

虽然其中也有像河合满那样家就住在附近的人，但也有不少单身的员工就住在工厂的宿舍里，吃饭问题则在工厂的食堂解决。

当时生产现场主要以昼夜两班制为主。白班从上午8点开始上班，午餐休息过后一直工作到下午4点。夜班则从晚上10点开始一直工作到第二天早晨6点。白班和夜班的人员经常调换。

除此之外，还有专门填补两班之间空隙时间的三班人员。现在想来，从夜班换到白班的那一天一定非常辛苦吧。但在经济飞速发展的那个年代，任何一家工厂都是这样的工作制度，工人们都没有感觉"自己很辛苦"。

河合满也因为以很便宜的价格买到了一辆家用车，而感觉自己能够进入汽车企业工作实在是太好了。

"那时候的年轻人都希望能够拥有一辆属于自己的汽车。我入职的那一年才18岁，就买了一辆二手的日冕，那可真是太令人兴奋了。我记得好像是30万日元。不仅我，和我一组（比班更高一级别的组织单位）的30名同事都感到很高兴，尤其是组长最高兴。"

河合满买汽车的那年是1966年。比他早入职6年的池渊浩介曾经说过："我入职的时候公司总共有一万人，但部长以下的员工有私家车的只有4人。"由此可见从1960年到1966年仅仅过了6年，汽车就已经普及到了何种程度。

那么，为什么买车的是河合满，组长却那么高兴呢？

"在此之前我们组的30人中只有两个人有自己的汽车。而在我也买了汽车之后，组长说以后去参加聚会就方便多了。那时候我们参加公司聚会都要去蒲郡，在那里能玩赛艇，附近还有温泉旅馆。我首先要开车带玩赛艇的同事去港口，然后再回来将不玩赛艇的同事送到温泉旅馆。其他两个有车的同事也是这个任务。之前我们组只有两辆车的时候，他们需要来回跑好几趟，而现在有三辆车了，我们每个人只需要各跑两趟就行。那个年代真的能让人亲身感受到有车是一件多么方便的事情。"

池渊浩介在拥有自己的汽车之前加入了公司内部的"绿色俱乐部"。俱乐部的几十个人共同出资购买几辆二手汽车，然后每个人每年有几次汽车的使用权。

在轮到自己使用汽车的时候，申请休假肯定会得到上司的批准。上司还会故意打趣地问："轮到你了吗？真羡慕啊。"然后这个幸运儿就可以带着家人一起出去开车兜风。

食堂与宿舍

对于在工厂里工作的人来说，赚钱肯定是头等大事，但吃饭也同样不能忽视。

丰田工厂所在的位置并非市区，几乎都是在荒地或者开拓后的林地上修建的，所以周围没有商店和饭店。因为没有别的地方吃饭，所以丰田的生协（丰田生活协同会）经营的食堂就成了员工们唯一的选择。

随着工厂数量的增加，生协经营的食堂数量也随之增加。从1962年到1966年，生协增设了18家食堂，工会会员数量也从10 729名（1961年）增加到55 647名（1970年）。生协为了让工人们能够吃上更加可口的饭菜付出了巨大的努力。

20世纪60年代工厂的食堂只有麦饭加配菜这一种套餐。当时在生协工作的万寿干雄这样说道："当时麦饭是放在蒸箱里利用水蒸气蒸熟的，跟饭锅煮出来的相比味道要差一些。"

不过，鲑鱼、鲐鱼、鲱鱼等配菜的味道则非常鲜美。毕竟那时候都是用炭火烤制出来的。即便吃的时候可能已经凉了，但炭火烧烤的香味是不变的。肯定比现在用煤气灶和电烤箱烤出来的更好吃。

进入20世纪70年代之后，工厂食堂里的套餐数量变得更多，还出现了面类等可以单点的餐品。主食不但从麦饭变成了用饭锅煮的白米饭，同时还增加了分量。据说一人份的米饭分量超过300克，可见工人们的饭量还是挺大的。最重要的是，所有套餐都随便添，吃饱为止。

配菜也从鱼类变成了炸猪排和煎猪肉等肉类。和现在最大的区别是，在每个餐桌上都摆着一个写有"丰田"字样的大烟灰缸。在当时吃完饭抽根烟是很普遍的情况。

万寿干雄说道："炸猪排是最受欢迎的菜品。每到有炸猪排的日子，总会有人在吃完后又去排队准备再吃一次，而且这样做的人还有不少。"

在听完关于丰田食堂的介绍之后，我又去参观了从1970年留存至今的宿舍。

宿舍单间大概四叠半，再加上玄关部分还有1叠半。房间里没有浴室、卫生间和厨房。当时地上铺的应该是榻榻米，现在都变成了地板。宿舍的租金是8 900日元（高中毕业的新员工只需6 100日元），不包括水电。据说这个价格只有附近居民公寓的八分之一。

因为宿舍的租金非常便宜，所以深受员工的欢迎。虽然从舒适度的角度考虑还是居民公寓更胜一筹，但居民公寓数量少，而且租金也更加昂贵。虽然公司规定员工到30岁以上就不能再住宿舍了，但也有人一直住在里面。

"现在想来简直不可思议，但过去有人一直到退休都住在宿舍里。好像是想省下钱来盖一座属于自己的房子。"一位了解过去情况的负责人苦笑着对我说道。

宿舍只有一个大澡堂，卫生间也是公用的。尽管并不适合长期居住，但对于刚从学校毕业的新员工来说，住上几年也是个不错的选择。

为什么正在说丰田生产方式的时候，却忽然提到食堂和宿舍呢？因为如果员工不能安心工作，就无法让丰田生产方式真正地在现场确立起来。要想让员工安心工作，就必须让他们在衣食住行上都没有后顾之忧。正所谓饿着肚子没法打仗，在现场工作的员工如果没有生活上的保障，又怎么有心思去思考改善的方法呢？

"让员工能够全身心地投入到工作中去"。对食堂和宿舍的整备从更广阔的意义上来说，是让丰田生产方式在现场确立起来的必要条件。让员工不吃不喝不睡觉、整天只想如何进行改善，那是根本不可能的。

参观结束之后，我在宿舍正门与几名员工擦肩而过。他们显然都是新员工，看上去大约18岁。身上穿着阿迪达斯和耐克的运动衫，脚上穿着同样品牌的运动鞋。我问他们"你们去哪啊？"，他们回答说"去跑步"，说完，我们彼此都笑了起来。

在我这个中年人看来，18岁应该是高中生的年纪。青春期刚刚结束，即将步入成年人的行列。

但不仅丰田，所有生产企业的主力军都是年轻人。生产线上全都是十几二十岁的年轻人。虽然现在生产线上的员工也出现了老年化的趋势，但在经济飞速发展的时期，生产线上肯定都是十几二十岁的年轻人。除此之外还有临时工。也就是说，需要理解丰田生产方式的都是刚刚走出校门不久的年轻人。那么丰田生产方式必须是通俗易懂的生产方式才行。

当时的新员工培训只有不到一个月的时间，晦涩难懂的生产方式根本无法在生产现场得到普及。由此可见，丰田生产方式的本质其实非常简单，并非像学者和专家们解读的那么精致的生产方式。

现场的员工们需要牢记的只有两点，一个是"JUST IN TIME"；另一个就是"尽可能消除无用功"。但要让现场的员工牢牢记住，首先要磨破嘴皮反复强调，其次还离不开严格的监督。毕竟大野耐一等人指导的对象大多是刚刚走出校门走进社会的年轻人。

敌人不止在国内

1968年，日本的GNP升至世界第二，仅次于美国。汽车产量也升至仅次于美国的第二位。

第二次世界大战的战败国日本已经发展成为比战胜国苏联、英国、法国更强大的经济体。在这种情况下，一直以来受政府保护的汽车行业就不得不面对与外国企业竞争。毕竟一个汽车产量世界第二的国家还对外国汽车征收高额关税、设置非关税壁垒确实不太合适。于是1962年日本政府放松了对外国汽车的进口管制，并且于1965年全面开放汽车进口。

1970年外资汽车企业在日本成立合资企业最多只能占股50%。1973年这项管制也被废除，汽车行业实现了资本的完全自由化。1976年，进口汽车的关税从10%下降到了6.4%，而到了1978年则完全取消了进口汽车关税。

通用汽车、福特、大众、梅赛德斯奔驰等海外企业的汽车与丰田的汽车开始在日本市场进行正面的交锋。丰田喜一郎和石田退三曾经最害怕的事情终于成为现实。

日本的汽车企业也趁着资本自由化的机会采取了行动。首先是像丰田这样通过增设工厂来提高生产力，当时丰田几乎"花光了所有的积蓄"来增设工厂。另一方面，日产和五十铃等企业则选择向欧美的金融机构贷款来购买设备。其次的行动就是通过合并和技术合作来提高竞争力。1966年日产与王子汽车合并。现在很多人都认为天际线是日产的名牌，但实际上天际线最早是由王子汽车设计出来的。丰田同年与日野汽车、第二年又与大发工业展开了技术合作。

在丰田与日产分庭抗礼的时候，五十铃、富士重工、三菱汽车这三家企业也开始商讨合作事宜，但最终没能成功。不过像五十铃和三菱这样的企业自知仅凭自己无法与其他企业抗衡，于是选择和外国企业合作。1971年，五十铃和通用汽车、三菱汽车和克莱斯勒都进行了技术合作。马自达也在1979年与福特展开了合作。

在日本的汽车企业开始与海外汽车企业展开正面交锋的1967年，我还是一个住在东京世田谷区的10岁小学生。我的父亲曾经是一名职业军人，战后在富士重工上班，担任过兔子速克达和斯巴鲁360的开发负责人。

但我的父亲在42岁的时候就病逝了。我的母亲代替他进入富士重工成为一名领月薪的嘱托社员。我小学班级里有40名同学，其中母亲外出工作的只有三人。除了我之外，另外两个同学的母亲都是卖保险的业务员。当时女性外出工作的话，基本上都是做卖保险的业务员。

我家虽然算不上贫困，但也绝不富裕。毕竟一家的收入来源只有母亲的工资和父亲的补助金。虽然东京举办奥运会、新干线开通以及首都高速公路开通这些都是发生在我身边的事情，但因为世田谷周围没有高楼大厦，所以我也不觉得自己处于城市化的正中心。

当时给我留下最深刻印象的并不是高楼大厦、汽车普及之类与经济飞速发展相关的事情，而是到处都残留着战败的气息。

年轻时参与过那场战争的人已经成为社会的中流砥柱，在家附近的公园里还残留着防空洞。电视动画和漫画杂志上经常能看到有战斗机和战舰的卡通故事。小学老师之中有一些年长的人偶尔会提起自己在中国和新加坡打仗的事情，商店街的大叔和母亲工作的富士重工里也有不少上过战场的人。但他们从不会对像我这样的小孩子直接提起有关战争的事情，只是经常教育我们"和打仗的时候比现在的生活可要幸福多了"。

我从小就被教育不要抱怨物质不够丰富，而且要爱惜衣服、鞋子和文具。那时候的人们认为在外面吃饭是一种奢侈的行为，叫外卖更是主妇的失职。就算家里有钱也不能整天吃山珍海味，不能一天换一套衣服。简单说就是不能太张扬，让别人都知道自己很有钱。

在那个时代，尽管汽车已经开始普及，但私家车仍然属于奢侈品的范畴。我上小学的时候，整个班级里有私家车的家庭屈指可数，而且都是家里开商店的，买车主要是为了上货和送货。世田谷算是中等收入家庭的聚集区，但在20世纪60年代私家车的保有率并不高。不过，在我上中学和高中之后，私家车的保有率出现显著的上升。1975年我高中毕业的时候，每户家庭私家车的普及数是0.475辆，也就是说大约每两户家庭就有一辆私家车。

到了我上大学的时候，甚至有同学用打工赚的钱买了二手车。如果是80万日元左右的汽车，大学生通过打工赚钱再让父母赞助一点就能买得起了。

顺带一提，我去世父亲的朋友在我上大学一年级的时候送了我一辆汽车。他说："我不开了，送给你吧。"

从我个人的感受来说，大学生也能通过打工赚到的钱购买汽车的20世纪70年代后半期才是汽车真正普及的时候。

丰田在东京

那么，当时丰田在东京的影响力如何呢？当时丰田还称不上是全球化的大企业，虽然已经是日本顶尖的企业，但在东京的影响力与日产相比还是稍逊一筹。

东京人都知道花冠和丰田2000GT（1966年发售），但并不认为丰田是比日产更加优秀的公司。在首都圈"技术日产"是顶级品牌，丰田、五十铃、马自达、三菱汽车、富士重工等则更低一等。对于东京人来说，丰田是名古屋的企业，没有亲近感。

我在这里想说的是，丰田当时仍然对外国汽车企业心存恐惧。20世纪70年代，包括丰田在内的日本汽车企业都有不俗的销量。即便资本自由化使外国汽车进入日本市场，日本车的销量仍然没有减少，消费者仍然支持日本汽车。但日本的汽车企业还是对外国企业抱有强烈的危机感。

日本汽车企业总是无法摆脱"我们敌不过外国汽车"的潜意识，这和日本社会仍然残留着战败的记忆是相通的。一直到泡沫经济开始的20世纪80年代为止，"日本无法和物质极大富裕的美国相抗衡"可以说是每个日本人都知道的常识。

就连我也曾经有过这样的"常识"。1968年，我还在读小学五年级的一天，母亲一脸阴沉的回到家里。换作平时的话，她一到家就会马上去厨房准备晚饭，但这一天她却无力地坐在榻榻米上。姐姐和我都被母亲这不同寻常的表现吓了一跳。

"公司可能要没了。"母亲低声说道。

"美国的通用汽车要进军日本。到时候我们完全没有竞争力，富士重工只能和五十铃合并。五十铃比我们规模更大，所以富士重工的员工恐怕会被赶走。"

母亲看着我的眼睛说道："好好学习吧。"

说着，她哭了起来。

"我就算砸锅卖铁也会供你读大学的，我和你去世的父亲做了约定。"

一想到通用汽车进军日本之后我们家要落到如此悲惨的境地，我就身不由己地颤抖起来。在那个时代，不只是丰田的经营层和大野耐一有危机感，每一个日本人都认为美国是近乎无敌的强大对手。

大野耐一之所以如此拼命地落实丰田生产方式不只是出于对工作的使命感，更是因为他打从心底对美国企业来到日本之后可能会将丰田彻底摧毁这件事感到恐惧。或许他已经做好了要为此付出一切的心理准备。因此即便被现场的员工称为魔鬼也没有丝毫的退缩和让步，因为无论如何他都必须将丰田生产方式确立起来。

"就算明知没有胜算，也要将该做的事情全都做完。如果这样还是不行，那至少死而无憾。"

现在丰田的员工可能无法理解大野耐一当时的想法，但当时丰田的员工都觉得自己毫无抵抗之力，尤其是在资本自由化之后，因此才更需要大野耐一来鞭策他们。

小企业的武器

回到丰田的话题上来。

1966年，丰田决定与日野汽车开展技术合作。当时日野以法国雷诺集团的技术为基础开发出了名为Contessa的轿车，却因为设计比较落伍所以销量不佳。

日野汽车打算停止Contessa的生产，却没有可以继续销售的后续车型，又因为资金不足而无法开发新车型。

为了摆脱困境，日野汽车选择与丰田合作，停止生产Contessa，然后将空下来的生产线用于生产丰田的小型卡车。

因为工厂的生产线上生产丰田的汽车，所以需要全面导入丰田生产方式。日野的经营层经过商议后将大野耐一请到自己的羽村工厂来。

他们知道丰田就是通过"丰田生产方式"成功地提高了生产效率，并且听说推进这一生产方式的主导者就是大野耐一。

羽村工厂的厂长深泽俊勇毕业于名古屋高等工业学校，是大野耐一的学弟。

深泽俊勇在大野耐一抵达时亲自到大门口迎接，表示为了学习丰田生产方式"愿意一切都听学长的"。大野耐一为了帮助学弟，将丰田生产方式毫无保留地传授给了他。

日野的经营层认为这还不够，又派遣了1 200名员工前往丰田市，在丰田的生产现场学习丰田生产方式。日野从上到下都相信丰田生产方式能够让公司起死回生，不管是经营层还是现场员工，都希望能够尽快掌握丰田生产方式。

在与丰田正式合作十年后，日野的社长荒川政司这样说道："我们学到了宝贵的经验，使日野的经营状况迅速地得到了改善。工厂的生产效率提高了一倍，半成品的数量减少到了之前的三分之一……合作前日野卡车的市场占有率只有17%，而在合作后日野卡车的市场占有率逐年攀升，昭和四十八年（1973年）更成为市场占有率第一。"

因为在提高生产效率的同时降低了成本，日野生产的卡车一下变成了拥有极高性价比的产品。消费者当然愿意购买。

通过日野汽车的例子不难看出，导入丰田生产方式能够确实地降低成本，从而使生产出来的产品在价格上比其他企业的产品更有优势。

大企业可以选择向外部企业大批量订购零部件来降低成本的做法，然而这种方法对小企业来说根本行不通。但通过消除无用功和改善生产流程，中小企业一样可以降低生产成本。

日野汽车就是这样做的。可以说丰田生产方式就是小企业对抗大企业的有力武器，日野的经营者通过与丰田合作，获得了这个武器。

此外，日野汽车在降低成本之后并没有将多余的利润收入自己的腰包，而是返还给了消费者。这样一来，消费者就更愿意购买日野生产的具有超强性价比的产品。实现降低成本后不追求眼前的利益，而是提高产品的性价比，这也是日野从丰田处学来的宝贵经验。

除了日野汽车之外，大野耐一还帮助许多家合作企业进行过关于改善的现场指导，当然并非所有的指导都一帆风顺。但日野从社长到厂长全都对大野耐一佩服得五体投地，所以丰田生产方式在日野的导入是最顺利的。

从那以后，大野耐一就下定决心，"必须将丰田生产方式推广到更多的合作企业之中去"。因为如果与丰田相关的所有企业都能够导入丰田生产方式，那么生产成本一定能够实现更进一步的降低。

第25年的"生调室"

1970年，大野耐一成立了一个名为生产调查室（简称"生调室"）的部门并亲自担任总负责人。

当时生产调查室除了在同年7月升任为专务董事的大野耐一之外，还有常务董事稻川达、主查则由大野耐一的头号弟子铃村喜久男担任。张富士夫担任系长，后来成为大发社长的箕浦辉幸当时刚刚入职4年，只是生产调查室中的一名小职员。

与张富士夫同期入职的池渊浩介在这个时候已经成为总部工厂的工程师，在生产调查室刚成立的时候并没有加入。但后来他成了生产调查室的主查。

这个被称为"生调室"的部门的主要任务就是促进丰田生产方式在内部和外部的开展。生产调查室的职员需要前往生产现场，与现场的员工一起解决工作中出现的问题，每次到现场驻扎的时间都很长。尽管不是一去不归，但也有连续3年都在同一家企业工作的情况。

大野耐一的任务就是给每一名员工分配工作，告诉他们"自己想办法解决问题，没取得成果之前不许回来"。铃村喜久男也会跟着补充一句"这是你们自己的工作"。不过他们也经常到员工被派遣的现场，给张富士夫和箕浦辉幸的工作提供支援。

生产调查室的成立意味着大野耐一等人的工作得到了公司的认可。对于大野耐一的团队来说，开展工作更加顺利了。不过，从大野耐一着手开始改革一直到生产调查室成立，这期间也经历了25年的时间。

第十一章
限制与危机

TOYOTA

美国出口与尾气排放限制

1966年，丰田为了进军美国市场而推出了最新型日冕，命名为RT43-L型。距离索尼创始人盛田昭夫给出"美国人只喜欢开自动挡的汽车"的建议整整过了10年，丰田的技术团队终于开发出了符合美国人要求的汽车。

这款专为出口美国而设计的日冕不仅搭载有自动挡变速器，排气量也高达1 900cc，即便在美国的高速公路上长时间高速行驶，发动机也不会出现任何问题，车身也不会晃动。由于其在性能上比之前饱受诟病的皇冠要优秀许多，因此得到了美国消费者的一致好评。这款日冕的售价为1 860美元，刚好在售价2 000美元以上的美国车和售价1 600美元左右的欧洲车之间。

由于这款日冕的口碑不错，丰田汽车的出口数量也逐渐增加。1964年，丰田在美国市场的销售数量只有4 000辆，而到了1966年这个数字就变成了26 000辆。1968年，丰田将花冠也加入出口的行列之中。1969年，日冕、花冠与陆地巡洋舰在美国的总销量达到155 000辆，丰田一举成为美国第二大进口汽车公司（第一是德国大众）。1971年丰田汽车的总销量达到404 000辆，1972年总销量达到1 000 000辆，1975年丰田终于超越德国大众成为美国进口车销量的第一。

不过这个第一只是在进口车领域,还不能说丰田打败了美国汽车。但是,丰田取得的这一成绩足以证明日本汽车的品质没有问题。

另外这里还有非常重要的一点,日本汽车与德国、意大利和法国汽车不同,在出口美国的时候必须改变方向盘、脚踏板以及挡位的位置。将右方向盘变更为左方向盘,许多零部件的位置都会随之改变,生产工艺也必然发生变化。大野耐一等人为了生产适合美国交通规则的左方向盘汽车,必须从零开始进行改善。

随着出口数量的增加,丰田也逐渐从一个日本国内企业转变为国际型企业。开始成立思考国际战略的部门,也招聘了相应的人才。对世界局势越发敏感的丰田耳中传来的第一个消息,就是空气污染和尾气排放问题。

1970年,美国颁布了《空气净化法》(马斯基法案)。马斯基是提出这一法案的议员的名字,该法案针对汽车的尾气排放进行了限制。具体内容是到1975年,汽车排放的HC(碳氢化合物)、CO(一氧化碳)以及NO_x(氮氧化物)必须减少到1970年和1971年规定的十分之一。汽车公司对限制尾气排放持消极态度。但马斯基议员响应市民的呼声,非常坚定地促成了这一法案的执行。

20世纪60年代的美国经济依然在持续不断地向前发展,尽管比不上被称为黄金十年的20世纪50年代,但繁荣的景象并没有消失。不过,随着美国深陷越南战争的泥沼,美国人民的心情也发生了变化。富裕阶级和中产阶级对军费的大量投入以及美国军人的牺牲都表示出了强烈的不满。大学生和自由主义人士则表现出强烈的反战情绪。

当时的大学生和自由主义人士同样对包括限制汽车尾气排放的环境问题保持着高度的关注,他们是马斯基法案的主要支持者。他们还支持提倡使用自然能源、以回归大自然和非主流文化为主题的杂志《全球目录》(*Whole Earth Catalog*)。这本杂志累计销售150万册,连苹果的创始人史蒂夫·乔布斯都是这本杂志的忠实读者。他的座右铭"Stay Hungry，Stay Foolish"就是印在这本杂志封底的一句话。

这场从美国开始的环境革命很快就影响到了日本。1971年日本环境厅开始制定汽车尾气的排放标准，并于第二年公布执行。

丰田英二在回忆起为了解决尾气排放限制的难题所付出的努力时这样说道：

"政府关于尾气排放限制的标准是逐渐提高的。就像跳高一样，最初那个横杆非常低，但后来就越来越高。最大的难题是NO_x的排放量，最初的标准是每千米2.18克，但最终的目标值却是0.25克。要想达到最初的标准比较简单，但从我们生产企业的角度来说，必须达到的目标是最终值0.25克。而且在符合排放标准的同时，我们还不能降低汽车的性能……

"如果环保标准不达标，政府就不会允许汽车的销售，如果性能不达标，消费者又不会买账。但环境厅的政策下达得太突然，所以最开始所有的汽车企业为了应对政策限制而生产出来的环保达标车，全都性能不佳。"

降低NO_x的排放量是最困难的一项任务。如果人体大量吸入NO_x会造成细胞损伤，导致支气管炎和肺气肿等疾病。或许有人会说"既然如此，为什么不从一开始就对其加以限制呢"，但实际上直到马斯基法案颁布，全世界才开始真正地限制汽车尾气的排放。

汽车企业想尽一切办法解决尾气排放超标的问题，如今通过改善燃烧来降低NO_x含量的燃烧净化法和在尾气中直接消除NO_x的烟气脱硝是两大主流。不过，要想开发出这些方法并不容易，尤其日本制定的环保标准是全世界最严格的，所以充足的研发时间和研究人员的不懈努力缺一不可。

由于这种技术是为了加装在大批量生产的汽车上，所以大野耐一率领的生调室也必须参与到这项工作中来。如果汽车需要加装用于消除尾气有害物质的零部件，那么生产调查室就必须对生产工艺进行重新的设计。

大野耐一经常说"丰田生产方式没有完成时"，但在现场工作的张富士夫和池渊浩介看来，增加新的附加价值就意味着增加新的工作。

尾气排放限制彻底改变了汽车开发的方向。一直以来，开发新型汽车意味着一种升级。更快的速度、更宽敞的空间、更新的设计、更舒适的驾乘体验……总之就是让汽车本身变得更好的过程。但限制尾气排放并没有提高汽车的性能。

限制尾气排放的目的是让汽车的尾气污染量更小、让空气更加洁净。仅凭汽车工程学的专家和技术工作者无法充分地实现这一目标，于是汽车企业就必须寻找熟悉地球环境的人加入团队。可以说在限制尾气排放的规定出台以后，汽车开发所涉及的领域变得更加广阔了。

后来爆发的石油危机也给以汽油为动力的汽车敲响了警钟。尾气排放限制和石油危机引发的环保浪潮让汽车行业转换了方向，最终走上了从汽油动力汽车改变为新能源汽车的道路。

第四次中东战争和石油危机

1973年10月，埃及总统萨达特为了夺回在第三次中东战争中被以色列占领的土地而向以色列发起了突然袭击，史称第四次中东战争。

埃及虽然在这场战争中取得了胜利，却没能完全收回被以色列占领的西奈半岛。不过阿拉伯国家在第四次中东战争之后认识到可以将石油资源当作自身的战略武器，这也使得他们在国际舞台上获得了更多的发言权。

在第四次中东战争过程中，OPEC（石油输出国组织）旗下的阿拉伯产油国采取了石油禁运和提高油价等石油战略。宣布停止向支持以色列的国家出口石油，并且将石油的出售价格提高两倍。

但实际上石油价格不止提高了两倍。1973年一桶石油的价格是2.59美元，而仅仅过了一年，这个价格就变成了11.65美元。也就是说实际上石油的价格提高了四倍。

1973年日本加油站的汽油零售价格是每升66.2日元，但到了1974年就变成每升97.6日元，1975年更是涨价到每升112.4日元。美国因为石油的自给率比较高，所以并没有受到太大的影响。但严重依赖中东石油进口的日本和欧洲的经济则遭到了沉重的打击。

石油涨价会导致许多相关产品一起涨价。日本民众听到风声之后，商店里的洗剂和卫生纸立刻都被抢购一空。为了节约石油，商业街关掉了霓虹灯、电视节目也缩短了时间，人们的消费热情迅速冷却下来。

汽车开始滞销，特别是燃油效率低的汽车更是被消费者敬而远之。在销量不佳的同时，石油涨价也给日本的汽车产业带来了巨大的影响。原油价格上涨不仅会导致汽油涨价，铁、玻璃、塑料、橡胶等产品的价格也会上涨，这就意味着汽车企业的生产成本上升。许多汽车企业都出现了大量的库存。

因为之前汽车的销量很好，所以每家汽车企业都购买设备、招聘工人，竭尽全力地扩大产能。但就在大家都开足马力准备全速前进的时候，却发现前面的路被堵死了。结果汽车企业不得不减少产量、削减人员，汽车行业一时间哀鸿遍野。然而就在这样的情况下，却有一家企业能够从容应对这突然出现的变故，这家企业就是丰田。

丰田因为在美国的出口非常顺利，所以销量没有出现严重的下滑。但最重要的原因还是丰田生产方式发挥出的巨大作用，使得丰田的生产现场能够及时地采取措施。

就在大家都减产之后，市场上对汽车的需求又开始增加，于是汽车企业的基调从减产变成了增产。这个时候丰田在没有增加人员的情况下就实现了增产。这就是丰田生产方式最大的特点，能够根据实际情况随机应变。丰田也凭借丰田生产方式成功地渡过了石油危机时期的难关。

丰田英二这样说明道："丰田宣布减产的时候（1974年1月），其他企业还有宣布增产的。也就是说丰田是最早开始减产的汽车企业。到3月份的时候我们就基本上完成了库存调整，4月时市场需求增加，我们又开始增产。因为实际情况并没有像我们预想的那么恶劣。"

"增产的主要产品就是花冠。我们在日本的销量在1973年达到顶峰，在1974年开始有所下滑，唯独花冠的销量一直很好。同时我们在出口方面也加大了力度，所以出口额从1974年到1975年一直在持续增加。"

虽然在石油自给率较高的美国，汽油的价格并没有上涨，但人们的心理发生了变化，开始更倾向于环保和节约的车型，因此燃油效率高的汽车更容易得到消费者的青睐。日本产的汽车就非常符合美国消费者的这一需求，其中就包括花冠。

正如前文中提到过的那样，在石油危机爆发时，丰田凭借丰田生产方式，不管是减产还是增产都能够迅速地从容应对。如果需要减产，大野耐一等人就会对生产线进行重新的安排，将多余的人员送到其他的生产线上去。

丰田的员工都是多能工，除了自己的本职工作岗位之外，在其他岗位上也一样能够正常工作。这样一来现场的工作安排就非常灵活。

如果在重新安排工作岗位后还有冗余人员，大野耐一就会让他们"在现场学习其他人的工作方法"。让工人什么也不做，就在现场看别人干活，这种情况可以说是前所未有。但多亏大野耐一的这一举措使丰田顺利地渡过了减产的时期。

而到了增产的时候，大野耐一就从其他地区的工厂召集人员前来帮忙。因为丰田没有中间库存，因此即便在突然减产的情况下，生产现场也没有出现零部件堆积如山的情况。

丰田与其他企业最大的不同之处就是对冗余人员的处理方式。

大野耐一曾经说过："没有工作时最好的做法就是让工人休息。"所以他要求工人在没有工作的时候什么也不要干，就在原地看其他人工作。

但大野耐一的决定遭到了其他干部的反对。这也是理所当然的，因为在其他干部看来，这就相当于员工什么也没做却照样领工资。

当时在高层会议室里，大野耐一与其他干部进行了如下的对话：

"大野耐一先生，如果工人没活干的话，可以去院子里除草或者擦玻璃……"

"不，不能那样做。"

"为什么？反正他们也没有工作啊。"

"如果工人自愿除草或者擦玻璃，那完全可以。但公司不能要求员工去做这些事情，因为公司的命令就是工作，既然是工作那就要给工人开工资，还得准备除草和擦玻璃的工具。"

"那么，大野耐一先生你觉得应该怎么做才好呢？"

"我觉得让工人在原地待着就好。"

"那怎么行？"

大野耐一耐心地解释道："最近我们一直在开会商讨如何应对石油危机。因为现在还有两成左右的冗余人员，所以有人提出可以对他们进行培训，或者让他们做一些体育运动之类的。我不赞成这些提议，最近甚至有人提出要让这些工人去空地上种土豆。"

"嗯，是有人这么提过。"

"但这些提议都行不通。培训的话究竟要培训什么内容呢？培训怎么从公司辞职吗？那样的话我倒是很欢迎，但你们真的会那样做吗？还有人说打棒球，那么球棒和手套谁来买。如果公司出钱买的话，这些钱都得算在花冠的成本上，那我们就得提高花冠的售价。花冠的售价能提高吗？肯定不行。种土豆我觉得是个好主意。但种土豆也是劳动，公司必须给种土豆的工人发工资。"

"你这不是强词夺理吗？"

"不是。现在公司要求减产20%，只需要将现场的员工减掉20%就可以达到减产目标。我们拥有随时都能灵活生产的完善体制。而且不知道什么时候可能还要增产，到时候哪还有时间种土豆和打棒球呢？如果工人提前完成了自己的工作，那就在原地观察其他工人的工作方法。这样可以使他意识到作业中存在的无用功，从而使他能够更高效地完成自己的工作。我认为这是最省钱的办法。"

大野耐一的改善成功地帮助丰田灵活地应对了石油危机时期的减产和增产，因此引起了业界的关注。一些同行发现"丰田开始采用一种叫作看板的奇怪生产方式"，就连经济杂志也开始竞相报道丰田的看板方式。

回顾汽车发展的历史，尾气排放限制和石油危机是改变汽车发展方向的一个重要路口。日本和欧洲的汽车企业虽然最初受到了沉重的打击，却通过反复的改良和尝试终于渡过了这一难关。

丰田英二将其比喻为"就像突然被扔进大海，必须立刻学会游泳"，日本和欧洲的汽车企业在困境中仍然坚持不懈，终于成功地减少了尾气有害物质的排放，并且提高了汽车的节能性能。

另一方面，东欧诸国的汽车企业则没能解决上述问题。东欧诸国即便在石油危机爆发之后，仍然能够从苏联获取价格低廉的石油和天然气。或许苏联也想趁此机会向西方国家展示一下计划经济的优越性。

然而，在石油价格飙升的时期，西方企业采取了相应的对策，改善了自身的经营体制，包括汽车企业在内的各行各业都通过技术革新找到了更加节能和环保的技术。就像丰田英二说的那样，大家都在大海里一边挣扎一边掌握了高超的游泳技巧。

与之相对的，东欧诸国的汽车企业因为拥有充足的廉价石油，所以并不注重对汽车燃油效率的改善，也没考虑过节能环保的问题。等它们终于意识到问题的严重性时，在技术上早已被竞争对手远远地甩在了后面。因此，东德和捷克的汽车企业都没能坚持到今天。

美国的汽车企业对体制改善也持消极态度。因为美国自己就是产油国，石油的自给率非常高。所以美国的汽车企业并不像日本的汽车企业那样拼了命地想要提高燃油效率。但由于美国的环境保护运动十分盛行，迫使美国的汽车企业不得不想办法解决尾气排放限制的问题。

尾气排放限制和石油危机极大地改变了汽车的价值，速度、设计以及功能性不再是决定汽车价值的主要标准。减少化石燃料用量、不对地球环境造成有害影响等成为汽车的新价值标准。从此以后，汽车企业的经营者必须更加关注汽车造成的社会影响。拥有最新型机器人和生产设备的工厂并不代表着现代化。不使用化石燃料和电力，充分利用传统生产设备的工厂才是未来的发展趋势。

第二次世界大战后不久大野耐一就曾经说过"不能轻易导入高性能的大型设备"，因为他认为这并不会使现场的生产变得更加轻松。现在看来，大野耐一的这句话倒是非常符合当今最流行的可持续发展的理念。在今后的生产现场，"节能"必将是最大的主题。

大野耐一的理念之所以在石油危机时期开始引人注目，一是因为丰田的利润没有减少，二是因为丰田生产方式非常符合时代的需求。

丰田就这样有惊无险地渡过了尾气排放限制和石油危机这两大难关。丰田的历史就是不断跨越危机的历史。从创业时研发汽车的艰辛，到战争时期的经济统制，再到濒临破产和劳动争议，每一次几乎都是走投无路的状态。但丰田每一次战胜困难，都会变得比之前更加强大。

在经历了尾气排放限制和石油危机之后，丰田也再一次实现了成长。可以说丰田的现场就是在危机中不断地磨炼出来的。更进一步说，与不吝言辞的赞美相比，巨大的危机才是促进丰田不断成长的最大动力。

第十二章
误解与好评

TOYOTA

国会审议与猛烈抨击

"丰田生产方式因为帮助丰田成功渡过石油危机的难关而备受瞩目。"包括丰田自身的资料在内，很多书籍和介绍都是这样写的。但实际上，1973年石油危机爆发之后，注意到丰田生产方式的只有汽车行业的同行和经济媒体。

后来，越来越多的人听说了看板方式这个名字，却并非通过正面报道。因为当时的相关报道都是"看板方式是压榨承包商的工具"之类的内容。因为从看板方式这个名字很难想象出其真实的情况，所以难免会使人产生误解。

即便对看板方式存在误解的人也知道"看板方式（丰田生产方式）就是不保留库存，消除无用功"，但问题在于如向更深层地理解。比如以下这些观点：

"看板方式是一把双刃剑。汽车生产企业要求零部件承包商按照'JUST IN TIME'的方式供应产品，而承包商不知道汽车企业什么时候需要多少产品，所以只能随时准备大量的库存。也就是说，丰田通过看板方式将库存转嫁给了承包商。"

"看板方式要求多次少量采购。因此承包商就要往丰田工厂多跑好几次，承包商的卡车都在丰田工厂的大门前排队。丰田是把公家的马路都当成自己的私人院子了吗？"

即便是大型报纸和著名记者，也认为"丰田将看板方式当作压榨承包商的工具"。在大野耐一看来，"这些人根本一点也不了解丰田生产方式"。

事实上，丰田会将丰田生产方式的运用方法毫无保留地传授给合作企业，让合作企业也能够"JUST IN TIME"地生产产品，而在运输方面，丰田与合作企业一起制订运输计划，从而避免出现物流混乱的局面。运输卡车在工厂门前大排长龙的情况根本不可能发生，大野耐一绝对不会允许出现这样的无用功。

但误解的人越来越多，很多社会知名人士联系大野耐一，希望他能够亲自对看板方式进行说明。

伊藤洋华堂的创始人伊藤雅俊也找到了大野耐一："我希望大野耐一先生能详细地给我介绍一下丰田生产方式。"

大野耐一在位于丰田市的总部与伊藤雅俊会面。

伊藤雅俊开门见山地说道："如果像大野耐一先生说的那样不留库存，那么超市就会出现缺货的情况。这样一来顾客岂不是就要被别的店铺抢走了吗？"

"不是那样的，伊藤先生。我没说不留库存，保留最小限度的库存是没问题的。关键在于库存的数量不能多也不能少。将库存数量保持在一个平衡点，这是最重要的。"

通过和大野耐一面对面的交流，伊藤雅俊虽然搞清楚了关于库存的问题，但并没有搞清楚丰田生产方式的全部。

在伊藤雅俊离开之后，大野耐一坐在沙发上想道："政治家和评论家不懂也就罢了。但像伊藤先生这样优秀的经营者都对丰田生产方式有误解，这可不行。难道真的是我说明的方式太晦涩吗？这样的话……"

紧接着，其他企业仅凭自己的猜测就一知半解地导入丰田生产方式，结果导致严重失败的事例连续不断地传到大野耐一的耳朵里。

有的企业认为"只要消除库存就能赚取利润"，于是下令将库存和仓库都取消，结果员工们开始自己将产品藏在工厂里，还导致产品的品质下降……

有的企业为了"导入标准作业"而用秒表计算工人作业的时间，要求工人"缩短作业时间"，结果导致劳动强度提高……

还有的企业认为"只要导入看板方式就能赚取利润"，强迫合作企业发送类似看板的票据……

因为这些企业的错误效仿，世人对丰田生产方式的误解更加严重，最后甚至引起了国会的重视。

民营企业在没有违法的前提下，仅仅因为工作方法的问题而遭到国会的调查可以说是前所未有。

1977年10月7日，爱知一区的议员田中美智子在众议院会议上向首相福田赳夫提出质问。

田中美智子是福利与女性问题的专家，日本共产党党员。她以无党派人士的身份参选，中选后就加入了日本共产党及革新共同体。

她这样问道："丰田汽车取得了2 100亿日元这一史无前例的营业利润。但在这庞大的利润背后，又隐藏着多少承包商的汗水和泪水呢？"

随后她列举了许多媒体报道过的"丰田的过分要求"，然后继续说道："丰田的生产方式如今正在产业界蔓延，越来越多的承包商都处于水深火热之中。政府对于这种利用自身优势地位胡作非为的企业有什么举措吗？"

福田赳夫答道："公平交易委员会现在似乎已经开始对这些企业进行指导，政府也会在一定程度上要求有关企业不要损害承包商的利益。"

从双方的对话上来看，他们对丰田生产方式都没有充分的了解，只是在"丰田做出了错误的行动"这一前提下相互交换了意见。

另外，田中美智子虽然是共产党员，却对"承包商"这个词似乎没有抵触。一般来说，产业界的生产企业并不会直接使用"承包商"这个词，而是将其称为"合作企业"。因为生产企业知道，没有对方的合作，那么自己的企业就无法进行生产。如果生产企业摆出一副高高在上的态度，可能会使合作企业失去干劲。所谓士可杀不可辱，如果整天用"承包商"来称呼对方，那么对方早晚有一天会终止与你的合作。

但政治家媒体以及对产业界缺乏了解的绝大多数人，都将为大型企业提供零部件的企业称为"承包商"。尽管在实际的生产现场根本没有人会用这种说法……

国会审议之后，公平交易委员会开始了行动，对丰田做出"不要对承包商提出过分的要求"的指示。但丰田本来就没有提出过什么过分的要求，所以也不知道应该怎么回应。大野耐一为了不让大家对丰田生产方式的误解更进一步扩大，决定采取一些措施。

在遭到国会审查的第二年，也就是1978年，丰田的年产量达到293万辆。1960年的年产量只有15.5万辆，到了1970年这个数字就已经提高了10倍以上达到160万辆。1980年丰田汽车的年产量更是突破了330万辆。

从1960年到1980年的20年间是丰田飞速发展的时代。丰田不断地开发新车型、对现有车型进行升级改良、修建工厂。在这个过程中，丰田也创造出了大量的工作岗位，对许多员工进行了技术培训。

每当新的生产线建成投产，大野耐一的生产调查室就会派人到现场去消除无用功，让生产走上正轨。如果丰田与新的零部件生产企业达成合作关系，生产调查室就会派人到新的合作企业去帮助其导入丰田生产方式。对于大野耐一等人来说，这20年就是从不间断地全马力运转的20年。

尽管丰田生产方式实际上是提高生产效率的系统，但普通民众和媒体却并不那么认为。

"一家位于三河的封闭企业，利用一种叫作'看板'的奇怪方法赚取了巨额的利润。"大概这就是当时世人对丰田的普遍看法。

畅销书

不过，在媒体之中也有想要了解丰田生产方式本质的编辑。

这个人就是曾经出版过彼得·德鲁克的《断层时代》等畅销著作的钻石社的编辑藤岛秀记（后来成为该社的常务董事）。他希望出版一本能够与德鲁克的美国管理理论相抗衡的介绍日本管理技术的书籍。在他对因为石油危机而广为人知的丰田管理方法进行调研时，忽然发现了大野耐一这个名字。

藤岛很快就确定了执笔者，然后没有通过丰田的宣传部，而是直接找到大野耐一进行商议。令人意外的是，大野耐一和藤岛一拍即合。如果以前有人对大野耐一说"请出本书吧"，大野耐一肯定会毫不犹豫地当场拒绝。因为丰田生产方式是对付美国汽车企业的秘密武器，所以大野耐一不想将其公之于众。但藤岛找到大野耐一的时候，正是世人对丰田生产方式误解最深的时期。大野耐一自己也在寻找消除误解的方法。

大野耐一在公司内部咨询是否可以出书，有干部反对说："这样做岂不是相当于将家传的宝刀拱手送人吗？"但社长丰田英二却很痛快同意了，或许丰田英二也觉得"应该尽快解除人们对丰田生产方式的误解"。于是大野耐一以丰田汽车副社长的身份出版了《丰田生产方式》一书。

"这些由我们独创的经验很难用语言和文字来表达清楚，而且不管是生产方法还是生产现场都在不断地进化，所以想将其完整地记录下来是不可能的，但我希望至少能够将最基本的原则传达给读者。"

大野耐一将自己的构想整理了一下口述给藤岛。但后期实际负责和藤岛联络，发送资料以及讨论呈现形式的人是当时还在生产调查室工作的张富士夫。

经过半年以上的创作终于完成的这本书受到了商务人士的热情追捧。直到现在这本书仍然保持着不错的销量，在日本累计售出47万册，重印114

次。作为一本专业书籍来说绝对称得上是畅销书。

在该书出版的时候，钻石社的社长和专务董事与大野耐一进行了一次对谈，大野耐一的头号弟子铃村喜久男也出席了这次活动。席间钻石社的社长抱怨说："出版经营时常会遇到退货，所以总是赚不到什么钱。"

铃村喜久男立刻说道："贵社毕竟是出版了丰田生产方式正宗解说书的出版社。要不要借此机会将看板方式导入贵社呢？这样的话肯定不会出现退货情况。我给你们做顾问，怎么样？"

钻石社的社长和专务董事都苦笑着没有回应。铃村喜久男见状又继续说道："也对，老大的书肯定全都卖光，所以也没必要导入看板方式了。"

铃村喜久男说完，大家全都笑了起来，但实际上钻石社的人恐怕并不是发自内心的在笑。毕竟任何一家出版社都会遇上因为退货导致库存增加使财务状况恶化的问题，甚至有出版社的社长一听到"退货"这两个字就会感到身体不适。在他们看来，如果导入丰田生产方式就能够实现"印多少卖多少、不会出现退货情况"的话，那么丰田生产调查室的大门恐怕是要被出版社的人给挤破了。

《丰田生产方式》的畅销让大野耐一一下子变成了名人，但大野耐一本人却并不为此感到高兴。

"我只是为了消除世人对丰田生产方式的误解。但令人感到奇怪的是，虽然这本书如此畅销，但对丰田生产方式的批判却丝毫也没有减少。"

他苦笑着说道："出版社最初执意要我将书名改成《丰田生产革命》。他们这样对我说道，'大野耐一先生，用生产方式这种标题很容易被摆在专业书籍的书架上，改成生产革命更有利于销售'。但我拒绝了。"

对于大野耐一来说，丰田生产方式就是丰田生产方式。而且他还强调"提出者是（丰田创始人）丰田喜一郎先生"。他出版这本书并不是为了表现自己，而是为了向世人传达丰田生产方式的真相。

后来，他对那些误解和曲解了丰田生产方式的记者们这样说道："我们绝不会对合作企业造成不良的影响。政府（公平交易委员会）说我们压榨合作企业，要求我们只要签了合同就必须按照合同的规定执行。于是我找来合作企业的社长，对他说：'政府对我们进行了调查，说我们压榨合作企业。你怎么看？'对方的回答是这样的：'任何企业都要将自身的利益放在第一位，不可能为了丰田把自己搞垮。反正我们不管什么情况，都只考虑怎么赚钱。'就算不用政府介入，大家也能会照顾好自己的。能够实现多品种小规模生产的企业很了不起，只有这样的企业才能在竞争中存活下来。"

《丰田生产方式》出版的第二年，也就是1979年，第二次石油危机爆发。因为OPEC加盟国中产油量排在第二位的伊朗爆发了革命。什叶派领袖霍梅尼推翻了巴列维王朝，成立伊朗伊斯兰共和国。伊朗革命导致原油价格极速攀升，欧洲各国、日本等石油进口国的经济再一次陷入停滞。

经历第二次石油危机，各大汽车企业开始寻求实现更高燃油效率的方法。而消费者在选购汽车的时候也将燃油效率放在考虑的第一位，甚至超过了最快速度、马力、排气量、加速度等指标。一辆优秀的汽车，除了速度、设计、驾乘感受之外，燃油效率也成了必不可少的评价要素之一。

同年7月，日本东名高速公路日本坂隧道发生火灾事故。事故造成7人死亡、173辆汽车烧毁，东名高速被迫关闭一周的时间。

这次事故使日本企业第一次出现因为供应链断裂导致的生产停止。由于关东的65家合作企业无法按期将零部件送达，因此丰田也只能停产两天。

有干部不满地表示："就是因为听了大野耐一的话所以才被迫停产。"

大野耐一的回答是"我们并非被迫停产，而是经过分析后做出停产的决定。"

虽然零部件没能按期送达也是决定停产的原因之一，但更重要的原因是为了确认生产线是否能够在万无一失的状态下生产所有的车型。后来丰田还因为合作工厂发生事故、阪神大地震、东日本大地震等原因停止生产。但每一次都不是"被迫停止"而是"主动停止"。

不管是另外寻找企业生产所需的零部件还是临时改变物流路线，都需要花费相应的时间，在没有完全准备的情况下坚持让生产线运转则有可能出现次品，与其这样还不如干脆停止生产线。这就和员工点亮安灯停止生产线一样。

在观察一家企业的时候，应该看其在发生灾害和事故时的表现。如果在发生严重灾害或事故的时候，企业仍然照常运转，那么这家企业经营者的判断力就非常值得怀疑。

日本坂隧道事故发生时，大野耐一就出于这样的考量做出停止生产线的决定。即便看热闹不嫌事闹大的媒体大肆报道"丰田停止生产"的消息，大野耐一只是一笑了之。

林南八入职

生产调查室成立之后，丰田生产方式不仅在公司内部，也开始在所有合作企业中普及。被派遣到合作企业进行指导的人有许多，首先让我们来看一看林南八的例子。

在18岁的河合满被安排进锻造部门的1966年，后来接连成为生产调查室主查、技术总监、董事长的林南八（现顾问）也入职丰田。尽管两人同一年入职，但林南八毕业于武藏工业大学（现东京都市大学），比从丰田技术培训所入职的河合满年长4岁，入职时22岁。

林南八入职时被安排在元町工厂机械部技术室。这个部门在生产调查室成立之前被称为"大野耐一学校"，主要负责解决现场出现的问题以及提高生产效率。

因为刚入职，所以林南八经常被使唤来使唤去的干些杂务。他每天听到最多的内容就是"大野耐一如何如何可怕"。前辈们经常悄悄议论自己被大野耐一和铃村喜久男训斥的经历。

林南八觉得自己"运气不错"，因为"大野耐一先生在总部工厂，铃村喜久男先生在上乡的发动机工厂。而我在元町工厂，这样就不会和他们碰面了"。

入职的第一天晚上，技术室的前辈们围在火锅前给林南八举办了一次欢迎会。欢迎会上的话题也都是关于大野耐一和铃村喜久男的。

林南八一边听他们聊天，一边用筷子牢牢地夹住正在涮的羊肉。因为他从小家里兄弟四人，每次吃肉的时候都会条件反射般地用筷子牢牢夹住。

主任见状指着他的筷子说道："林南八，没人跟你抢，今天是欢迎会，你想吃多少就吃多少。"

大家真是太善良了，职场真是太和谐了。这么看来，大野耐一先生和铃村喜久男先生应该也不是那么可怕的人吧……林南八在心中暗自庆幸"自己被分配到了一个很好的部门"。

但第二天，林南八刚到办公室坐下，昨天还告诉他"想吃多少就吃多少"的和蔼可亲的主任就大声地对他怒吼道："你在干什么呢？混蛋！"

"我正要开始工作……"

主任却冷漠地说道："林南八，我们的工作是对现场进行改善。你到现场去，现在还不是你坐办公桌的时候。"

林南八战战兢兢地站起身问道："主任，我应该去哪个现场啊？"得到的回答却是："混蛋，自己去找。"

束手无策的林南八只好在元町工厂里四处徘徊，遇到看起来比较面善的员工，他就凑上前去询问："请问，工作中有遇到什么问题吗？"

但生产现场非常繁忙，根本没有人搭理他。被人说"小子，别碍事"还算是好的，有的人干脆就像赶野狗一样摆摆手"去、去"。

"我在现场连续转悠了好几天，终于有人愿意和我说话了。我的工作最初就是从这种状况下开始的。不能依靠任何人，只能用自己的眼睛去确认，用自己的头脑去思考。大野耐一先生曾经让我站在一个地方进行观察接近8个小时。用现在的观点来看，这简直就是一种霸凌行为。"

"但最大的区别在于，大野耐一先生并不只是单纯下达命令，同时他自己也在思考解决办法。我对丰田生产方式进行指导时都是从对现场的观察开始。要想找出答案，首先必须坚持不懈地进行观察。然后脑海里才会浮现出改善的方案。"

"但是，不管多么优秀的方案，都必须得到现场人员的理解才能得以实施。因为一开始没人愿意帮忙，所以只能自己融入现场之中拉拢朋友。年轻时我在大野耐一先生手下学到了不少带动现场的技巧，后来去合作工厂做指导的时候，把这些经验都利用上了。大野耐一先生总是让我们自己想办法，也多亏了他对我的磨炼，使我不管面对什么样的现场都能够找到解决问题的办法，我非常感谢他。"

在生产调查室刚成立的时候，林南八并没有被直接调过去。不过他一直和那边保持着联系，得到大野耐一和铃村喜久男真传的张富士夫与池渊浩介经常给他安排任务。

经过在公司内部的不断修炼，林南八在入职的第八年终于被派往合作企业进行改善指导。

改善指导的工作不可能在一天之内完成，也不是一周或两周。这是一项以月甚至以年为单位的工作。每当接到工作任务，林南八就要立刻回家去做准备，带好换洗衣物和洗漱用品，然后搭乘公司的车前往合作企业。

到了合作企业之后，住的地方也不是酒店宾馆。一般来说都是合作企业的单身宿舍或者研修所，即便是大野耐一或者铃村喜久男来了也是一样的待遇。在指导期间就相当于出差一样，林南八最长在合作企业指导了一年半的时间。

虽然有时候也需要回丰田去汇报一下工作进度，但指导期间每天的工作地点都是在合作企业。而且在生产现场林南八没有任何部下，他只能想办法和现场的负责人以及员工套近乎，争取尽快混个脸熟。

林南八和生产调查室的所有人所做的工作，就和林南八入职第一天时候所做的工作一样。简单说，就是在现场来回巡视找出问题点，与现场的人进行交流，然后进行改善。

改善指导并不是去现场给人家当老师，而是从被无视和被训斥开始的工作，是从孤立无援的境地开始的工作。这也是大野耐一和铃村喜久男训练及培养年轻人的方法。

由于林南八早已在丰田的现场习惯了这一切，因此被派遣到合作工厂之后也没有丝毫的退缩。他热情地和现场的员工们交流，即便遭到对方的白眼仍然坚持询问关于现场生产线的信息。

逐渐地，现场的工人开始回答林南八提出的问题。这就像采集证据的刑警以及坚持不懈的推销员，没有顽强的毅力是做不了现场指导这项工作的。

然而融入现场之后，就会遇到更大的考验。

"那就是和工会的斗争。"林南八这样说道："我曾经去大型轴承企业光洋精工（现捷太格特）做过改善指导。当时光洋精工连续出现赤字，但轴承产业不能就这么垮了，于是丰田出资将其收购。"

"因为光洋精工是一家规模很大的企业，所以由铃村喜久男先生做总指挥。包括我在内的许多'大野学校'的成员都来到位于大阪的国分工厂（柏原市），开始进行改善活动。"

等他们到现场一看马上就明白了，问题就出在光洋精工一直坚持大批量生产，导致出现大量的库存。只要转变成小规模生产的体制就可以解决问题。但这件事说起来容易做起来难。不仅光洋精工，对于长时间坚持大批量生产的企业来说，不管是经营者还是现场员工，都坚信大批量生产不但拥有更高的生产效率而且能够降低成本。

事实上，所有学习过福特生产方式的人，都认为当时的丰田生产方式是"只适用于丰田的特殊生产方式"。所以不管铃村喜久男怎么发火，林南八怎么恳求，现场的人都无动于衷，根本不按他们的要求去做。

要想让现场的人改变态度，必须在短期内取得成果。如果是在丰田内部，生产调查室的人只要多花些时间早晚能够说服现场的员工。但在合作企业只能用事实说话。

铃村喜久男和林南八等人将光洋精工的销售部门在全日本范围内租赁的仓库全都退掉，让库存全都重新运回工厂。

然后他们组建了一个能够每天按需少量配送产品的物流网络。在光洋精工的员工看来，丰田的这些人先把好不容易运出去的产品都搬了回来，然后又一点一点地再送出去。说是来"消除无用功"的这些人，自己就是在做无用功。

但这样做的效果很快就显现了出来。因为退掉了之前租赁的仓库，所以节省了一大笔的费用。最初将库存产品都搬运回来的时候只花了很少的物流费用。而在组建起小规模生产和小规模配送的体系后，物流效率得到了巨大的提升。结果只用了半年的时间铃村喜久男等人就实现了改善目标。

林南八以为这下终于可以回家了，然而有一天铃村喜久男忽然对他说道："我记得你是东京人。很好，这边改善得差不多了，从明天开始你去羽村的东京工厂，一个人去。"

本以为可以从大阪直接回自己在名古屋的家，没想到是直接从名古屋路过，到羽村工厂进行改善指导。而且这次铃村喜久男并没有跟来，来到羽村工厂的只有林南八一个人。

光洋精工羽村工厂的干部们盛情款待了林南八这个"从丰田来的改善指导者"。但当林南八来到现场之后，待遇就发生了一百八十度的转变。林南八长着一副书生模样，外表看起来显得很年轻。在现场的人看来，他就是一个年纪不大还自以为是的家伙。甚至有人愤愤不平地觉得"丰田这是在耍我们"。

所以当林南八踏入现场的一瞬间，耳边就传来充满挑衅性的话语：

"哟，小哥是来干什么的啊？"

"你不是做汽车的吗？现在来教我怎么做轴承？"

但林南八丝毫不为所动。如果控制不住情绪大发雷霆的话，就无法继续开展工作了。毕竟他在丰田现场早就经历过类似的情况。

人一旦带着必死的决心就毫无畏惧。林南八先是微笑着做了自我介绍，然后就在现场来回溜达，不时地询问"工作上有没有遇到什么问题"，或者站在一个地方，观察工人们的作业情况。

就这样过了一段时间，现场的工人们逐渐对林南八敬畏起来。毕竟他每天一大早就来到现场，一直在旁边进行观察。后来工人们终于愿意与林南八交流，相互之间消除了误会。和现场的工人打成一片是进行改善指导的第一步。

然而就在林南八正式进行改善指导时，却出乎意料地遭到了工会的阻挠。

"光洋精工有两个工会，第二工会的成员每到下午5点的时候就会劝正在加班的工人回家。我也拿他们没办法。另外，晚上如果我在宿舍的话，组合成员一整晚都在我的窗外大喊'资本家的走狗，滚回去'的口号。说真的，我第一次遇到这样的情况。我感到很生气，因为我每天都拼命地为光洋精工进行改善。

"这种一触即发的紧张关系持续了好几天，有一天我实在忍不住了，打开窗户冲他们怒吼'你们在说什么！我在丰田也是工会成员。是你们希望改善现状我才应邀而来的。如果你们不想改善那我明天就回去。要不要试试看啊！'实际上我是不应该那样做的。我只能赔着笑脸一直点头说谢谢。"

"去合作企业进行改善指导的时候，几乎每个人都有过类似的遭遇。我跟张富士夫抱怨这件事。结果他笑道'他们叫你资本家的走狗，对吧？你知道我是什么吗？他们说我是丰田帝国主义的尖兵，要审判我呢'。"

由此可见，所有人在对合作企业进行指导的时候，都在工会身上吃了不少苦头。

经过一年半的努力，林南八通过微笑战术取得了现场员工们的信任，与工会之间的关系也缓和下来。从名古屋到大阪，然后独自一人前往羽村，林南八可以说为光洋精工呕心沥血，他的付出也被周围的人看在眼里，大家都越来越信任他。

当他完成工作任务即将离开羽村工厂的那一天，第二工会的成员们扭扭捏捏地前来向他道别。

"林南八先生，非常感谢你。"

这是林南八第一次从他们嘴里听到感谢的话。

"这个给你。"

工会领导递给林南八一个小盒子。林南八打开一看，里面是一块手表。这让他感到十分意外。

曾经对林南八大喊着"滚回去"的工会成员们现在握着林南八的手久久没有放开。林南八抬头一看，他们的眼中都泛着泪光，林南八的眼眶不由得也湿了。

对方说道："林南八先生，这是我们工会的一点小心意。"

林南八在现场的时候为了不让自己注意下班时间，故意不戴手表。

"可能工会成员们以为我没有手表吧……"回忆起当时的事情时林南八这样说道。"幸亏我没有放弃，坚持了下来。我的心意他们一定也感受到了。"

在工作中成长

将丰田生产方式普及到合作工厂的任务主要由生产调查室的人负责。除了林南八之外，还有一个比他更年轻的人，也去过许多合作工厂进行改善指导，这个人就是现在担任副社长的友山茂树。

友山茂树1981年进入丰田，正是丰田汽车工业公司与丰田汽车销售公司合并的前一年。毕业于群马大学机械工程学专业的友山茂树最初被安排到生产技术部门工作。他的第一项工作是制作一个组装工艺专用的生产指示系统，并且要将其导入专门生产花冠的高冈工厂。他在入职后接受了关于丰田生产方式的培训，对丰田生产方式有自己的理解。

友山茂树在高冈工厂导入的是一个被称为"工序检查"的系统，这个系统将汽车的生产流程记录在搬运装置的存储装置里，各工序能够自动读取这一信息，在向员工给出组装指示的同时还能检测员工是否准确地完成了作业。

比如一项作业必须拧紧4颗螺丝，但员工只拧紧了3颗螺丝，这样当传送带来到作业结束的位置时，系统就会检测出问题并停止传送带、点亮安灯，直到员工拧紧4颗螺丝之后安灯才会熄灭，传送带继续运转。这个系统完全符合"发现问题自动停止"的"自働化"理念，因此很快就被导入到所有的工艺之中。

但就在这个系统安装使用后不久，生产线各处都亮起了安灯，传送带都停了下来。原来友山茂树导入的工序检查系统都发现了员工在作业中的问题，于是将传送带都停止了。

当时在高冈工厂担任组装生产线负责人的正是林南八。此时他已经是改善的专家，由于林南八就是被大野耐一和铃村喜久男一手锻炼出来的，因此丰田的年轻人们都传言说"林南八先生是个非常严厉的人"。

林南八一声厉喝："混蛋,这是谁干的? 怎么搞了这么个东西?"

友山茂树当时还没感受过林南八的恐怖,他先举手示意是自己做的,然后开始说明道:"林部长,这是按照丰田生产方式的定位停止理念设计的……"

没等他把话说完,林南八就用更大的声音怒吼道:"混蛋,明明什么都不懂,搞什么乱七八糟的东西。定位停止并不是固定的一个位置。工艺不同,作业的起止位置也各不相同。你把所有的工艺都设定了同一个检查位置,所以生产线才出现这么多异常信号。在设计生产系统的时候必须考虑周到才行。你对现场根本一无所知。"

但友山茂树还是固执己见,解释说:"不是的,部长,这个系统……"

"够了,闭上嘴老老实实地看着。"林南八根本不听友山茂树的解释,直接自己动手对友山茂树导入的大量检查系统进行修正。

自从发生了那件事之后,友山茂树以为自己肯定被林南八放弃了,但不知为何,第二年他就被从生产技术部调到了生产调查室。而且就在他进入生产调查室不久,林南八也以主查的身份回归。在铃村喜久男退休之后,林南八就成了统领丰田生产方式的人,而所有担任生产调查室主查一职的人很快就会被冠以"恶鬼"的绰号。

友山茂树回忆起那个时候,叹息道:"当时真是非常绝望。林南八先生就已经很可怕了,但他手下的人更可怕。可怕到连他们的名字我都不敢说出口。我整天就在这些人的包围下进行工作。"

有一天,林南八让友山茂树和自己一起去合作工厂帮助导入丰田生产方式。两人一起前往位于岐阜的合作工厂,第一天合作工厂的生产课长带他们到现场参观。

林南八在现场发现问题就当场指出来。友山茂树正要做笔记的时候,林南八却阻止道,"记笔记没有任何意义"。林南八说大野耐一和铃村喜久男从不在现场记笔记。他们都将现场的情况记在脑海里，等改善之后再进行比对，然后找出能够进一步改善的地方。绝对不能只满足于做笔记而疏于思考。

第一天的工作结束后，林南八对友山茂树说道："友山茂树，明天你自己留在这里。这个工厂的生产线必须加入AB控制系统，你给他们说明一下就行。"林南八最后又补充了一句"拜托了"，就将友山茂树一个人留下，自己回总部去了。

所谓AB控制系统，指的是在实践丰田生产方式的时候，对传送带和较长的自动生产线进行生产控制的系统。具体内容是给工艺决定A点和B点，然后根据两点间是否有产品来决定生产线是否移动。只有在A点（前工序）有产品而B点（后工序）没有产品的情况下生产线才开始移动。

如果生产线在A点没有产品的情况下仍然继续运转，那么不但会导致现场无法及时发现问题，还会使后工序因为迟迟没有产品送到而无法进行工作。在这种情况下如果生产线自动停止，那么现场就能够及时发现问题并且采取对策，使生产线更顺利地运转。也就是说，这是一种及时发现问题并进行解决的系统。

第二天一早，友山茂树刚抵达合作工厂，接待负责人就将他请到了会议室。在这个大会议室里坐着合作企业的社长、高层干部以及现场负责人等接近60人。

"接下来有请专程从丰田汽车前来的友山茂树指导员为我们讲解有关丰田生产方式的内容。那么，友山茂树指导员，接下来就拜托您了。"

友山茂树极度紧张地接过话筒，他只在这里看了一天，对这家企业的实际情况一无所知，因此说明的时候几乎语无伦次。然而在座的干部和负责人们却在他说明的过程中频频点头，最后还起立鼓掌。

友山茂树的内心十分焦灼，心想："林南八先生真是太过分了。这么大的场面，事前居然一点消息也没跟我说。"

友山茂树脸色苍白地回到自己的位置上坐下，会议主持继续说道："那么，接下来我们到现场去，请友山茂树指导员对我们进行具体的指导。"

友山茂树跟着众人来到工厂的生产线跟前，又进行了一小时的说明。说明的内容"连自己都感觉是在胡说八道"。

理解丰田生产方式和能够将其向别人进行说明完全是两码事。生产调查室的成员不但要"理解丰田生产方式"，还必须拥有"能够通俗易懂地进行指导"的能力。要想做到这一点，首先要自己亲自尝试、掌握要领，然后示范给对方看，最后让对方做一遍确认，这个过程是必不可少的。

林南八知道友山茂树还没有达到这个水平，但仍然留他一个人去解决问题。这是他从大野耐一那里学来的教育方法，"将部下扔到海里，让他们自己学会游泳"。也就是说，丰田的改善指导员必须自己学会指导的方法。

友山茂树说，"直到现在一回忆起当时的情景还是会脸红。"

"我在现场进行说明的时候，尽管社长等人深以为然，但现场的工人们显然听出我在胡说八道，他们肯定心里在想'这家伙是哪里来的？根本什么也不懂啊'。甚至有些工人很明显地表现出不屑的神情。现在回忆起来，真正的工作就是从那个时候开始的。"

第二天，友山茂树就独自一人来到工厂，开始分析应该如何导入AB控制。他就站在生产线旁边，对工人的作业状况进行观察，寻找问题点、思考改善方案……

"从丰田来了个奇怪的家伙"的消息很快就传遍生产现场。但友山茂树在现场的前几天，没有一个人来和他打招呼。中午吃饭的时候他也是自己一个人去食堂，随便吃几口完事。下午他又站在生产线旁边，这时有一名员工来到他的跟前，将一个空箱子"砰"地一下扔到他的脚边。这是让他"赶紧滚"的意思。

即便如此，友山茂树也没有退缩。他在生产线旁边观察了整整一周的时间，然后对工厂的负责人提出"请让我尝试导入AB控制系统"。于是他和生产线上其他的工人们一起来到生产线跟前，亲自示范作业过程。

现场其他的工人都停下手中的工作，向友山茂树这边眺望。因为工作得太投入，友山茂树不小心被机油弄脏了衬衫的袖口。虽然他心里因为"没带替换的衣物"而感到着急，但仍然没有停下手中的工作。

就在这时，之前曾经将空箱子扔到他脚边的那个工人走了过来，递给他一块抹布，看他的眼神似乎在说"请用这个擦擦油污"。这就是友山茂树与现场员工心灵相通的瞬间。

在对丰田生产方式进行指导时，不能高高在上地宣读讲义，而是应该培养人与人之间的信赖关系。只有互相认可、互相尊重，丰田生产方式才能得到落实。即便是工作关系，如果一个突然出现的外人态度傲慢地指手画脚，现场的工人们肯定不会买账。林南八早已在潜移默化之中将如何在现场进行指导的方法传授给了友山茂树，所以他才敢将友山茂树独自一人留在这里。

最终，友山茂树用了4个月的时间实现了工厂的改善。

"我在生产调查室待了5年，这5年可真是地狱一般的生活。林南八先生和他手下的课长会时不时地来确认进度。如果发现我有没做完的部分，马上就会大发雷霆，一下子把我头上的帽子掀飞。帽子被掀飞之后就是脑袋挨打了……现在肯定不能允许有这样的事情发生。

"他们虽然总是冲我大发雷霆，但绝对不会对合作企业的人发脾气。就连我被合作企业的人大声训斥，他们也只是在旁边默不作声。不过回到丰田之后，林南八先生倒是会安慰我几句。

"但被别人训斥反倒成了我工作的动力。当时我职场上的前辈丰田（丰田章男）社长也和我有着同样的遭遇。他也被独自一人留在现场，同样被现场的工人训斥。但也正是因为这些经历，将他磨炼成一个更加优秀的人才。一个能够独立思考、独立解决问题的人。

"我在生产调查室工作的时候，每天晚上都会在宿舍里看在合作企业的生产现场录制的视频资料一直到很晚，但睡前肯定会翻阅一遍职业杂志的招聘信息。因为当时我一直在想'这种公司我绝对不能再干下去了，继续这么下去早晚没命'。

"但当我成功地将丰田生产方式导入合作工厂，提高他们的生产效率之后，现场的工人们全都兴高采烈。那种笑容真是无法用语言来表达。就在这个过程中，我忽然对这项工作产生了兴趣，后来我就再也没买过职业杂志了。"

正如友山茂树所说，将丰田生产方式导入生产线并成功地取得成果，对生产调查室的人来说是最大的喜悦。成功地完成任务并不会涨工资，也得不到任何人的褒奖，这是自大野耐一以来的传统。每当生产调查室的人完成任务回来汇报"任务完成"的时候，上司只会说"接下来是这项任务"。

所以生产调查室的人工作的最大动力，就是能够看到现场工人们欢喜的笑容。这种单纯的追求正是促使他们努力工作的原动力。他们与现场的工人一起挥洒汗水，寻找改善的方法，所以才能够得到现场员工的信任。因为现场的员工只相信那些对现场有真正了解的指导人员所说的话。

友山茂树这样说道："一切都要在现场学习。不管是林南八先生还是恐怖的课长，他们都绝对不会告诉你应该怎么做。他们总是对我说'友山茂树，用你自己的脑袋思考'。但我直到在生调的第三年时才真正懂得这句话的含意。

"比如我想对工人作业的动作进行改善，那么首先我要找出工人作业动作中存在的问题。但最开始的时候，就算我一直站在旁边观察工人的作业情况，也完全看不出什么地方存在问题。不过随着长时间的观察，我发现动作中的无用功主要包括3个要素。

"第一个是作业时动作的'幅度'，第二个是工人动作停止时的'等待'，第三个是从前项动作转移到后项动作之间的'间隔'。虽然我从完全不得要领到发现这3个要素花了3年的时间，但发现这3个要素之后，工作就变得轻松多了。不过，这种经验只可意会不可言传，只有靠自己的努力思考才能发现。

"另外，有很多事情只有到现场亲身感受之后才能明白。比如丰田生产方式中最容易被误解的一项内容就是多能工。事实上，多能工并不是万能工。多能工指的是能够操作附近设备的人。而万能工是什么都会做，丰田并没有这样的要求。

"类似这样的道理从书本上是学不到的，必须依靠亲身的体验。不过，在美国进行指导的时候，理论说明也非常重要。美国的工会监管非常严格，所以我们必须首先从理论上解释清楚这样做的原因，以及这样做会给现场员工带来怎样的好处。在反复解释的过程中，我们自己的理论知识也得到了强化。"

丰田生产方式之中有许多理论，其中最容易引起混乱的就是包含"时间"的三个术语。

首先是"前置时间"。所谓前置时间，指的是从零部件入库到产品完成的时间。这个时间越短，资金周转的速度就越快。对初创企业和中小型企业来说，缩短产品的前置时间是生存下去的必要条件。

除了"前置时间"之外还有"周期时间"和"任务时间"。周期时间指的是各项作业的基准时间总和，而任务时间则指的是生产必要数量产品的规定时间。

当周期时间比任务时间更短的时候，生产线会生产出超过必要数量的产品，导致出现库存，使生产现场的体制变得不健康。丰田生产方式需要极力避免出现这种情况，所以改善指导员必须对此进行检查。

反之，如果周期时间比任务时间更长，就会出现安灯点亮、生产线停止的情况。如果生产线频繁停止，势必会影响工作效率。但即便如此，相较于出现库存，偶尔安灯点亮，生产线停止反而是一种好现象。

因为当生产线停止的时候，有助于我们发现问题并进行改善。如果在改善后生产线不再出现停止的情况，那么可以将原来的10名员工减少到9名。这样一来生产线又会出现停止的情况，那就继续进行改善。生产效率就在这样不断重复改善的过程中得到提高。

提高生产效率是丰田生产方式的最终目标。生产效率由3部分组成，分别是设备生产效率、材料生产效率以及劳动生产效率。

其中材料和设备的生产效率只要采购高质量的产品就能得到提高，任何一家企业都能够在短时间内提高这两项生产效率。但要想提高劳动生产效率则绝非一朝一夕就能够实现的。

丰田喜一郎提出的"JUST IN TIME"理念就是为了提高劳动生产效率。人们常说"丰田生产方式的目的是提高生产效率"，但从真正的意义上来说，丰田生产方式是提高劳动生产效率的系统。

行动的勇气

友山茂树最难忘的就是在生产调查室时对小规模的合作企业进行改善指导的经历。

在丰田的合作企业中，有像电装（DENSO）和爱信精机（ASISIN）这样直接向丰田提供产品的企业，这样的大型企业被称为一级合作企业。而向电装这样的一级企业提供产品的企业以及只生产一些特殊零部件的小规模企业则被称为二级合作企业。

生产调查室在向一级合作企业导入丰田生产方式的时候，如果不对其上游供应商进行改善，那么就无法从根本上缩短产品的前置时间。也就是说，要想更进一步地提高生产效率，就必须对二级合作企业提供无偿的改善指导。

友山茂树曾经指导过一个小型仪表板生产企业。这家企业的员工只有夫妇两人，他们的儿子偶尔也来帮忙。

当友山茂树抵达这家小企业的时候，首先映入眼帘的是两位老人忧郁的表情。夫妇两人听说"丰田派来了指导员"，以为是来批评他们生产效率不佳，所以一直提心吊胆地等着。

生产现场里面显得非常混乱，放在正中央的是一台塑料零件成型机，周围则堆满了成品和半成品。每当客户改变订货需求，小企业就要马上改变生产计划，所以做出来的产品难免堆得乱七八糟，导致现场连个落脚的地方都没有。

尽管这对夫妇也明白"消除库存""小批量生产"等道理，但由于客户的要求总是发生变化，所以他们光是应付眼前的工作就已经竭尽全力……不只是这家小企业，几乎所有的小型企业都面临着同样的问题。

友山茂树没有责备夫妇二人，也没有告诉他们应该怎么做。只是默默地开始进行4S。

"整理、整顿、清洁、清扫。生产效率低下的工厂都是因为整理、整顿做得不到位，工人自己都不知道东西放在什么地方。所以首先要将物品分类摆放整齐。然后在地面用油漆画出通道。虽然那是一家只有两名员工的企业，但只要画出通道，人就会按照标记来通行。真是不可思议。"

"就在我默默工作的时候，夫妇中的女性主动过来对我说'来喝杯茶休息一下'。后来我还和他们一起在休息室吃了午饭，我的工作从这个时候才正式开始。最开始我努力扫除就是为了赢得他们的信任，建立起来信赖关系之后，再进行改善指导就容易得多了。"

友山茂树提出的具体改善内容如下：

1. 缩短前置时间

夫妇两人之所以总是显得手忙脚乱，是因为客户企业总是突然打来一通电话要求"增加数量"或者"减少数量"，这几乎是每个中小型企业都会遇到的问题。这样的情况出现多次之后，夫妇两人在接到10个产品订单的时候往往会生产12个甚至15个以备不时之需。但这样做不但增加了原料成本，还会产生大量的无用功。

于是友山茂树建议二人"缩短前置时间"。如果客户总是在交货一周前调整订单数量，那就在交货一周前再开始生产。也就是说，在确定了订单数量之后再开始生产，从而达到缩短前置时间的目的。同时，还要和客户企业的负责人保持紧密的联系，反复确认客户在什么时候、需要多少数量的产品，提高订单的精确度，减少工作中的无用功。

2. 减少库存

在缩短前置时间的同时，还要减少多余的库存。为了将两周以上的前置时间缩短到5天以下，首先必须缩短生产准备的时间以及设备的周期时间，创建起适合小规模生产的体制。另外还要将产品先入先出的体制贯彻到底。减少库存后，品质也会得到提升。

3. 在每个货架上添加看板

通过添加看板，可以使生产需求一目了然，更易于进行工作安排，比如需求量大的产品每天都要进行生产，而需求量较少的产品则每周生产一次。

4. 导入计划生产模式

所谓计划生产模式，就是在生产前先制订生产计划，然后按计划进行生产。比如生产一定数量的A产品之后开始生产B产品，然后再生产C产品。在使用一台树脂成型机生产多种成型温度不同的产品时，可以按照温度由低到高的顺序来制订生产计划，这种生产效率最高。除此之外，还可以按照看板的生产需求来制订生产计划。

事实上友山茂树就是将大野耐一初期在丰田工厂所做的改善应用在小型企业之中。通过整理、整顿可以使工作变得更加顺利，自然更容易取得成果。夫妇两人对友山茂树的改善十分满意，甚至请求"再多教我们一些"。

后来，友山茂树还将丰田生产方式导入到农业生产之中。我去现场参观的时候，这家位于爱知县的名叫锅八农产的社长八木辉治这样说道："我是搞农业的，一直以来的想法就是将祖上传下来的家业守护好。但在友山茂树先生的指导下，我意识到一件非常重要的事情：过去的方法不一定是最好的。只要肯思考，就能找到更加轻松的工作方法，这样就有更多的时间来休息了。"

八木辉治所说的话和大野耐一曾经说过的话何其相似，"绝对不要认为传统的方法就是最好的"。

友山茂树在对中小企业进行改善指导的时候，首先做的事情都是帮忙打扫，进行整理、整顿。对于中小企业来说，与理论知识相比，整理、整顿和倾听员工们的烦恼更加重要。

当指导员来到中小企业的时候，大多会听到这样的声音：

"像丰田那样的大企业才能用这种方法，我们不行。"

"丰田都是优秀的员工所以才能做到，我们不行。"

面对这样的抱怨，指导员绝对不能生气地怒吼"你们为什么不行"。而是要耐心地鼓励"并不是那样的"，然后站在对方的立场上思考，引起对方的共鸣。

"其实我也一样，因为总是遇到同样的问题还迟迟无法解决，甚至让我产生干脆辞职算了的念头……"这样的开场白很容易引起对方的注意，让对方想要听你继续说下去。

友山茂树回忆道："在导入丰田生产方式的时候难免会遇到难以解决的问题，有时想绕过这个问题，结果发现一直在原地兜圈子，根本绕不过去，实在是让人非常烦恼……

"有时候烦恼的实在受不了了，只好去找上司商量，然后上司会给你提供一些建议，接着根据上司的建议又去尝试了一下，结果就成功了。其实这并不是上司给的建议多么灵验，而是烦恼的过程提高了自己的改善力，所以说关键在于烦恼。丰田生产方式必不可少的并不是书本上学来的知识，也不是比别人更加优秀的能力。而是恼力——也就是烦恼的力量。通过烦恼可以锻炼自己的心志，这样早晚有一天，你原以为自己做不到的事情突然就能够做到了。"

友山茂树时刻都在思考关于改善的事情，甚至将看板制度导入到自己家的冰箱里。每当买回牛奶和鸡蛋时，他都会加上看板，这样在吃完后就能得到及时补充。

大野耐一及其头号弟子铃村喜久男，受这两人熏陶的张富士夫、池渕浩介，后来的年轻人林南八、友山茂树、二之夕裕美，丰田生产方式的传承者们都被看作是在工作上非常严厉的人。但除了大野耐一和铃村喜久男之外，其他人我都见过，他们都十分温和、谦恭，而且沉默寡言，性格比较内敛，而且从不会用"干活的""承包商"之类的称呼。

有一次我向池渕浩介取材的时候用了"承包商"这个词，他立刻生气地说道："只有新闻媒体才会那样说，我们绝对不会用这个称呼。如果你是我们的合作企业，总是被别人称为承包商，你心里是什么滋味呢？"

丰田的改善指导员都有能够站在对方的立场上进行思考的能力。"如果是这个人说的话，我们愿意听。"如果不能和对方建立起这样的信赖关系，那么就无法将丰田生产方式导入进去。这一切都依赖于指导员的个人性格和能力。如果指导员迟迟无法取得成果，问题不在于对方，完全是指导员自身的问题。

林南八这样说道："要想成功完成改善指导，必须和对方企业的现场员工一起工作、一起思考，和他们站在同样的立场上。那种看情况不好就扔下烂摊子拿钱走人的所谓'管理顾问'我可做不来。"

只有真正拥有热情的人才能成功完成改善指导，这是丰田生产方式最大的特征，或许也是其最大的弱点。也就是说，不同的人进行指导，取得的结果也是各不相同的。现场的改善结果完全由指导员的个人性格和能力决定，现在指导力最强的大概是林南八和友山茂树的组合吧。但友山茂树却说过"在林南八先生手下工作会没命的"，似乎很不愿意跟林南八在一起搭档……

当丰田生产方式在小规模的企业内成功扎下根来的时候，不管是指导方还是被指导方，都会产生真正的自信。真正的自信并不是毫无根据的过分自信。而是遇到"认为无法战胜"的困难时，仍然坚信"总有一天能够成功"，拥有敢于行动的勇气。对于双方来说，这种真正的自信就是通过丰田生产方式获得的最大财富。

不仅林南八和友山茂树，生产调查室的人们如今仍然为了将丰田生产方式扎根于生产现场而在全世界来回奔波。在向合作企业以外的企业进行指导时也只是象征性地收取一点报酬。因为丰田推广丰田生产方式的目的并不是盈利。

第十三章
进军美国

TOYOTA

产销一体

从第二次世界大战后便开始系统化，并且在内部各工厂以及合作工厂展开实践的丰田生产方式，终于在1980年达到了原定的目标。但改善永无止境。每当生产新车型的时候，所有的工厂都要对丰田生产方式进行更新和升级，这已经成为生产现场的惯例。

1982年，丰田为了事业重组而分拆的两个公司时隔32年终于重新合为一体。丰田汽车工业公司与丰田汽车销售公司合并成为新生的丰田汽车公司。丰田汽车公司的第一任社长丰田喜一郎的长子丰田章一郎就任新生丰田的社长。

当时，曾经担任丰田汽车销售会长的加藤诚之感慨万千地说道："公司被拆分就像是一棵树被活生生地劈成两半。"同行其他企业的生产和销售都是同一个组织，只有丰田是两个企业，这确实有点奇怪。

合并给两家企业都带来了巨大的变化。尽管两家企业因此增加了大量的事务作业，并且都付出了巨大的精力，但从结果上来看，两家企业之间的联系更加密切了，还借此机会削减了部分冗员。因为之前两家企业各自独立，虽然说不上仇视敌对，但也像是关系不怎么好的兄弟一样。不过兄弟之间的合并至少比两个陌生人之间的合并摩擦更少一些。而合并带来的最大好处则是大规模的组织人事变动。

伴随着组织人事变动，大野耐一也辞去了顾问的职务正式退休。当时他已经70岁高龄。同年，大野耐一的弟子，45岁的张富士夫成为生产管理部的副部长，与张富士夫同期入职的池渕浩介成为田原工厂工务部的副部长，39岁的林南八成为元町工厂机械部的副课长，34岁的河合满成为总部工厂锻造部的班长，24岁的友山茂树此时还是第三生产技术部的一名普通技术人员。

大野耐一不仅辞职不再担任丰田总部的顾问，还辞去了丰田合成以及丰田纺织的会长职务。不过后来他担任了学习丰田生产方式的行业协会"NPS研究会"的最高顾问。

他经常对弟子们说这样一句话："管理者必须促使部下自主思考，让部下保持干劲，并且尊重他们的人格。"

当时大野耐一的头号弟子铃村喜久男也已经退休。他以实践委员长的身份加入NPS研究会，为帮助其他企业提高生产效率而竭尽全力。铃村喜久男的脾气仍然和在丰田时一样火暴，但他也和大野耐一一样，努力培养现场员工的独立思考能力。

大野耐一退休后，生产调查部（前身就是生产调查室）新一代的指导员们在主查好川纯一的带领下继续为推广丰田生产方式而努力奋斗。如今，生产调查部不仅在丰田自己的工厂推广丰田生产方式，同时还对合作工厂、其他企业甚至农业企业提供指导，甚至还远赴日本以外，为日本以外的工厂与合作工厂提供指导。丰田喜一郎提出的"JUST IN TIME"理念已经在全世界范围内得到了实践。

经过仔细的验证和分析后可以发现，大野耐一最大的目的是通过实际的工作来培养下一代的领导人才。因为只有对现场有充分了解的人才能够传递出丰田生产方式的本质。

为了推广丰田生产方式，指导员必须亲自前往现场，了解现场员工们的想法。即便是只有夫妇两人的小企业，也必须把握他们的立场。丰田之所以能够取得成功，与所有在现场奋斗的劳动者的努力是分不开的，不了解这一点的人恐怕会对丰田生产方式产生错误的理解和应用。

大野耐一希望能够培养出能够扎根于现场，并且对现场充满感恩之情，懂得站在现场的角度思考的领导者。

贸易摩擦与自主限制

合并后的丰田在20世纪80年代的主要任务就是在美国本土的当地生产。当地生产并不是建造工厂那么简单，还要让丰田生产方式在美国生根发芽。这也是丰田管理层的夙愿。

丰田生产方式真的能够渗透进福特生产方式的根据地——美国本土吗？美国的工人们会接受这样的生产方式吗？

如果他们说"No"（不）的话，那丰田的当地工厂就很难发展下去，即便有厂房也没办法生产汽车。当时大野耐一刚从丰田离开，他的接班人们不得不认真地思考丰田在海外的发展路线。毕竟丰田生产方式是只在日本进行过实践的生产方式。

为什么丰田必须在美国修建工厂呢？要想搞清楚这个问题，需要将时间往回追溯一些。

1979年，第二次石油危机导致汽油价格飙升，非产油国日本的汽车公司经过艰苦卓绝的奋斗，终于研究出了先进的节油技术。而美国作为产油国，汽油价格并没有受到太大的影响，似乎继续生产高油耗的汽车也没什么关系，但实际上却并非如此。

美国的年轻消费者们对时代的变迁十分敏感，他们认识到高油耗的汽车已经被时代所淘汰，而且会对环境造成不良的影响。于是比美国车油耗更低、价格也更实惠的日本汽车得到了美国消费者的喜爱。

美国的汽车企业也意识到了市场的变化。三巨头都着手开发更加节能环保的汽车，但实际操作起来却并不容易。虽然三巨头在生产大型汽车上拥有丰富的经验和技术，但生产小型汽车并不是将大型汽车直接变小那么简单。必须从根本上改变设计，还要重新购买生产设备。更关键的是，小型汽车的利润比大型汽车要少得多。也就是说三巨头费尽心力生产小型汽车，结果利润还比之前更少了。

除此之外，对美国的财政界以及汽车行业拥有巨大影响力的石油资本却希望汽车企业继续生产高油耗的大型车。在这样的背景下，尽管三巨头都决定了未来的发展方向，但从着手研发到小型车正式完成仍然花费了大量的时间。

然而时间可不等人。1979年，克莱斯勒出现了11亿美元的亏损，美国政府制定了《克莱斯勒贷款担保法案》，由美国政府出面担保为其筹集资金。第二年通用汽车也出现了自从创业以来的最大亏损，高达7亿美元。福特也出现了15亿美元的亏损。三巨头不得不对员工采取解雇和停薪留职的措施。

代表美国汽车产业的三巨头全都出现了亏损，还解雇了大量的工人。

美国的舆论沸腾了。有人主张"日本汽车摧毁了美国的汽车行业。应该禁止进口日本车"，还有人公然煽动反日情绪，提出"战败国日本的汽车怎么能堂而皇之地行驶在战胜国美国的公路上"。1982年在底特律还出现了三名白人将中国技术人员误认为日本人，而用球棒围殴致死的悲剧事件。

但其中也有冷静的意见，美国汽车行业中有极少部分的人认为"应该向日本学习"。

就在美国对日本汽车产业的敌视情绪最高涨的时候，张富士夫应埃森哲咨询公司的邀请前往美国做"关于丰田生产方式的讲座"。讲座会场位于底特律的福特总部大礼堂。虽然张富士夫也有点担心"可能会更进一步地刺激到美国民众的情绪",但他还是将自己从丰田喜一郎和大野耐一那里继承来的丰田生产方式充分地讲解了一遍。

第二天,当地报纸以《曾经的学生变成了老师》为题发表了一篇报道。美国社会瞬间就陷入了恐慌。但只要读过之后就会发现,这篇报道的目的并不是为了引发恐慌。这篇报道对丰田在战后如何努力提高生产效率,并且实现了飞跃性的发展进行了非常客观的报道。可见在美国也有认真分析日本发展与成长的汽车行业相关人员。

但美国最大的工会组织,全美汽车工人联合会(UAW)坐不住了。时任会长的道格拉斯·弗雷泽主张日本应该对美国的出口进行自主限制。另外为了保证美国的就业率,他还发表了一份带有威胁性的声明,"日本的汽车企业必须立即在美国修建工厂"。由于美国汽车三巨头的大规模裁员,导致UAW的30万名成员失业。从弗雷泽的角度来说,他必须对日本的汽车企业采取强硬的态度才行。

当时丰田全部产量(1979年产量为299.6万辆)的五分之一都出口到美国。如果对美国的出口遭到限制,丰田将受到非常严重的打击。

而日本的其他汽车企业早已开始了行动。本田技研工业于1980年1月宣布将在俄亥俄州修建汽车工厂。同年4月,日产也决定在田纳西州修建工厂。丰田必须迎头赶上才行。

1981年1月,里根当选美国总统。同年春季美国通商代表部代表威廉·布洛克来到日本。布洛克正式向日本产的汽车提出"自主限制"的要求。或许有人会问,为什么美国方面不直接决定"禁止进口日本汽车"呢?

这也是有原因的。当时美国汽车虽然斗不过德国大众和日本汽车,但在欧洲市场的销量还不错,出口量巨大。如果美国政府单方面地禁止日本汽车进口,那么美国汽车也很有可能在欧洲市场遭到禁售。所以里根政府用一种高压的态势,要求日本政府"以自己提出的形式进行自主限制"。这一招实在是非常阴险毒辣。

尽管美国政府不讲道理，但日本政府也只能忍气吞声。于是日本政府决定从1981年开始的未来3年间，将对美国出口的汽车数量限制在168万辆以下。当时除了汽车之外，钢铁、重型电机、家电产品等也都属于日本自主限制的商品。

但回过头来看，美国强迫日本进行自主限制的行业，最终也没能实现重生。汽车、钢铁、家电……这些不管政府怎么救济都无法在市场竞争中取得胜利的产业，等待他们的只有被淘汰的结局。谁能把这个道理告诉特朗普总统呢？

在美国的高压政策、同行的先声夺人以及自主限制的重重包围下，丰田却仍然没有采取行动。

毫无疑问，进军美国是丰田喜一郎自创业以来的梦想。对于富有冒险精神的丰田来说，进军美国也是非常有意义的挑战。但即便如此，丰田的行动方针一向是不打无把握之战。所以丰田虽然决定进军美国，却还要等待最佳的时机。

另外，美国虽然强令日本汽车企业在美国修建工厂，但也详细地分析了日本各企业不愿进军美国的原因。1980年6月，美国众议院贸易委员会发表了一份关于日美贸易摩擦的报告书，书中列举了日本大型汽车企业不愿进军美国市场的7个理由。

（1）美国的工资水平太高；

（2）工资高的同时，劳动效率低；

（3）劳资纠纷频发；

（4）生产企业与零部件供应企业的联系薄弱；

（5）汇率不稳定；

（6）需要巨额的初期投资，但回报无法保证；

（7）美国汽车三巨头正式加入小型车的生产后，美国市场会出现供大于求的局面。

贸易委员会毫不掩饰地认定自己国家的工人"效率低"。就连美国议会都分析出了日本汽车企业进军美国面临的不利局面，但日本汽车企业还是不得不进军美国。

最终，丰田还是没有顶住来自美国政府和UAW的压力，开始涉足美国市场。但和本田与日产不同，丰田没有单打独斗，而是选择和通用汽车一起合资建厂。

为了在美国进行汽车生产，丰田的管理层向当地的销售公司（TMS）发送了一封邮件。

"不管出于何种原因，现在自由贸易出现了一些问题。为了将美国市场自由竞争的原则维持下去，美国汽车企业的正常活动是必不可少的。所以通用汽车方面提出建议，为了维护自由贸易，我们两家企业将共同寻求继续前进的道路。"

丰田在北美踏出的第一步是在通用汽车原计划关闭的加利福尼亚费利蒙工厂生产通用汽车的汽车（雪佛兰NOVA）。也就是在美国的工厂、用美国的工人、生产美国的汽车。只不过，用的是丰田生产方式。

丰田自己并没有对美国工厂采用了丰田生产方式一事大肆宣扬，汽车评论家和专家们似乎也没有搞清楚丰田在美国建厂的真正意义。但这一决定将丰田喜一郎的梦想变成了现实，也正式宣布起源于日本的生产革命走上了世界的舞台。

自明治维新以来，日本的许多产品都走出了国门。但日本的生产系统来到美国，并且最终成为全世界的生产标准，丰田生产方式是唯一的一个。堪称绝无仅有的丰田生产方式本应得到更多的关注，但现在似乎大家都没有这样的认知。就连丰田自己都觉得很不可思议，"我们做了一件这么了不起的事情吗？"

通用汽车与丰田从1982年开始交涉，1984年4月正式公布了合作的消息。两家企业的总负责人共同出席的记者发布会的会场并不在底特律，而是在名古屋。可能是通用汽车方面想要表明这次合作的意愿是由丰田方面提出来的。

合资企业的名称叫作新联合汽车制造公司（New United Motor Manufacturing, Inc.，简称NUMMI），因为通用汽车董事长罗杰·史密斯提出"新公司的名字里必须有联合汽车的字样"。

联合汽车是通用汽车于1971年收购的零部件生产企业。当时担任社长的是被称为通用汽车中兴之祖的阿尔弗雷德·斯隆。第二次世界大战之后，他令陷入经营危机的通用汽车起死回生。他在任期间，通用汽车成功地超越了福特，成为美国汽车行业的龙头。史密斯给通用汽车与丰田合资的新企业取这样一个名字，大概是希望通用汽车能够恢复往日的荣光吧。

第十四章
当地生产

TOYOTA

直接开上船

在生产调查部成立之后，丰田生产方式就逐渐渗透进丰田内部以及合作企业的生产现场。在丰田决定进军美国市场的时候，不仅生产现场，丰田内部的每一个部门都开始利用丰田生产方式来消除无用功，通过对工作内容进行管理来提高效率已经成为每个人的思维习惯，就连食堂的工作人员都开始思考如何能够减少排队时间让员工更快地吃到可口的饭菜。

现在人们常说"丰田生产方式是丰田的DNA"，但实际上丰田喜一郎提出的这个理念，也是随着时间的推移一点一点地生根发芽、发展壮大的。

1984年，丰田与通用汽车的合资公司NUMMI成立，丰田生产方式正式进入北美工厂。但实际上在此之前，丰田生产方式就已经在北美发挥了力量。

在丰田向美国出口汽车的时候，通过丰田生产方式成功地消除了运输上的无用功。要想将汽车出口到美国，必须用货船横跨太平洋进行运输。最初，丰田用起重机将汽车一辆一辆地吊到普通的货船上。但这样做需要花费大量的时间，于是物流管理部门开始对车辆的运送方法进行改善。

物流管理部门采取的第一个措施是将普通货船换成汽车专用货船——汽车滚装船。汽车专用货船有特殊的通道，可以让汽车直接开上船，省去用起重机吊装的麻烦。

但汽车专用货船很难搞。当时日本国内船舶过剩，因此政府对船舶的总量进行了严格的控制，不允许造船企业擅自生产新船。丰田只能找到运输合作企业日本邮船和川崎汽船，让他们将旧货船报废，用空出来的配额订购新的汽车专用货船。

在保证了汽车专用货船之后，接下来就要改善货物的摆放方式。丰田的物流管理部门对专用货船的摆放方式进行了各种尝试，最终得出的结论是"以日冕为例，一艘汽车专用货船运送5 000辆效率最高"。就这样，货船运送的数量也实现了标准化。

第三个措施是对现场的作业要领进行改善。在将汽车开上专用货船的时候，由专业的驾驶员来进行这一操作，这样可以保证车辆的速度稳定无剐蹭，而且将车与车之间的距离控制在最小范围。

最初，驾驶员将车开上船之后需要走回码头的仓库，在返程上花费许多时间。后来物流管理部门专门准备了电瓶车来接送驾驶员，大大提高了运送效率。

以前日本这边在往船上运送汽车的时候，都是直接车头朝内开进去，到美国之后，美国的驾驶员就必须倒退着将车从船上开下来。但美国的驾驶员技术不怎么好，倒车下船的时候经常出现剐蹭导致车身损伤，而下船时出现车身损伤的话会使保险费用上涨。

于是物流管理部门决定在日本装船的时候将汽车的车头朝外，而且停车的位置要正对着出口。这样等汽车运到美国之后，当地的驾驶员就可以更加容易地将汽车开下来，减少出现剐蹭的概率。

这些事说起来容易，但实际操作起来就没那么容易了，毕竟要将5 000辆汽车全都以倒车的方式停在指定的位置，必须有非常熟练的驾驶技术才行。日本的驾驶员因为接受过大量的训练，所以才能轻车熟路地完成这项作业。据说直到现在，熟练掌握这一技术的也只有日本的驾驶员。

丰田与通用汽车成立合资工厂的时候，工厂设备基本都沿用了费利蒙工厂的原有设备，只有冲压工厂是新建的。之前费利蒙工厂使用的冲压零件都是用火车从4 000千米之外的冲压工厂运送过来的。

4 000千米相当于从北海道的最北端一直到香港的距离。如果合资工厂继续采用这种方式，那么前置时间（从工艺开始到完成的时间）将无限延长。这完全不符合丰田生产方式的精神。

而且之前的方式还有一大弊端，假设冲压零件在送到车身生产线的时候发现存在问题，为了修正这个问题就又要将零件运送回4 000千米之外的冲压工厂。于是丰田提议立刻在附近修建冲压工厂。

尽管新建冲压工厂需要投入一笔不菲的资金，但如果没有冲压工厂的话NUMMI就不完整。更重要的是，冲压工厂加深了美国工人对丰田生产方式的理解。他们在新建的冲压工厂亲眼看见了冲压模具的更换过程，被丰田生产方式的威力震慑得目瞪口呆。

正如锻造专家河合满所说，在铸造、锻造以及冲压工艺之中，缩短模具更换时间就意味着提高生产效率。当时，美国汽车企业和UAW规定的冲压模具标准更换时间是2小时。而丰田在大野耐一的努力下，将模具更换时间缩短到了10分钟以内。

丰田将这种方式称为"一步到位"。这是对作业过程进行彻底的观察与分析，通过改变设备的使用方法来缩短准备工作时间的改善。

在两家企业决定合作之后，通用汽车的干部来到丰田的高冈工厂参观学习冲压工艺"一步到位"的模具更换作业。通用汽车的干部一边看着自己的手表，一边津津有味地看着现场员工的操作过程，当现场员工轻而易举地完成了"一步到位"的模具更换之后，通用汽车的干部们全都鼓掌喝彩，甚至有的人还吹起了口哨。当时在汽车生产现场将冲压模具更换压缩到10分钟以内被看作是一种魔术，完全打破了人们的常识。

NUMMI的冲压工厂所使用的生产设备和高冈工厂的设备是完全相同的。美国的现场负责人和员工都认为"根本不可能将时间缩短到10分钟以内",但当他们到高冈工厂参观学习之后,全都默默地闭上了嘴。后来他们在NUMMI也成功地实现了"一步到位"的模具更换作业。

小规模生产、后工序自助取件、看板等都是丰田生产方式的特征,但美国人最先理解的却是冲压工艺中的"一步到位"模具更换。

池渕浩介的现场主义

以副社长的身份前往NUMMI,并且担任工厂厂长的是大野耐一的亲传弟子池渕浩介。

池渕浩介认为"丰田生产方式需要在现场学习"。于是他让美国人干部和团队负责人以及现场员工都来到日本,在生产线上亲身实践丰田生产方式。

池渕浩介回忆道:"当时来了几十人。不只有现场员工,就连人事部部长和UAW的工会主席都亲自在高冈工厂的生产线上体验了一下作业流程。如果在美国的企业让干部级别的人到生产线上工作,肯定是行不通的。但在这里他们并没有抵触,而且干的都很认真。"

美国人团队负责人和员工在日本亲身体验到了丰田生产方式与福特生产方式之间的区别,并且将这些经验带回了美国的生产现场。因为有了亲身的经历,他们不再迷信只有福特生产方式才能提高效率。

"了解丰田生产方式最好的方法就是亲自体验一番。"

让美国人在日本的生产现场对丰田生产方式进行研修的计划进展十分顺利,池渕浩介甚至感慨道:"日本最初将丰田生产方式普及和推广的时候可是费了好大的劲儿。"

或许正因为有这样的经验，所以池渊浩介才特别强调让美国人亲自去现场学习的重要性。

"我每次去工厂的时候，大野耐一先生总是让我'站在这里仔细观察'。一开始我就算观察一点也完全看不明白。但随着观察的次数不断增加，我逐渐地能通过员工的动作看出他们的作业是否会出现问题。如果不在现场亲自确认这个瞬间，就无法进行改善。所以，我也让美国人管理者们尽量多去现场自己观察。"

时任副社长并统筹美国事务的楠兼敬这样说道："池渊浩介厂长让通用汽车的经理仔细观察现场的情况，特别是各工艺之间的连接部分。"

池渊浩介发现通用汽车的经理在从工厂的办公室前往自己负责的生产线时，都是坐电瓶车过去。

但这样一来，通用汽车的经理就无法充分地确认其他的生产线以及各个生产线之间的连接部分。于是池渊浩介规定"今后在工厂里不许坐电瓶车移动"。从此以后，经理们就能在步行的同时对其他的生产线也进行确认了。

林南八对池渊浩介在NUMMI导入丰田生产方式时的情景也记忆犹新。

当时，林南八在生产调查部已经成为"魔鬼主查"铃村喜久男的后继者，对年轻的改善指导员进行培养。但他的内心却感觉非常寂寞。老领导大野耐一和铃村喜久男都已经退休。前辈张富士夫和池渊浩介不是去美国出差就是常驻在美国。身边一个能商谈的对象都没有，让他感到有些不安。就在这个时候，楠兼敬对他说"去NUMMI的现场看看有没有什么问题"。尽管对自己的英语水平很不放心，但一想到能和许久未见的池渊浩介碰面就让他感到非常期待。

抵达NUMMI之后，林南八第一时间去寻找池渊浩介。结果发现池渊浩介正面带笑容地和美国人负责人开会。林南八几乎不敢相信自己的眼睛。

"池渊浩介先生的绰号叫'热得快'，总是用'你到底有没有干劲'的口头禅来训斥别人，是出了名的魔鬼上司。可他在NUMMI竟然赔着笑脸说服美国人。我感慨地对他说你变了不少啊，他这样回答道：'林南八，美国人只有在接受之后才会行动。你也不能发脾气，在日本的那一套行不通了。要用现场的事实说话。'

"池渕浩介先生在日本的时候根本不解释为什么，'让你做就赶紧去做'。但在美国的经历可以说彻底改变了丰田生产方式的传授方法。"

虽然NUMMI是合资工厂，却是丰田首次在美国进行正式生产的工厂。1984年12月10日，一辆淡黄色的雪佛兰NOVA下线。本来预定第一辆下线的汽车应该是颜色更漂亮的金属蓝，但涂装工艺遇到了一些问题，最后就变成了淡黄色。

不管怎样，最重要的是习惯了大批量生产方式的美国工人，接受了之前听都没听说过的丰田生产方式，并且成功地生产出了汽车。因为生产非常顺利，随后小型花冠也被加入NUMMI的生产目录之中。

同时，NUMMI还得到了美国工会的大力支持。丰田与UAW签订劳动协议的时候，加入了禁止罢工和封锁工厂的条款。激进的工会组织UAW之所以同意丰田加入这些禁止条款，是因为通过实际的考察认识到丰田生产方式并不是劳动强度提高。所以只要丰田不采取大规模裁员的行为，就不会有工人罢工和封锁工厂的情况出现。

在此之前，海内外有不少专家都认为"丰田生产方式是日本独特的文化方式，无法简单地模仿"。但不仅美国，丰田在欧洲、亚洲、非洲等地都修建了工厂，全都导入了丰田生产方式。与福特的大批量生产方式成为全球化的标准生产方式一样，丰田生产方式也成了任何企业都能够灵活应用的标准生产方式。

而证明这一点的正是NUMMI，以及接下来即将为大家介绍的肯塔基的TMMK。

第十五章
现实主义者们

TOYOTA

肯塔基1986

在NUMMI正式开工两个月后的1985年6月，丰田的全体高层干部在蓼科的酒店举办了一场研讨会。3天的会议日程结束后，社长丰田章一郎将以楠兼敬为首的10名北美业务相关人员都留了下来。

这些干部在之前的研讨会上讨论的议题是丰田单独出资在美国修建工厂的计划。因为相关人员早已对这件事思考了很久，所以讨论只用了一个小时就宣告结束。但关于正式发表时的细节部分还需要确定下来。

"在美国和加拿大成立全资公司。"

"在美国年产2 000cc的汽车20万辆，在加拿大年产1 600cc的汽车5万辆。"

美国的主力车型是凯美瑞，加拿大的主力车型是花冠。

"生产开始的时间定在1988年初。"

NUMMI是丰田与通用汽车合资成立的公司，用的是通用汽车现有的工厂和设备，最初生产的车型也是通用汽车的雪佛兰NOVA。而丰田单独出资修建工厂的话，首先要选择工厂的所在地，然后修建厂房，还要招募工人。与NUMMI的情况相比，需要做的事情多了很多。

尽管要做非常多的工作，但如果成功的话，丰田将收获大量在海外建厂的经验，非常有利于丰田今后的发展。更重要的一点在于，这将是丰田生产方式在海外的正式登场。尽管也有一些敏锐的研究者对NUMMI的体制进行了关注，但当时美国的汽车行业相关人士并不认为NUMMI的生产方式具有划时代的意义，甚至对丰田生产方式这个名字都感觉非常陌生。

幸运的是，NUMMI的美国工人们对这种全新的生产方式并不抗拒。但这终究只是对通用汽车的工厂进行了一定程度的调整，还称不上是全面地导入。

"丰田生产方式究竟能不能在美国发挥作用呢？"

这个问题一直在做出进军美国决定的丰田英二与丰田章一郎，以及被派遣到美国的楠兼敬和张富士夫的脑海里挥之不去。

张富士夫的一番话最能够表达出他们当时的心情，"在去肯塔基之前，有日本记者这样问我，'丰田生产方式能适用于美国吗？美国人能接受吗？'我只能回答说：'除了丰田生产方式之外，我也不会其他的生产方式，所以只能将在丰田的做法带过去'。"

确实如此。丰田没有任何人尝试过福特的大批量生产方式，他们只能凭借自己的生产方式来背水一战。虽然听起来有些悲壮，但丰田人并不会因此而感伤。因为丰田人在大野耐一的锻炼下都成了现实主义者。

将丰田生产方式导入美国工厂，并不是为了赢得美国人的认可，而是为了让当地工厂顺利地运转起来，在美国的市场里销售丰田的汽车；让美国的工人能够更加轻松地工作。导入丰田生产方式只是为了达到这两个目的，除此之外没有任何更高的期待。

如果楠兼敬和张富士夫是理想主义者，那他们大概会头上系着缠头布，胸前抱着丰田喜一郎的牌位登上去美国的飞机。但他们是现实主义者，他们知道让丰田的汽车在美国市场赢得消费者的支持才是丰田喜一郎的本意，所以身为北美项目总负责人的楠兼敬没有任何多余的举动。

楠兼敬的挑战

毕业于日本东北大学的楠兼敬在第二次世界大战战败后第二年入职丰田。与他同期入职的人员中，光技术人员就有24人，对于不甚富裕的初创企业来说这个数字并不少。入职之后，楠兼敬与丰田喜一郎只见过几次面，面对面的交流也只有一次。即便如此，楠兼敬还是被丰田喜一郎深深的吸引了。用他自己的话说就是"仿佛被磁铁吸住了一样"。

后来丰田的经营陷入困境。由于经常拖欠甚至发不出工资，楠兼敬不得不在休息日的时候去近郊帮别人开垦荒地赚取生活费。在激烈的劳资纠纷平息过后，丰田喜一郎辞去社长的职务，这对楠兼敬来说是"难以置信的巨大打击"。楠兼敬在丰田喜一郎的身上看到了明治时期人物的气节。紧接着爆发的朝鲜战争和特需使公司起死回生。因为能够按时拿到工资，楠兼敬也不再去近郊打工了。

1960年，尽管当时丰田也并不富裕，但为了将来的发展，公司还是派楠兼敬到美国和西德进行学习。在美国，虽然通用汽车拒绝了楠兼敬的学习请求，但楠兼敬还是争取到了在福特工厂参观的机会。

参观结束之后，楠兼敬与美国现场负责人聊天，对方忽然问："丰田的产量是多少？"当时丰田刚刚突破月产1万辆的大关，于是楠兼敬骄傲地说："1万辆！"但美国人却一副毫不在意的表情问："日产量吗？"楠兼敬回答说："是月产量。"结果对方的表情一下子变得非常怀疑。

当时美国汽车企业三巨头加起来的年产量能够达到800万辆，所以那位美国现场负责人可能觉得年产12万辆的丰田根本称不上是汽车企业。

在福特参观完之后，楠兼敬又前往西德，在大众汽车的工厂进行了参观。大众汽车的现场负责人对楠兼敬说："现场任何地方、任何时候，你都随便拍照。"与其说他是出于好意，不如说他根本没将丰田放在眼里。

第二次世界大战期间，德国将生产设备都藏在了森林深处，因此空袭造成的损失很小。第二次世界大战后，德国的工厂很快就恢复了正式的生产。尽管日本在第二次世界大战后的高速成长被称为奇迹，但其实西德在第二次世界大战后的恢复速度比日本还要快。

在前往美国之前，楠兼敬心里想到的是，在1960年时还完全不被美国和西德放在眼里的丰田，如今竟然要在美国修建工厂了。

20世纪60年代，在汽车发达国家的人们眼中看来，日本的企业想要生产汽车的尝试简直是愚蠢至极。日本的钢铁品质很差，玻璃制品的水平也很低，橡胶更拿不上台面。生产设备完全依赖进口，日本生产的汽车只能是二流汽车。

但丰田一直没有放弃努力。不仅推出了花冠，还提高了日冕的品质。只不过楠兼敬这一代人还仍然留存着关于"日本车不行"的回忆。

"我们真的能够在美国市场取得胜利吗？"尽管对自己产品的品质有信心，在NUMMI的尝试也取得了成功，但楠兼敬的心间仍然充满了不安。

柯林斯的功绩

1985年，丰田在多个候选地区之中选择了肯塔基州的乔治城作为美国工厂的所在地。加拿大工厂则选在了安大略省的剑桥市。

当时担任肯塔基州长的是玛莎·莱恩·柯林斯。她比其他州长更重视这件事，亲自出马将丰田工厂带到了肯塔基。

她这样回忆道："我可不能让丰田把工厂建到别的州去，这种增加工作机会的大好事我怎么能让给别人？"

在接受我的采访时，这位女州长很激动地说道："当时，内布拉斯加、南卡罗来纳等29个州都想让丰田在当地修建工厂。我绝对不能输给他们。汽车工厂能够提供大量的工作岗位，所以肯塔基志在必得。

"我亲自去了位于爱知县的丰田总部，还拜访了丰田章一郎社长及其家人。丰田的代表团前来考察的时候，我安排了盛大的欢迎仪式，还让孩子们合唱了日本人都很熟悉的斯蒂芬·福斯特作曲的《我的肯塔基故乡》（*My Old Kentucky Home*）。在我的不懈努力下，丰田最终选择了肯塔基。

"当然，肯塔基的热情好客、未来的发展潜力以及优质的劳动力也是吸引丰田的重要因素。肯塔基人都非常勤奋，有极强的荣誉感。丰田汽车从不会出现故障，因为肯塔基工人的教育程度很高。"

1986年1月，丰田在肯塔基成立了Toyota Motor Manufacturing（TMM，丰田汽车制造美国公司，现丰田汽车制造公司肯塔基工厂）。

肯塔基工厂是丰田自创业以来规模最大的工厂，比日本国内最大的田原工厂（403万平方米）还大，占地面积达到530万平方米。雇用员工约3 000人，对总人口只有20 000人的乔治城来说，肯塔基工厂毫无疑问是当地的龙头企业。柯林斯之所以强调"丰田是我拉来的"，是因为对州长来说这是一件非常伟大的功绩。

在当地雇用3 000名员工，这么庞大的数字对于在海外建厂的日本企业来说是史无前例的。能够为美国提供这么多工作岗位的日本企业只有松下和丰田。

从肯塔基工厂开始，如今丰田已经在美国单独出资修建了10家工厂，算上事务所的话，丰田给美国直接提供了大约3.5万个工作岗位。如果将专卖店和供应商等相关单位都算进来，那么丰田间接提供了大约24.4万个工作岗位，再进一步扩大到相关经济活动产生的工作岗位的话，这个数字高达47万，是所有在美国的外资汽车企业的第一名。

进军美国之后，除了修建工厂、整备基础设施之外，还需要招聘和培训美国人干部。因此楠兼敬将以张富士夫（副社长）为首的60名驻美工作人员都召集到一起。

楠兼敬首先将注意力放在日本人员工的居住地点上。一直以来，被派遣到海外的日本人都习惯在同一个区域聚居。这样一来虽然日本人相互之间非常团结，却很难融入当地社会。甚至出现了难得有去海外工作的机会，结果回国时连当地语言都不会说的员工。为了避免出现这样的情况，楠兼敬要求"所有日本员工都必须分散居住。邻居必须是美国人家庭"。

这个规定在我30年后访问肯塔基的时候仍然有效，当地人在提到肯塔基工厂的时候一定会说"丰田不是日本的公司，是肯塔基的公司"。但除了丰田之外的其他日本企业驻扎在海外的员工几乎全都住在一起。

植入丰田的DNA

丰田招聘了20余名美国人干部，几乎都是之前在通用汽车、福特、大众等汽车企业工作过的人，只有一个没有相关工作经验。楠兼敬为了让这些干部能够真正地理解丰田的生产方法，安排他们都到日本进行培训和研修。

在日本进行研修的时候，有一名美国人干部问道："丰田的生产方法就是丰田生产方式吗？"

楠兼敬非常详细地解释道："丰田生产方法不等于丰田生产方式。生产方法最基本的一点是顾客至上。首先，要开发出能够满足顾客需求的产品；其次要积极地投资最新的生产技术，创建出强有力的生产系统；最后，才是将丰田生产方式导入现场。"

因为美国人对市场营销非常重视，所以对这些美国人学员来说，"顾客至上"的概念非常容易理解。但丰田生产方式就不那么容易理解了。

有学员提出了这样的问题："TPS（丰田生产方式）就是在生产现场使用'看板'吗？"

这些前来接受培训的美国人干部几乎都是汽车行业的人，所以在来到丰田之前大概读过被翻译成英文的丰田生产方式相关书籍。但他们读的那些书籍似乎并不是真正理解丰田生产方式的人写的。

楠兼敬答道："丰田生产方式并不是单纯的指看板，看板只是一种工具。丰田生产方式的目标是只在必要的时候、生产必要的数量，并且全部销售出去。生产流程被尽可能地细分化，但不能出现中断的情况，这需要非常默契的团队合作才能够实现。在整个生产流程中，看板只是生产的信号，告诉员工应该开始生产了。"

为了不引起误会，楠兼敬又更进一步地说明道："我希望大家能够理解什么是看板精神。假设我们要生产100辆汽车，每辆汽车需要一个某种零件。如果一个货箱里能装10个这种零件，那么就需要10个搬运用的货箱。每个货箱都需要一个看板。所以总共需要10个看板。虽然最初需要10个看板，但随着现场员工的不断努力，将看板数量减少到9个，那么生产周期就会缩短。如果看板数量总是10个，那看板就变成了单纯的订单传票。看板和订单传票的意义是不一样的，看板是提高生产效率的一种手段。"

虽然楠兼敬等人对美国人干部们进行了详细的讲解，但即便是汽车行业的业内人士，只在课堂上听讲也很难理解丰田生产方式。不过，当他们来到生产现场并亲自在生产线上操作过之后，马上就明白了。

从肯塔基工厂成立之初就一直工作至今的保罗·布里吉就是参加过研修的学员之一，他这样说道："如果不去现场亲眼看一下的话根本理解不了。对我们来说，生产系统的常识就是福特生产方式。虽然在课堂上学习了关于丰田生产方式的内容，但完全不知道其革命性表现在哪里。但到现场一看，马上就知道这确实是革命性的。"

肯塔基1987年

1987年，丰田在肯塔基工厂建设的过程中开始招聘工作人员。

虽然只招聘3 000人，但前来应聘的人数高达10万。不仅肯塔基当地人，连附近其他州的人也前来应聘，除了没有工作的人之外，还有不少想跳槽的人。而最终丰田聘用的员工中，有快餐店的店长、老师、推销员、农场和牧场的工人……最奇怪的是还有做棺材的木匠。从日本人的角度来看，学校的教师去汽车工厂的生产线上当工人恐怕是很难理解的。但本人的想法却是"想用自己的双手来制造物品"。

丰田与通用汽车合资成立的NUMMI，90%的员工都是UAW（全美汽车工人联合会，United Automobile Workers）的成员。可以说人人都掌握基本的生产方法。而肯塔基工厂的员工只有少数UAW成员。虽然乍看起来所属于激进派工会的员工较少是件好事，但同时也意味着绝大多数的员工都没有汽车生产经验。

因此，丰田在肯塔基工厂必须从"什么是汽车、发动机是如何运转的"等基础知识教起。由于当时肯塔基工厂尚未建成，为了让这些从没进过工厂的人熟悉工厂环境，楠兼敬将全部3 000名员工全都送回日本，在堤工厂进行为期四周的研修。

3 000人的往返路费以及在日本期间的食宿费用是一笔很大的开销，而且让普通员工坐飞机去海外培训的做法也可以说是前所未有。

那么，这些美国人员工对于来到日本接受培训学习感到兴奋吗？答案是否定的。对于在肯塔基土生土长的美国人来说，坐20多个小时飞机到名古屋会给他们造成巨大的精神压力，所以有不少人都打了退堂鼓。

而且在美国，如果丈夫连续一个月都不在家，妻子就有理由提出离婚。所以这些员工必须得到妻子的理解才行。

在距离乔治城大约30分钟车程的列克星顿国际机场，因为对长途旅行的不安以及与家人长时间分离的寂寞而号啕大哭的人比比皆是。对丰田来说，初次的海外工厂建设是一项投入大量精力和财力的工程。

美国人员工们在终于抵达堤工厂之后先接受了课堂培训，然后开始在生产线上的实习。这些员工绝大多数都是第一次接触生产工作，因此在工作中时常出现损坏工具和受伤等情况。缺乏经验的人工作起来总是给人一种有劲使不上的感觉。

尽管出现了许多问题，这些来自肯塔基的员工们还是成功地完成了为期四周的研修。然而楠兼敬和张富士夫的心中还是感到有些不安。因为虽然员工们对丰田生产方式的概略有了一定的理解，但他们却一直不愿意"主动拉灯绳"。

"如果遇到问题，立刻拉灯绳停止生产线。"

楠兼敬和张富士夫反复强调这一点，但没有一个员工主动地拉灯绳。哪怕用非常严厉的语言下达命令，他们也只是低下头一言不发。

美国人员工对设定标准作业、使用看板、消除中间库存等要求很快就接受了。即便现场管理者站在他们身后用秒表计算作业时间，他们也没有任何顾虑。因为这都是在美国工厂司空见惯的场景，所以谁都不会感到有压力。

但是他们对拉灯绳这件事却充满了压力。楠兼敬和张富士夫其实也预想到了这一点，因为已经退休的大野耐一对张富士夫说过，"他们不会拉灯绳"。

张富士夫在前往肯塔基工厂赴任前，专程去拜访了大野耐一。

"在将丰田生产方式导入美国的时候，最应该注意什么问题呢？"

大野耐一注视着张富士夫的脸说道："最应该注意的问题是美国人究竟会不会拉灯绳。"

尽管楠兼敬和帮助进行培训的堤工厂的现场员工都反复强调过拉灯绳的重要性，但当这些美国人员工实际来到生产线上之后，无论如何都不愿意拉灯绳。甚至还提出这样的问题："真的让我们自己拉灯绳吗？这不应该是管理者的工作吗？"

其实丰田在NUMMI也遇到过同样的问题。

在NUMMI工作的员工有9成都是从通用汽车工厂直接调转过来的。他们在通用汽车工作的时候，"只有经理级别的管理者才有权停止生产线"，所以他们对"自己擅自停止生产线就会被解雇"这件事深信不疑。实际上，在通用汽车确实有因为工作时走神而导致生产线停止的员工当场遭到解雇的情况。

"如果擅自停止生产线就会被解雇"，这几乎成了美国所有汽车企业生产现场的常识。

研修结束后，肯塔基的工厂也建造完毕，工人们可以在新建的工厂里工作了。但在工厂正式运转之后，他们果然还是不肯拉灯绳。

如果出现问题不拉灯绳让生产线继续运转，那么有问题的零件就会被运送到下一道工序。楠兼敬等人在现场反复强调"如果发现问题就立刻拉灯绳"，但员工们却就是不肯照他们说的去做。

最后，楠兼敬只能在发现次品之后，停止生产线几小时到几十小时，彻底地找出导致问题的原因。美国人经理忧心忡忡地建议"尽快让生产线重新运转"，但楠兼敬却坚持在找出问题之前绝不重新启动生产线。他并没有斥责现场的员工，只是用行动来证明给他们及时停止生产线的重要性。

"为了避免出现次品，哪怕停工一天也在所不惜。这就是丰田生产方式。"

现场员工必须亲身经历过之后，才能理解"自働化"真正的意义。因此楠兼敬等人才横下一条心，停止生产线彻底地对原因进行排查。

经历过这次生产线停止15小时的大事件之后，美国人员工的意识终于出现了改变。对于汽车工厂来说，在没有发生任何事故的情况下停止生产线这么长时间简直是前所未有。现场的员工们因为无事可做，只能默默地打扫卫生，进行整理、整顿。即便他们的心中十分焦急，但生产线仍然一动不动。

当时担任组装生产线经理的迪福·科卡斯回忆道："生产线停止的时候，大家自然而然地会去思考生产线为什么停止了。员工们切实地感受到'这里和其他工厂不一样'。但生产线停止那么长的时间，还是会使人产生极大的心理压力。"

尽管生产线停止15小时的情况只出现过一次，但后来还出现过几次生产线停止的情况，只是时间没有那么长而已。逐渐地，现场的美国人员工们终于敢拉灯绳了。

这时，张富士夫就会立刻赶到拉灯绳的员工身旁，笑着对他说"谢谢"。

每当出现问题，现场就及时地停止生产线，找出导致问题的原因并将其解决。这个过程重复多次以后，生产线就会走上正轨。

在鼓励员工拉灯绳的同时，丰田还对所有的员工进行了内部培训。不止现场的员工，连事务部门和支援部门的员工也都在培训的范围之内。培训在工作时间进行，而且不需要员工花一分钱。

有员工对张富士夫这样说道："我之前在三家企业工作过，一直以来都是自己掏钱去参加培训班。公司出钱让员工参加培训这还是有一次。"

让员工们感觉自己"占了便宜"，能够提高他们的积极性。要想让员工接受新的工作方法，上司单方面地强迫是行不通的。当"自働化"的精神在现场确立起来之后，自己主动思考改善的员工数量也跟着多了起来。

张富士夫每天在现场巡视的时候，有员工主动上前说道："张富士夫先生。"

"什么事？"

"我在自己家的车库里做了这个工具。"

张富士夫一看，员工手里拿着的似乎是一个用来拧螺丝的工具。

"不错的创意，这东西我之前从没见过。"

听到张富士夫的称赞，员工很自豪地说道："是吧？我打算在工作中试用一下。"虽然并不是所有的发明都能派上用场，但美国人自己动手制作工具的次数明显比日本人更多。所以张富士夫感叹地说美国是一个很喜欢DIY（Do It Yourself，自己动手制作）的国家。

"在修建肯塔基工厂之前，美国当地的经销商抱怨说'为什么非要在美国建厂呢？现在美国卖的凯美瑞都是日本的堤工厂生产的。如果肯塔基工厂生产的凯美瑞质量不好的话，顾客肯定还是要买日本产的'。为了打消经销商的顾虑，我们每当发现次品就立刻停止生产线，绝对不能让次品进入下一道工序。"

说出这番话的威尔·詹姆斯从现场的员工做起，一步一步地成长为肯塔基工厂的厂长。

"我和大野耐一先生、张富士夫先生一样，总是在现场巡视。我在工厂的时间比我在办公室的时间要长得多。"

他这样说道："日本产的凯美瑞因为很少出现故障所以深受消费者们的喜爱。凯美瑞比三巨头的车更坚固耐用，但大家一开始对肯塔基工厂生产的凯美瑞都不怎么放心。不过，最终我们生产出了与日本产的凯美瑞相比有过之而无不及的汽车。对于我们这些生产者来说，自己生产的汽车能够得到消费者的认可是最大的喜悦。"

就这样，肯塔基工厂正式开始运转。1988年的年产量是118 556辆，1989年的年产量一下子攀升到151 491辆。第一年的年产量之所以不高，是因为丰田将主要精力都放在了对员工的培训上。

要想让所有的员工都准确地理解新的生产方式，需要花费大量的时间和资金。只有将不间断的培训以及在现场的实践结合起来，才能让员工真正地掌握丰田生产方式。如果是对现场教育不甚重视的企业，在导入丰田生产方式之前或许会因为庞大的教育成本而选择放弃。

除此之外还有一个问题，那就是指导员的个人能力水平对丰田生产方式的普及结果有着巨大的影响，而指导员最重要的能力就是观察力。

指导员需要通过观察现场以及和员工之间的交流来发现问题，并且根据从现场和员工那里获得的信息来找出解决办法。但这个过程并没有模板化的公式，一切都要根据现场的实际情况具体问题具体分析。同样的解决办法或许能提供一些灵感，但绝对不能照搬。指导员必须有连续不断地获取并消化新信息的能力，IT技术也应该适当地加以利用，不断地提升自己的能力。

最重要的一点是，指导员不能将解决办法"直接教给对方"，而是要引导现场的工作人员自己思考来找出答案。即便现场员工想出来的解决办法和指导员的办法不一样，如果现场的办法更好，那么就应该采纳现场的办法。

大野耐一的头号弟子铃村喜久男从丰田退休后担任丰田生产方式推广组织的指导负责人，在进行指导的时候仍然保持着绝对不告诉对方答案的习惯。铃村喜久男只是站在旁边观察对方的作业情况，唯一的建议就是"改良要坚持不懈，不要一开始就说做不到，首先要敢于尝试"。

如果直接将答案告诉对方，那么对方就永远也无法真正地掌握丰田生产方式。只有搞清楚这一点，才能算是一名合格的指导员。

另外，做事死板不懂得灵活变通的人也不适合做指导员。正如锻造专家河合满所说，"不按常理出牌的人才能想出好的创意"。找出作业中不合理的地方，思考更轻松工作的方法，只遵守工作手册中最本质的内容，消除生产线作业中的无用功。

有上述想法和态度的人，才能产生改善的欲望。对于现场员工出于"让工作更轻松"想法而提出的改善方案，指导员应该欣然接受并给予褒奖。只懂得按照传统方法和书上教导的内容工作的人，不适合做丰田生产方式的指导员。就算做了也无法取得成功，因为不能够根据现场情况灵活变通的指导员根本不会被员工们接受。

事实上，大野耐一就是一个非常懂得灵活变通的人。楠兼敬这样回忆道："第一次石油危机的时候，汽车的产量受电力和燃料等能源以及原材料的影响很大。特别是涂装工厂，如果没有燃料就根本无法开工。"

"当时担任副社长的大野耐一先生这样对我说道：'楠兼敬，在车身工厂的最后一道工序尽可能多存一些产品。在有燃料的时候一口气将这些产品全都进行涂装，能生产多少就生产多少。如果存放车身的空间不够的话，就把车身工厂的围墙拆了'。"

"曾经坚决消除中间库存的大野耐一先生，在能源短缺的时期为了能够最大限度地利用燃料，竟然做出了增加临时库存的决定。大野耐一先生的伟大之处就在于他对自己的原则一步也不退让的同时，在实际的操作中却非常灵活。世间对他的这一侧面可以说是知之甚少。"

张富士夫、池渊浩介、林南八、友山茂树、二之夕裕美……以及在现场的河合满，当我采访这些师从大野耐一学习丰田生产方式的人时，他们都表示大野耐一是一个幽默风趣、灵活变通，甚至有时候让人哭笑不得的人。对教科书上的内容深信不疑的人自然不可能对传统的方法提出质疑，又怎么能对现场进行改善呢？而且，这样的人还会给现场的人增添压力。

北美事业的意义

位于加利福尼亚州费利蒙市的丰田与通用汽车合资的NUMMI，丰田单独出资成立的TMM肯塔基工厂，以及在加拿大的TMMC（丰田汽车制造加拿大公司）安大略工厂，这三个就是丰田最早的北美事业。

北美事业项目从1984年开始，一直到1990年三家工厂全都正式投产。随后，丰田又陆续在北美修建了12家工厂。仅美国国内的10家工厂，1990年时雇用人数为13 000人，到了2015年雇用人数已经达到35 000人。从1960年至今，丰田已经累计在美国投资了超过220亿美元（约合24 000亿日元）。

丰田的北美事业是日本企业在战后海外投资规模最大的项目，而且也是一次堪称革命性的尝试。当时有不少媒体都对丰田进军美国并在当地建厂的事情进行了报道。但包括丰田员工在内，理解丰田这一举措真正意义的人可以说是少之又少。丰田在北美开展事业，并不只是单纯地在北美建厂，更是将日本的生产方式带到美国，并使其在美国生根发芽。媒体却并没有准确地报道出这其中的重要意义。

当时，日本正走向泡沫经济时期。报纸上提到最多的内容就是"金钱"，而与日本的生产革命相关的话题则非常少。毕竟围绕金钱的需求是人类最关注的问题。

现在回过头来看，1985年《广场协议》发表的时候，泡沫经济崩溃的趋势就已然形成。所谓《广场协议》，指的是美国为了重振自身的经济，要求包括日本在内的5个发达国家默认美元贬值的政策而签订的协议。最终的结果是美元与日元的汇率从1美元兑换235日元变成1美元兑换150日元。

当时丰田在肯塔基和安大略的投资额高达2 160亿日元。因为日元升值，所以正是个投资海外的好时期。但与在海外进行投资的企业相比，当时的新闻媒体对于在日本国内购买土地和投资理财的企业更加追捧。无论何时，人们都更加关注那些能够尽快获取眼前利益的方法和手段。可以说自《广场协议》签订之后，日本企业投资理财的黄金时代就来临了。

日本企业拥有的土地价格开始急速上涨。土地价格上涨导致企业股价也跟着上涨，使企业出现未实现利润。企业利用这些未实现利润继续投资土地和金融商品，当时投资理财被认为是最正确的选择。

1987年日经平均指数突破2万点，日本电报电话公司NTT，股票上市，股票热潮正式开始。凯美瑞在肯塔基工厂下线的1988年，野村证券凭借5 000亿日元的经常性净利润成为日本第一。同年日经平均指数突破3万点。

1989年，泡沫经济达到顶峰。索尼收购哥伦比亚影业、三菱地产将洛克菲勒中心收归己有，甚至传出"东京23区的地价比美国全部土地加起来的价格还要高"的新闻。而美国工人在丰田的肯塔基工厂里利用丰田生产方式勤奋地生产汽车的新闻，根本吸引不了媒体的兴趣。

在这个时期，丰田也被卷入了说不清道不明的麻烦事之中。著名投机大鳄布恩·皮肯斯扬言要溢价收购向丰田提供零部件的小丝制作所的股票。在皮肯斯背后牵线搭桥的正是泡沫经济时期被称为"AIDS"的4家企业之一的麻布汽车。麻布汽车手里拥有不少小丝制造所的股票，但他们不想将这些股票在市场上直接卖掉，而是希望高价卖给小丝制作所的大股东丰田。

麻布汽车的社长渡边喜太郎企图通过媒体的炒作来给丰田施加压力，迫使丰田溢价收购小丝制作所的股票，于是他决定借用布恩·皮肯斯的影响力。虽然皮肯斯声称"从麻布汽车收购了股票"，但经调查发现其实并没有这件事。即便如此，媒体仍然对丰田与皮肯斯之间的收购之争大肆宣扬。

当时担任会长的丰田英二坚决反对溢价收购。尽管他承受着来自政治家方面的压力，但对这种明显不合理的行为决不妥协（关于这部分内容详见《泡沫：日本迷走的原点》永野健二著）。

最终泡沫崩溃，股价大幅下跌，皮肯斯退场，麻布汽车以巨额亏损的结局收场。

回忆起皮肯斯事件，丰田英二这样说道："在泡沫经济时代，专心做实业的人会被看作是傻瓜。那可真是一个奇怪的时代。"

丰田进军北美大概是那个奇怪的时代最正经的投资。肯塔基的人民至今仍然对丰田充满感激之情，即便后来丰田章男因为召回事件而备受谴责的时候，他们仍然坚定地站在丰田一边。美国人对丰田生产方式的评价甚至比日本人更高，可以说完全用其取代了福特生产方式。

丰田生产方式之所以被世界各国的生产现场采用，不只是因为其在日本得到了普及，更因为在美国也同样能够发挥出作用。同时，因为丰田生产方式在海外取得了成功，才使得汽车行业以外的行业也决定导入这一方式。

作为将丰田生产方式导入北美的先行者之一，池渕浩介这样说道："我们很信赖美国的员工。当时美国三巨头几千人规模的大型工厂里有200名管理者，这些管理者都拿着秒表，在现场员工的身后计算作业时间。因为只有在决定标准时间，并且向工会组织说明情况之后才能开始工作。所以管理者的主要工作就是向工会组织说明情况。

"我将这个情况汇报给大野耐一先生之后，他说：'标准时间和作业顺序之类的事情让员工自己决定不就好了嘛。'给员工一定的自由度，能够提高员工的工作积极性。丰田生产方式并不是强制劳动，而是给予员工充分的自由。所以我们的生产效率才能够得到提高。

"我们每周都会改变生产线的摆放位置，从而使生产流程更加顺畅。但三巨头从不会那样做，他们的生产线是固定的。这种做法也算是丰田生产方式的特征之一，但鲜有媒体提到这一点。与制造行业相关的人或许能够理解我们这样做的意义，而绝大多数的普通人一直到现在都对我们存有误解。"

大野耐一去世

肯塔基工厂走上正轨的1990年5月中旬，担任当地工厂总负责人的张富士夫临时回到日本。虽然也有工作上的事情，但他的主要目的是去探望在丰田纪念医院住院的大野耐一。这家拥有500张以上病床的大型医院的前身是举母工厂开设时同期建设的诊疗所。

这已经是大野耐一第三次住院治疗，张富士夫去探望的时候，大野耐一的妻子大野良久正在病房里照顾他。

看到张富士夫走进来，大野耐一努力着想要坐起来。

"不用不用，老大，您躺着就行。"张富士夫走进病床轻声说道，"老大，肯塔基工厂终于走上正轨了。等您身体好些了来看一看吧。"

"嗯，是嘛。"大野耐一微笑了一下，似乎又想坐起身。

5月28日，大野耐一在医院病逝，享年78岁。在他50年的职业生涯中，有11年在丰田纺织工作，其余的39年全都奉献给了丰田汽车。

他一生都在强调"提出丰田生产方式的人是丰田喜一郎先生"，因为他觉得自己所做的一切，都只不过是遵循丰田喜一郎的指示，将"JUST IN TIME"的理念具体化而已。对于非常在意用词的大野耐一来说，被称为"丰田生产方式发明者"是他最不愿听到的事。

大野耐一留下的最宝贵的遗产，就是人才。以铃村喜久男为首的所有丰田生产方式的传道者，都是他留下的遗产。这些人才时至今日仍然活跃在世界各地的生产现场。

担任常务董事的二之夕裕美回忆道："我在大学的同学会上和大野耐一先生见过面。当时我还是刚入职的新人，所以不敢主动接近他。但只是看到他的身影就感觉自己受到了莫大的激励。"

后来，二之夕裕美进入生产调查部，接连成为主查和元町工厂厂长。元町工厂是大野耐一曾经担任厂长的现场，二之夕裕美每天早晨上班的时候都会在大野耐一的肖像面前鞠躬致敬。

大野耐一一直强调丰田生产方式"没有完成时"。另外，他还告诫别人不要把他自己的话当作金科玉律。他不想成为万人敬仰的教主，他只希望自己指导的部下能够自立。

大野耐一还在丰田工作的时候，有一次去韩国出差，在釜山的生产效率总部讲解丰田生产方式："最重要的一点是对一切都保持疑问。夕阳为什么是红色的？蒲公英的花为什么是黄色的？有疑问才能去思考和学习，我们要培养的是善于思考的人才。"

大野耐一追求的不是知识,而是经过艰辛的思考最终得出的智慧。这也是改善的前提,"智慧与改善"是丰田永远不变的追求。

肯塔基工厂的保罗·布里吉认为"对于善于思考的团队成员来说,丰田生产方式是最好的生产方式"。如果大野耐一能听到这句话,他一定会感到非常高兴。

泡沫崩溃

大野耐一去世的1990年也是泡沫崩溃的那一年。在上一年度达到史上最高值的日经平均指数在这一年度急速下落,根本停不下来。但土地价格并没有立刻下跌。一直到1991年土地价格也开始暴跌之前,日本人并没有实际感觉出经济不景气。

但到1992年的时候一切都不一样了。3月,三大都市圈的公示价格下降了11.6%,年末日经平均指数跌到了16 924点。与1989年最高时的38 915点相比,下降了一半以上。土地价格和股票价格一落千丈,日本经济在这一年开始出现崩溃迹象。

1995年日本又相继出现阪神大地震以及东京地铁沙林毒气事件,1997年消费税从3%提升到5%,民众出于对未来的不安,开始采取节约的生活方式。

结果不仅汽车,所有的商品都卖不出去了。日本进入通货紧缩的时代,当时能卖出去的汽车只有小型汽车和更环保的混合动力汽车。

泡沫崩溃对日本造成的影响一直持续到现在,丰田也因此被拖了后腿。尽管还没到在日本国内市场陷入苦战的程度,但也很难实现成长。不过由于丰田及时地在北美修建了工厂，并且在欧洲、亚洲、南美以及非洲等国家和地区开展了全球化业务，因此生产数量出现了增加的趋势。

从数字上来看，给丰田的增收做出重大贡献的正是北美市场。决定进军北美市场，修建肯塔基工厂，大量雇用美国工人……这一系列的举措给丰田带来了难以估量的巨额回报。

如果说泡沫崩溃给日本国内带来了怎样的变化，那就是丰田成了日本第一的企业。销售额和利润自不必说，会长丰田章一郎也成为第八任经济团体联合会的会长（1994年）。在丰田喜一郎做出"仅凭织机事业无法生存下去"的判断，并且开创汽车事业的60年后，他的儿子终于成为日本最大经济团体的首脑。

丰田汽车曾经被看作是"织机企业的公子哥一时兴起搞的业余爱好"，但现在已经发展成为日本经济界的龙头企业。但丰田章一郎本人却并没有这样的感慨。他在战后听从父亲的指示，曾经在鱼糕工厂做过学徒，还从事过建材工作。因为经历过困苦，所以即便身居高位也绝不会飘飘然。

就在丰田章一郎就任经团联会长的同一时期，丰田生产方式的展开也进入了崭新的局面。在此之前，丰田生产方式都只被应用于生产现场和物流，但有一个人却想要将丰田生产方式"应用到销售上"，并且大胆地开始进行了尝试。

第十六章
坐上卡车的男人

TOYOTA

批判

1991年，丰田在北美的事业蒸蒸日上的时候，《朝日新闻晚报》以《效率经营的弊端》为题发表了一篇文章：

让合作企业在规定的时间，只提供必要数量的必要产品，这种由丰田汽车发起的生产方式正在被越来越多的生产企业和零售行业所采用……

但是，这种方式却造成了交通拥堵、事故频发以及大气污染。因为固定时间以及少量多次的配送方式增加了交通量。

零件生产企业必须按照客户企业规定的时间送货，经常连休息日也不能保证……

现在，以高效著称的"JUST IN TIME方式"反而使整个社会都变得更加没有效率，简直是最大的讽刺。

读过之后就会发现，写这篇报道的人对生产现场没有任何的了解。固定时间配送和少量多次配送并不会导致交通事故增加。而且当时的物流系统正在不断地完善，合作企业会将相同的零部件都放在同一辆车上进行运送，从而提高物流效率。

不过，仅丰田一家就有几万个提供零部件的合作企业。为了实现"JUST IN TIME"的物流，有些企业的送货车辆不得不在丰田工厂附近等待，因此有时确实会造成交通拥堵。毕竟要将高效的物流模式彻底推广到几万家企业存在一定的难度。

总之朝日新闻的这篇报道引发了巨大的反响。

"丰田把天下的道路都当成他们自己的了。"

"丰田又开始压榨承包商了。"

这些舆论更加深了普通民众对朝日新闻报道的信赖度。后来朝日新闻又推出了《被高估的"看板方式"》的报道，使丰田陷入了舆论漩涡。

加之丰田自身的宣传也存在问题，结果"丰田不好"几乎成了定论。

就在这个时候，有一个人站了出来，这个人就是丰田章男。他发现往丰田工厂运送零部件的卡车有明显的不符合常理的情况。

一般的企业在遇到这种情况的时候，往往会委托合作企业自己调查或者通过问卷调查来把握情况，但丰田却坚持"现地现物"的做法。有问题就"到现场去直接了解情况"。

丰田章男将自己在生产调查部的后辈友山茂树叫了过来："走，跟我出去一趟。"

说完，他就让友山茂树坐上自己的车，从高冈工厂开了出去。

"就是那辆卡车"，发现目标之后，他加快速度紧紧地跟在对方的后面。卡车的货架上写着"刈谷通运"的字样。

"这个人究竟要干什么？"友山茂树一头雾水。

当卡车开出国道之后，前方路口正好亮起红灯，于是卡车停了下来。

丰田章男拉起手刹对友山茂树说道："接下来就拜托你了。"

"啊？拜托我什么？"友山茂树吃了一惊，眼睁睁地看着丰田章男从驾驶席上开门下车：

"我去找那个卡车司机聊一聊。不好意思，你帮我开车跟过来。"

说完，丰田章男就走到卡车副驾驶的位置，用力地拍打车窗：

"这么干真的没问题吗？"虽然友山茂树非常担心，但丰田章男却顺利地坐上了卡车。

友山茂树急忙开车跟在卡车后面。他在大学时代是群马县著名的"暴走族"，对自己的驾驶技术很有信心。所以一路上都跟得紧紧的，完全没有被甩掉。

很快卡车就来到了元町工厂。友山茂树也跟着卡车开进元町工厂，但元町工厂的面积非常大，道路纵横交错，而且里面卡车、搬运车、轿车全都混在一起，友山茂树最终还是跟丢了。

友山茂树再见到丰田章男是在工厂的商店里。丰田章男笑着朝他招了招手，然后递给他一瓶拿铁，说："不止你，我还给那个卡车司机也买了一瓶。"

丰田章男继续说道："果然还是得向现场的人了解情况才行啊。"

友山茂树回忆起当时的情况这样说道：

"零件的配送路线和时间、一辆车上装载多少货物，是否能够按时休假……这些问题他都问了个遍。丰田所说的'现地现物'就是这个意思。不能等待会议上的报告来做决定，而是要直接向现场的人询问情况。"

通过这次与卡车司机的交流，丰田章男开始思考丰田生产方式是否能够应用于更广泛的领域。

1992年，丰田章男从生产调查部调到日本销售部，成为管辖花冠销售店的地区负责人。最初他负责的地区是北陆三县和长野，接着依次负责岐阜、静冈、三重。在担任地区负责人的时候，他发现新车的物流系统也存在"奇怪的地方"，汽车从工厂被生产出来之后到顾客拿到汽车之间的配送时间有点长的不合理。

"丰田的汽车在工厂内的时候完全符合'JUST IN TIME'的要求。但当汽车出了工厂之后是什么情况我们就完全不知道了，要想搞清楚这个问题必须再去现场调查一下才行。"

丰田章男以地区负责人的身份到经销商处了解情况。经过调查，他发现工厂生产出来的新车要在经销商手里滞留很长时间。

丰田章男想道："我们在生产过程中尽可能地缩短前置时间，但销售方面用的时间太长了。顾客从下订单到拿到汽车要经过30天以上的时间，让顾客等待这么久实在是不太合适……"

当时，任何一家汽车企业都和丰田一样，从下订单到拿到汽车都要等一个月左右。而收款是在顾客拿到汽车之后，所以企业回款要等待的时间就更长。

要如何缩短交车和回款的时间呢？尽管丰田和经销商之间也进行了各种各样的讨论，但经销商在采购方面并没有提出有效的解决办法。就算经销商的库房里停满汽车，丰田方面也没有权力要求经销商"快点卖掉""把车给顾客送过去"。

但丰田章男却认为"不能这样下去"，他心中的疑问越来越大。

"经销商对自己卖出去多少汽车的数量了如指掌，但他们知道为了销售这些汽车自己要付出多少成本吗？

"零售店旁边的钣金工厂里停满了等待修理的汽车，用丰田生产方式的话来说那就是堆积如山的库存。对于这个问题必须采取些措施才行。"

丰田章男越是思考，越是发现更多的问题。其中最大的问题就是"没有站在顾客的角度进行思考"。

"顾客下订单之后，肯定想尽快拿到汽车。车检时接近一周拿不到汽车都让人感觉很不适应。在这个问题上，丰田能做些什么呢？全都交给经销商自己处理吗？这样还能称得上是顾客至上主义吗？"

尽管丰田章男当时只是一个地区负责人，但他还是从岐阜的经销商开始着手进行物流改善。

在他进行改善时，"丰田"这个姓氏给他帮了很大的忙。零售店里的人只是普通的工薪族，就算有"进行改善"的想法也难以立刻采取行动。但由于丰田章男是创始人丰田喜一郎的后代，零售店的员工自然不敢怠慢。

而且丰田章男还找来林南八做自己的顾问。当时林南八已经是行业中声名显赫的指导者，因此岐阜经销商的物流改善进展得非常顺利。随后，丰田章男又对其他经销商进行了改善。但他改善的对象仅限自己负责的地区，所以从整体上来说并没有取得太大的成果。

世人对创始人的后代总是有种不好的印象，觉得大多的后继者都不成器。但丰田章男曾经在生产调查部经受过严格的磨炼，因此他才能凭借自身的经验和智慧对销售进行改善。

这是只有他才能完成的工作，也是对丰田至关重要的工作。丰田章男完全没有纨绔子弟的习气，兢兢业业地为丰田贡献自己的力量，但世人对此却知之甚少。

丰田正式对销售和物流进行改善是在1996年。日本企划部成立了业务改善支援室，除了丰田章男之外还有60名成员。他们奔波于日本各地的零售店，对物流和整备作业进行调查与改善。

当时友山茂树在生产调查部担任指导员，并且取得了不错的业绩，但丰田章男对他说"你也来帮忙吧"，将他调到了业务改善支援室。

1997年，丰田章男成为业务改善支援室的室长。同年启动的"Gazoo项目"以二手车物流图像检索系统（UVIS，Used car Visual Information System）为基础，逐渐发展成为向顾客提供新车信息的检索和车检预估、入库预约等服务的新系统，但这都是后话了。

1998年，丰田章男和友山茂树主要的工作内容集中在对名古屋经销商和名古屋TOYOPET的改善上。

名古屋TOYOPET是全日本280家丰田经销商之一，在52家TOYOPET经销商中销售数量排在第二位。高居榜首的是东京TOYOPET，但这是丰田全资的子公司，所以名古屋TOYOPET可以说是丰田经销商的龙头了。

这家经销商的总经理叫小栗一郎。他从大学毕业后就进入丰田任职，工作了5年，后于1990年接手祖父创建的名古屋TOYOPET事业。

1998年，业务改善支援室的室长丰田章男和系长友山茂树来到名古屋TOYOPET的时候，接待他们的正是小栗一郎。

小栗一郎回忆起当时的情况时这样说道：

"我1990年从丰田辞职的时候泡沫刚刚崩溃，当时汽车的销量还不错。零售店甚至出现供不应求的局面。但1991年情况就急转直下，1993年我从美国留学归国的时候，名古屋TOYOPET的仓库里面停满了汽车。当时情况非常危急，就在我想办法的时候刚好听说丰田章男室长开始进行改善的消息。"

"我想只能与丰田合作才有出路……但从做出决定到实际开始改善也隔了很长时间。"

丰田在日本的汽车销量首屈一指，工厂生产的汽车数量自然比其他企业更多。在汽车畅销的时候还没什么问题，一旦汽车滞销，那么露天仓库里增加的库存也是其他企业的好几倍。

汽车如果长时间在室外经历风吹日晒和雨淋，车身的油漆会出现变色，变色严重就必须重新涂装。而在将汽车从工厂运送到仓库的路上也存在风险。轮胎崩起的小石子可能会划伤车身，导致汽车在运输过程中就变成不良品。

要想减少上述风险，最好的办法就是将生产出来的汽车尽早送到顾客手上。缩短供货时间不但能让顾客满意，对企业来说也有很大的好处。但一直以来，谁也没有提出过"缩短销售前置时间"的建议。

实际上并不是没人想过这个问题，只是没人能提出来。据说就连大野耐一也曾经想过这个问题。但他在丰田时，丰田汽车工业公司和丰田汽车销售公司是两个独立的公司，这种明显干涉他人内部事务的提案是不可能实现的。

那么，为什么丰田章男能进行提案并加以实施呢？因为他是丰田家的人吗？

小栗一郎这样推测道："这与他是创始人的孙子也有一定的关系。但最重要的原因是丰田章男社长是1984年入职的，也就是在丰田汽车工业公司和丰田汽车销售公司合并后才入职的。他既不属于丰田汽车工业公司也不属于丰田汽车销售公司，他只属于新生丰田汽车。在新生丰田汽车成立后入职的人里最早成为课长的就是丰田章男先生这一代，可真是太好了。

"丰田汽车工业公司和丰田汽车销售公司合并10年之后，丰田才开始对经销商进行改革，或许是觉得时机已经成熟了。而且，在丰田章男先生进行销售改革的时候，邀请林南八先生来做顾问也是个非常明智的选择。只要严厉的林南八先生来到现场，所有人都充满了干劲。"

将丰田生产方式导入销售之中，是丰田有史以来遇到的最大难题。任何企业在生产与销售之间都存在着矛盾，丰田也不例外。

在此之前，不管是丰田汽车工业公司还是丰田汽车销售公司，都觉得不能继续再这样下去，双方甚至发生过激烈的争执。但谁都无法拿出一个行之有效的解决办法。

或许因为这个原因，在丰田的社史上关于销售改善只有这样一句话："1994年第三车辆部在生产调查部的帮助下，开始将丰田生产方式导入到经销商的业务改善之中。"

尽管丰田生产方式在导入合作企业和海外工厂的时候也有不顺利的时候，但大家毕竟都是生产现场的人，相互之间总会产生共鸣。

而生产与销售属于完全不同的两个系统。销售部门给生产部门下达生产指标的时候，生产部门总有种被约束的不满感觉。而销售部门在产品卖不出去的时候，就会抱怨"怎么生产这么多卖不出去的东西"。事实上，在任何一家企业之中，生产和销售都难以融为一体。在这种水和油的关系下，不管生产部门怎么提议"将丰田生产方式导入销售部门"，销售部门也只是表面敷衍一下，绝对不会接受。甚至生产相关人员来到销售现场都会引起销售人员的不满。

负责这项工作的友山茂树后来根据自己将丰田生产方式导入销售部门的经验，进行了一次演讲。当时坐在第一排听演讲的池渊浩介这样回忆道，"没想到他真的做到了。这是连大野耐一先生都没做到的事，我们虽然考虑过，但也是认为绝对做不到。"

销售的改善

早在合并之前，丰田汽车工业公司和丰田汽车销售公司就在"顾客至上"的前提下，交换过具有建设性的意见。

但是，生产与销售各有各的想法和道理。对于生产的一方来说，大规模生产同一型号的产品，可以减少零件和作业的变化，提高生产效率。但销售的一方需要的永远只是畅销商品。如果生产部门总是送来同样型号同样颜色的产品，那么销售部门会感到非常困扰。

以丰田为例，即便顾客买的都是花冠，但也希望自己的花冠能够和别人的花冠在细节上有所不同。就像出门逛街的时候不愿意遇到撞衫的人一样，谁也不想在停车场看到自己的车旁边停着一辆型号、颜色都完全一样的汽车。

被称为"销售之神"的神谷正太郎曾经反复强调"顾客第一、经销商第二、生产企业第三"的训诫。但在泡沫崩溃后前往现场进行调查的丰田章男却意识到，现在的丰田已经不能再继续遵循神谷正太郎的理念。

他去岐阜出差的时候，看到当地经销商的仓库里停放的全是绿色的花冠Ⅱ。当时是丰田正在举办花冠Ⅱ的促销活动，所有的促销花冠都是绿色，所以经销商给所有来购买汽车的顾客都推荐的是绿色的花冠Ⅱ，很多顾客都购买了这款汽车。工厂大量生产绿色的花冠Ⅱ，零售店里摆满绿色的花冠Ⅱ也没什么好奇怪的。

但丰田章男却在心中想道："我们提供的真的是顾客想要的汽车吗？"

后来又要去岐阜出差的时候，他在名古屋车站的商店想买一份便当。他想吃鸡肉便当，但这款便当似乎很受欢迎，全都卖光了。于是他只能买剩下的饭团便当。就在他无奈地接过便当的时候，忽然意识到："顾客和我现在的情况不是一模一样吗？"

后来，他经常提起这件事给自己带来的启示："我真正想吃的是鸡肉便当。但因为鸡肉便当卖完了，所以我只能买饭团便当吃。但便当店老板可不知道我的想法。如果只看店铺的销售数据，可能会得出'名古屋的饭团便当卖得不错，肯定有不少人喜欢饭团便当'的错误结论。但事实刚好相反。顾客，也就是我，我想吃鸡肉便当。这一点从数字上是绝对看不出来的。

"我并不是因为没吃到鸡肉便当而怀恨在心，我只是觉得生产顾客真正需要的产品是企业的责任。"

人类对食物的怨念真是可怕，没吃到鸡肉便当的丰田章男对销售进行改善的决心越发强烈了。

1998年，名古屋TOYOPET的销售改善正式开始。丰田章男担任总负责人，但实际在现场进行指导的是友山茂树。而名古屋TOYOPET方面的负责人正是前文中提到过的从美国留学归来的小栗一郎。

回忆起当时的情景，小栗一郎叹着气说道："丰田和经销商之间的关系，怎么说呢？就像是德川幕藩体制一样……"

我笑着说根本听不懂他什么意思，他却坚持自己说的没错。

"东京TOYOPET、东京花冠等经销商是丰田的直营店，是他们的大本营，除此之外的其他经销商都可以看作是谱代大名。大名有自治权，但要遵守武家诸法度等不成文的规矩，还要参加被称为全日本经销商代表者大会来交代工作，把儿子送到东京去做研修生。"

"因为是德川幕府和大名之间的关系，所以幕府无权干涉大名的经营方针。而且销售改善并不是非做不可的事情，有的大名愿意尝试，有的大名则选择观望。因此丰田也没办法对所有的经销商都进行改善。"

小栗一郎的名古屋TOYOPET自告奋勇要求改善，但认为"工厂的生产方式不可能对销售有效"的经销商则对销售改善不感兴趣。

小栗一郎说道：

"我们的改善进展非常顺利，员工也干劲十足。而且节约了15亿日元。"

这是什么意思呢？

"在进行改善之前，我们的仓库里总是停着几十辆汽车。每次取车都非常不方便。对经销商的库存进行管理的丰田车辆物流部给我们提建议说'花15亿日元修建一个立体停车场怎么样'。我听到15亿这个数字之后都惊呆了。但友山茂树先生告诉我'根本没有那种必要'……只要利用丰田生产方式的理念对汽车的提取方式做一下改善，不用修建立体停车场也能解决问题。"

友山茂树和小栗一郎来到存放汽车的仓库，发现在并列停放的汽车旁边有一条专为取车设计的通道。友山茂树看了看仓库里的设置，指出了存在的问题，并且重新设计了一套让进车和出车都更加有效率的停车系统。经销商只需要对停车的场所每天进行记录和管理就能够节约大量的空间。

这种方法和在生产现场设置通道、调整生产线位置的方法是相同的，只是将生产线上的产品替换成了汽车而已。

友山茂树对仓库的改善十分成功，就连销售人员也不得不认可丰田生产方式在销售领域的应用。

"因为不用修建立体停车场就解决了停车难的问题，所以我们对其他地方进行改善的时候也没有遭到员工们的强烈反对。"

虽然小栗一郎是这样说的，但友山茂树的记忆却和他大不相同："除了仓库改善之外的所有改善都遭到了强烈的反对。"

友山茂树和小栗一郎进行的第二项改善是缩短交车前的检查与整备时间。所谓交车前的检查与整备，指的是经销商在将汽车交到顾客手上之前，要对汽车进行整体的检查，如果有污损就要及时清洁干净或者更换零件。

就在零售店的整备人员站在汽车跟前正要开始工作的时候，友山茂树忽然说"请稍等一下"，然后他掏出秒表，站在整备人员身后。

友山茂树的举动让整备人员感到有些困惑，他站在原地没有开始工作。这时整备人员的上司立刻赶来对友山茂树说道："喂喂，不要拿出这些奇怪的东西。"

友山茂树平静地答道："不，这是丰田生产方式为了制订标准作业必不可少的一个流程。请不要在意，快点开始吧。"

上司继续抱怨道："我说，你拿着个秒表在后面站着，让人还怎么工作啊？就算他不在意，我也会在意的，好吧？你要计时也可以，不要站这么近。这车一会还要交给顾客呢，要是整备员受你影响，工作出了岔子，那可不得了。"

任何职场都不会欢迎一个手里拿着秒表的人。"摆出一副高高在上的模样""年纪轻轻却狂妄自大"之类的牢骚，全都传到了友山茂树的耳朵里。

但友山茂树在生产调查部的时候就早已习惯了这一切。所以他一点也没有感到生气，只是微笑着观察对方的作业情况。

在计算标准作业时间的同时，如果他发现对方的作业中存在无用功也会及时地记录下来。经过几天的改善，检查和整备的时间得到了大幅的缩短。以前车检需要一两天的时间，经过改善后只需不到半天的时间就能够完成。现在顾客只要在店里喝一杯咖啡，新车就能够完成检查。

但也有一些解决起来比较麻烦的销售特有问题，比如顾客突然更改交车时间。

工厂可以自己决定汽车下线的时间。但经销商只要接到顾客"本来定好明天提车，但明天我临时有点事，改成后天提车吧"，或者"我想选在良辰吉日的上午提车"之类的电话，就必须根据顾客的要求改变交车时间。这样一来就必须提前进行车辆的整备，并且改变车辆在仓库里的位置。那么，他们当时是怎么解决这个问题的呢？

小栗一郎这样说道："我们在顾客下订单的时候就确认好交车时间。如果感觉顾客是那种倾向于选良辰吉日的类型，那就多问一句确认好。一旦确定了交车时间，我们就提前两天让工厂把车送来。这时候仓库都已经整理妥当，车辆的进出都很顺畅。"

"我们公司总共有67个店铺，每年能售出4万辆丰田汽车。其中在我们的仓库滞留4天以上的汽车只有200辆左右。除此之外的汽车全部在3天之内交到顾客手上。这都多亏我们导入了销售的丰田生产方式。而在此之前，还有几十辆滞留一周以上的汽车呢。"

友山茂树的回答则充满自信："缩短汽车在零售店的滞留时间并不是什么难事。虽然整备、车检和物流都是零售店的工作，但这些工作与生产现场的工作属于同一个种类。要找出这些作业中存在的无用功很容易，比这更难的是对销售现场的改善。"

销售人员的一天

要想对销售的最前线——销售现场进行改善，首先必须把握销售人员一天都要做哪些工作，然后逐一进行分析。

友山茂树拿着秒表跟在销售人员的身后，嘴里念念有词："仓库整理20分钟""记录业务日志30分钟""销售准备5分钟"。

"友山茂树先生，我要去拜访客户，你在店里等我一会吧。"

零售店的销售员言外之意就是"你赶紧走吧"。但友山茂树却毫不在意，反而先打开车门坐在副驾驶的位置上说道"我不会影响你的"。

即便坐在车上，友山茂树也没有放下手中的秒表。只有在销售人员与顾客见面的时候他才将秒表藏在身后，但计时仍在继续。当交流结束之后，他就会记录下时间，"面谈2分钟"。他给好几位销售员都记录了时间，每个人都不满地抱怨说"你在这影响我卖车，快走吧"。

但如果不记录时间的话就没办法对销售进行改善，友山茂树回忆起当时的情景时这样说道："我算是犯了众怒。在对销售人员的工作进行几天的观察之后，我发现他们用在接待顾客上的时间意外地短。恐怕每一个行业都是如此。可能他们自己觉得时间挺长了，但他们真正进行推销的时间真的是一转眼就过去了。造成这种情况的原因有很多，原因之一是由于事务性的工作和检查汽车所占用的时间太多，结果留给接待顾客的时间从物理角度上就变短了。

"我们采取的对策是，尽可能增加销售人员用于接待顾客的最大时间。为了首先这个目标，必须消除其他工作中存在的无用功，让销售人员能够有更加充足的时间用来接待顾客。我们的努力取得了成效，现在销售人员的成交率大幅提高，还有富余的时间可以用来开拓潜在客户。还有一个原因出在销售人员自己身上。如果销售人员对销售内容的准备不足，那么介绍起来自然没说几句就词穷了。

"尽管销售人员都讨厌秒表，但有人计算时间的话，他们就不得不做好充分的准备。尽管我告诉他们'像平常一样就行'，但本来需要一周时间的开拓新客户工作，他们只用4天就给完成了。"

小栗一郎也对友山茂树的说法持赞成意见："如果能将更多的时间都用在

销售上，那么结果肯定会变得不一样。那时候的销售改善并没有对销售能力进行指导，也没有销售技巧研修之类的培训。但通过对店铺和仓库的整理整顿以及缩短办公室工作的时间，使销售人员能够将更多的时间放在销售上，可以在顾客来之前想好话题。

"因为准备充分、游刃有余，销售人员的脸上自然就会露出笑容。因为导入TPS（丰田生产方式），我们公司连续多年都得到了总公司的综合表彰。这是只有在收益、CS（顾客满意度）等各项指标中都取得优异成绩的经销商才能够获得的表彰。在丰田生产方式的帮助下，我们公司变得更加优秀了。

"我个人感觉最大的好处就是加班变少了。在规定时间内完成工作，就有时间和家人一起吃晚饭，或者和同事们去小酒馆喝几杯，加深交流。我认为丰田生产方式不仅适合生产现场，同样适合销售和事务现场，任何行业都能够采用。丰田生产方式能够消除工作中的无用功，只不过人类自己很难发现自己工作中的无用功。如果没有像友山茂树先生那样对工作进行严格检查的人，恐怕是无法实现改善的。"

友山茂树接着小栗一郎的话继续说道："在丰田生产方式中有一种被称为'智能自働化'的系统，这是一个能够消除次品的系统。这就意味着要使异常显现出来，但任何人都不希望自己工作效率低、存在无用功的情况显现出来，隐瞒问题是人类的天性。所以当我们要将这些问题找出来的时候，对方不配合是必然的。

"我们之所以在工作中要求'JUST IN TIME'，就是为了通过紧张的工作状态来发现异常，解决问题。丰田生产方式认为在工作中出现问题是理所当然的。我们通过这两个原则来建立起一个让问题暴露出来并且解决问题的企业文化。一个不隐瞒问题，而是将其暴露出来并加以解决的企业才是健全的企业。"

我也不认为丰田生产方式是万能的。正如我在后文中所写的那样，丰田生产方式在导入其他职场的时候，也遇到过难以解决的问题。

但是，仔细分析丰田章男和友山茂树在对销售业务改善时采用的方法，就会发现该方式能够应用于许多工作之中。不仅销售部门，开发、企划、宣传、财务，甚至公务员和自由职业者，都可以通过丰田生产方式来消除自己工作中的无用功。

丰田生产方式也是一种意识改革。

"对一直以来的工作方法进行重新的审视。"

"让别人指出自己工作中存在的无用功。"

"通过整理整顿和IT化，使自己能够将更多的时间用在创造性的工作上。"

"通过消除无用功使自己能够在规定的时间内完成工作，从而有更多的时间与家人一起度过。"

这些内容只要通过学习丰田生产方式，提高自己规划时间能力的人都能做到。只要合理安排和利用时间，工作的生产效率自然会得到提高。

但丰田生产方式并不是为了一时的业务改善，而是通过构筑一个"紧张的职场环境"来持续不断地提高生产效率。

如果想将丰田生产方式导入事务性工作之中，那么绝对不能只因为取得了最初的成果就心满意足。必须每天都对自己的工作方法进行检查，让今天比昨天更好，明天比今天更好。对于我们这些普通人来说，要坚持每天都进行改善并不是一件容易的事情。

"大吃一惊"

友山茂树在进行销售改善的时候，被零售店的人称为"魔鬼"。

每一个对丰田生产方式进行改善指导的人，都会被现场的员工称为魔鬼。对他们来说这几乎成了一个固定的绰号。

不过魔鬼也分等级。据说友山茂树直到现在，只要一听到林南八的名字就会精神紧张，总是条件反射地想"他是不是又生气了"。

但林南八在魔鬼中其实属于比较温柔的一类。林南八在年轻的时候不知被池渊浩介训斥过多少次。每天在公司都要小心翼翼地躲着走，生怕碰见"热得快"池渊浩介。池渊浩介在林南八的心中就是这样严厉的人。

而池渊浩介却说，"每当大野耐一先生走进房间的时候，我都会感觉双脚发软、膝盖颤抖"，甚至有人脸色苍白几乎要晕倒过去。

如果友山茂树见到大野耐一的话，会有怎样的感受呢？大野耐一在他的眼里会是多么严厉的人呢？但张富士夫、池渊浩介、林南八这些实际与大野耐一共事过的人，对大野耐一的评价都是"严厉的教育者，我人生的导师"。

人生在世，总会遇到一些值得自己尊敬的人物。对优秀的人和给予自己指导的人产生尊敬之情是理所当然的。但能称得上人生导师的人却并不容易遇到。

他们异口同声地说道："大野耐一先生总是给我们提供支援，一直在默默地关注着我们。"

一位合格的教育者，不能只传达知识，也不能只告诉答案。而是在向部下提出课题的同时，和他们一起思考解决办法、一起经历磨难。也就是说，要将自己放在和部下相同的立场上。

大野耐一会认真听取部下的答案，如果发现部下的答案和他自己思考出来的答案相同，他就会大发雷霆。他不希望部下和自己水平相同，他希望青出于蓝而胜于蓝。他从不会对部下说"我是指导者，你们都要按照我说的去做"之类的话。这正是大野耐一的伟大之处，而张富士夫、池渊浩介、林南八以及友山茂树都继承了大野耐一的这个优点。

"你们要让我大吃一惊才行。"大野耐一对部下只有这一个要求。

如果部下完全按照大野耐一说的去做，大野耐一就会问："为什么你按我说的做？”如果部下采取了不同的做法，大野耐一也会问：“为什么没按我说的做？”总之，他要求部下时刻保持思考，却永不会称赞部下。

大野耐一认为“称赞是不尊重对方的表现”。因为对方做到了自己能做到的事，所以称赞对方。

那么，如果对方做到了自己做不到的事呢？“那个时候应有的表现是惊讶。”大野耐一所说的“要让我大吃一惊”就是这个意思。

友山茂树又补充道：“我的工作不是告诉对方答案是什么，而是等待对方自己想出答案。”

第十七章
21世纪的丰田生产方式

TOYOTA

恐袭、战争、雷曼危机

刚刚进入21世纪，美国就爆发了"9·11"恐怖袭击事件。美国在2003年通过伊拉克战争推翻了萨达姆的统治，紧接着又与阿富汗的塔利班政权开始了战斗。尽管塔利班失去政权，但时至今日仍然在当地保持着活动。阿富汗的局势完全称不上稳定。

与此同时，伊朗和叙利亚还出现了"伊斯兰国"势力。"伊斯兰国"频繁发动恐怖袭击，导致大量难民离开中东前往欧洲寻求庇护。中东和欧洲遭受恐怖袭击的危险性正在逐渐增加。

2011年，日本发生了东日本大地震，还引发了福岛核电站泄漏事故。

可以说21世纪的世界局势就是从恐怖袭击、战争以及严重的自然灾害开始的。

1997年普锐斯的发售标志着丰田迈进了新的世纪。混合动力汽车普锐斯因为初期售价较高，因此迟迟没能得到普及，但如今已经成为丰田的拳头产品，在全球120多个国家和地区都有销售。汽车企业都推出环保汽车作为自己的旗舰产品。消费者对汽车的要求已经悄然发生了改变，普锐斯的畅销就是最好的证明。

2008年，被称为雷曼危机的经济危机席卷全球。汽车在发达国家的销量一落千丈。虽然中国和南美等国家和地区也受金融危机的影响出现消费萎靡的情况，但汽车的销量却并没有下滑。也就是说，汽车销量不佳的只有汽车发达国家，而并不是全球的普遍现象。

受雷曼危机的影响，丰田2009年3月期决算出现了4 610亿日元的亏损。这也是丰田时隔58年第一次出现亏损。

在汽车销量持续攀升的年代，丰田连续在海外修建工厂，投资高性能的生产设备，提高自身的生产能力。但当汽车销量下滑时，产能过剩的工厂无法及时地根据实际销量进行小批量的生产和运输。这些海外工厂背离了丰田生产方式的基本法则，自然无法保证利益。

第二年丰田就对海外工厂进行了彻底的改善指导，竭尽全力降低成本，终于扭亏为盈取得了1 475亿日元的盈利。

但如果大野耐一还活着的话，一定会这样训斥他们："既然你们能降低成本，为什么不早点采取行动呢？"

而他的部下们一定会被吓得浑身发抖。

就在丰田出现亏损的那一年，由于通用汽车的销量严重下滑，丰田成为全球销量最多的汽车企业。丰田喜一郎从零开始成立的汽车企业，经历了漫长的岁月终于登上了全球销量第一的宝座。

战前，像三井和三菱这样的大财阀都是绝对不会涉足汽车制造行业的。甚至有明确表示"不做汽车"的采访。所以当在名古屋的穷乡僻壤制造织机的丰田喜一郎宣布要"生产汽车"的时候，根本没有人把他的话放在心上，然而就是这样一家企业如今已经成为世界第一。唯一遗憾的是，这一年丰田出现了久违的亏损。所以当时的经营层在听到这个消息的时候应该还在思索扭转亏损的对策。

召回、地震、洪水

雷曼危机的第二年，即2009年，对于汽车行业来说是非常难熬的一年。克莱斯勒和通用汽车相继宣布破产，克莱斯勒被菲亚特收购。

丰田决定停止与通用汽车的合资企业NUMMI的生产。尽管被世人称为"冷血无情"，但这是最正确的经营决定。曾经归属于NUMMI的费利蒙工厂如今已经归电动汽车的领跑者——特斯拉所有。

同年，丰田的经营层还面临着美国市场的召回难题。由于发生在加利福尼亚圣地亚哥的雷克萨斯事故，美国民众开始对丰田汽车的安全性产生了怀疑。

发生事故的是经销商提供给顾客临时驾驶的汽车。这辆车使用了其他公司生产的脚垫，因为尺寸不合适导致脚垫挂到了加速器使车辆超速失控引发事故，车上乘客一家四口全部死亡。这一悲惨的事故使民众情绪更加恶化。紧接着还出现了丰田汽车的电子控制装置失灵使车辆出现突然加速的事故，问题变得严峻起来。

美国众议院的监管与政府改革委员会要求丰田社长丰田章男对这一系列事件作做解释。虽然上述问题都非常严重，但最终法院并没有发现能够证明丰田汽车电子控制装置存在问题的有效证据。丰田章男在众议院提交证言时的态度非常诚恳，得到了美国方面的认可，丰田得以通过召回的方式解决上述问题。

2011年，东日本发生大地震。丰田的供应链用了半年的时间才恢复正常。当时丰田为了帮助受灾的相关企业和合作公司恢复生产，派出了以林南八为首的专家团队，为这些企业提供现场指导。林南八等人竭尽全力帮助这些企业利用丰田生产方式恢复生产，并且在临时组建的员工队伍中实现了团队合作。

就在丰田好不容易从东日本大地震造成的影响中恢复过来的时候，泰国又发生了大洪水。受洪水影响，泰国当地的生产出现停滞，供应链也被切断。当洪水退去，丰田打算将被洪水破坏的工厂重新恢复生产时，又遇上了史无前例的日元升值状况。当时，丰田凭借降低成本和提高生产效率才好不容易渡过了这些危机。

从上述内容不难看出，自2009年以来，丰田一直都处于痛苦之中。但回顾丰田的历史就会发现，丰田一路走来从来都没有经历过一帆风顺的时期。即便在汽车开始普及，汽车销量猛增的时期，丰田的经营层也如履薄冰一般地带领企业小心翼翼地前行。

如今美国总统特朗普提出要进一步增加美国的工作岗位。汽车产业因为雇用人数多，是最能够代表一个国家的产业。不管在任何国家之中都难免受到政治层面的影响。丰田今后为了保护日本国内的工作岗位，恐怕要进一步加大对美国的投资力度。

现在，丰田在日本已经实现了年产300万辆的生产规模。在生产数量上远超同行其他企业。但这些汽车在日本销售的只有150万辆。如果将日本生产的数量减少一半，将剩余产量转移到海外工厂的话，美国政府一定会很高兴，但那样必将给日本经济造成巨大的影响。

丰田的相关员工数量多达33万人。如果再加上合作企业的员工，那么丰田仅在国内就有接近100万人的员工以及员工家属。丰田减少国内一半产量就意味着这其中有一半的人会失业。这会造成怎样的结果呢？简直令人难以想象。

丰田是日本制造业的支柱，丰田的股东们也在默默地支持着。否则为了追求利益的话，丰田恐怕早就缩小日本国内的产量了。

而丰田之所以没有那么做，是因为现在这样才是丰田喜一郎一直追求的目标，"让日本人生产的汽车使人们过上更好的生活"……

第十八章
未来

TOYOTA

年轻人不再买车

有一个问题困扰着包括丰田在内的所有发达国家的汽车企业。这是比雷曼危机更加严重的问题。雷曼危机导致的消费萎靡只是暂时性的，但这个问题却是持续性的。

这个问题就是"年轻人不再买车"。自从进入21世纪之后，这种情况越发明显，准确地说，生活在发达国家城市之中的年轻男性不再像以前那样对汽车趋之若鹜。

政府机构、广告公司、汽车行业团体⋯⋯许多部门都对这个问题进行过分析。丰田的涉外部门也整理过一份题为《年轻人远离汽车》的分析报告（2010年）。

报告针对"年轻人远离汽车的要因"总结出了如下五点：

（1）拥有驾照的年轻人数量减少。

（2）单身、夫妇两人家庭等对汽车需求不高的人群增多。

（3）人口大量涌入公共交通发达的城市区域，导致对汽车的需求降低。

（4）越来越多的人认为汽车只是代步工具，对购买新车的需求降低。

（5）泡沫崩溃后工资一直没有上涨，民众消费欲望降低。不仅汽车，年轻人开始远离一切商品消费。

在这些分析的最后，还如实记录了年轻一代的"真实声音"：

"让朋友搭车要承担连带责任，感觉很不爽""看到太多关于车祸的新闻，对驾驶感觉恐惧""买了车还要养车，成本太高负担不起""驾校的性格诊断说我不适合开车，所以就不开了"。

不仅日本的年轻人不买车，就连被称为汽车王国的美国也出现了同样的趋势。

"开车需要占用时间，如果不开车的话每年能够节约426小时。开车会减少操作智能手机的时间。""除了公共交通之外，还出现了Uber等共享汽车服务，民众在移动上的选择比之前更多。"（《年轻人关于拥有汽车的意识变化》布兰登·K.希尔）

不管怎么分析，最终得出的结果都和上述内容大同小异。总而言之，对于现在日本和美国的年轻人来说，购买汽车投入的金钱与获得的快乐不成正比。与开车相比，他们更享受通过智能手机与朋友们保持联系的时间。

但主要原因真的是前面说的这些吗？年轻人远离汽车的主要原因真的只是如此直接的意识改变吗？

大家一定都听说过蝴蝶效应这个词。

这个词来自美国气象学家爱德华·诺顿·罗伦兹的论文，他在论文中提到"巴西的蝴蝶扇动翅膀导致得克萨斯州出现龙卷风"，现在多用来比喻预测的困难性。也就是说，即便没有直接的因果关系，世间一个非常微小的变化也会使未来发生巨大的改变。

没有人敢说自己的预测是完全正确的。正因为如此，人们只能猜测"年轻人不买车的原因"，而没有一个人能做出"这样做可以让年轻人买车"的判断。

当然，尽管不能准确地预测未来，但努力尝试总比什么都不做强，即便尝试了也不一定生产出能畅销的汽车。现在的汽车企业能做的只有一件事，那就是提高自身适应环境变化的能力。

达尔文的进化论概括起来就是这个意思："最终生存下来的并不是最聪明或者最强大的生物，而是最能够适应变化的生物。"

在当今社会，想预测未来10年之后的事情完全是不可能的。与其将时间和精力花在预测未来上，不如尽可能地缩短前置时间，让生产能够适应变化。这才是丰田生产方式的思考方法。

明天比今天更好

在无法把握汽车未来发展趋势的现在，丰田生产方式要如何展开呢？

丰田生产方式的根本理念并不难理解。只需要一张A4纸就足以说明清楚，否则那些刚从高中毕业就进入职场的人根本无法理解。那些写的晦涩难懂的解说书只是对该方法的展开事例进行了详细的记录，并没有涉及思想和本质。丰田生产方式的目的就是缩短从原材料进厂到产品完成的前置时间。因此需要消除作业中的无用功，坚持不懈地提高生产效率。

生产效率不是只提高一次就万事大吉，而是要今天比昨天更好，明天比今天更好，连续不断地提高。这就是丰田生产方式的归宿。看起来似乎非常残酷，但任何职场都需要"边思考边工作"。

每天早晨来到现场之后都要扪心自问，"今天还用和昨天一样的工作方法吗"？主动消除工作中的无用功。只有这样才能让自己得到进化和成长，但这并不意味着强迫"每天都严格要求自己"，因为这样做容易使人失去工作热情。

丰田生产方式追求让现场的员工能够更轻松地进行工作。虽然在精神上可能需要员工面对严峻的考验，但在身体上则必须让员工更加轻松。为了提高生产效率而加强员工的劳动强度根本不算是改善。

为什么要采取让员工更轻松的改善呢？因为要想提高生产效率，最好的办法就是让工作变得更加轻松。一般情况下，员工身体状况良好、心情舒畅、对工作感到轻松愉快的时候，就是他生产效率最高的时候，这种状态才是真正的改善。这也是大野耐一等人一直的追求。

说起流水线作业，人们总是会想起卓别林的电影《摩登时代》里出现的一幕。在这一幕里，卓别林扮演的工人因为跟不上传送带的速度而闹出了大笑话。

我认为这个情况是真实存在的。只不过出现在福特大批量生产方式的工厂之中。而且，还是企业只需要生产同一种类型的汽车也能够卖出去的时代。大批量采购原材料，将作业尽可能地细分化，采用人海战术生产同样的产品。在这样的生产现场，确实只要提高传送带的速度，就能够提高生产效率。

但丰田生产方式绝对不会盲目地提高传送带的速度。因为只需要生产满足销售数量的产品，所以提高传送带的速度毫无意义。最好的办法是将传送带的速度调整到便于员工作业的程度，最大限度地激发出员工的工作积极性。

那么，怎样才算是便于员工作业的程度呢？林南八给我举了这样一个例子："我去BMW的新工厂参观时，发现他们的生产线上车身是倒过来的。这让我大吃一惊。"

在汽车生产过程中有一个往车身上安装线束的工作。员工需要钻进车身内部，抬起头将线束安装在车身顶部。这怎么看都不是一项轻松的作业。

"将车身倒过来的话，安装线束时就轻松多了。这一点连我们都没想到。"

林南八继续说道："但是，BMW虽然做出了这么进步的生产线，但员工却不能根据自己的判断停止生产线。在这一点还是我们更胜一筹。"

为了使工作变得更加轻松，工厂里的生产线也必须不断地改变。但最重要的一点是，要给员工自主停止生产线的权利。

是否能够引发共鸣

丰田生产方式始于内部的生产现场，然后推广到合作企业以及海外工厂，甚至被导入零售店铺之中。还有不少对丰田生产方式感兴趣的其他行业的经营者，也在对该方式进行调整后导入自己的组织之中。

其中之一就是医院。林南八曾经为医院进行过指导，他将诊察流程看作生产线，然后利用丰田生产方式对其进行了改善。只要减少患者等待的时间，就能够有效地减少医院内人员滞留的情况。

健康体检就是最好的范例。健康体检需要对人体的身高、体重等诸多指标进行检查，其中人员滞留情况最严重的一项就是胃部钡餐检查。但通过对检查项目的顺序进行调整，让前来检查的顾客分批进行钡餐检查，就可以大幅缩短等待的时间。

像这种丰田生产方式的思考方法不仅适用于汽车的组装工艺，还同样适用于服务业的现场。

那么，丰田生产方式是万能的吗？这要看指导者的能力。深入现场与现场员工一起思考的指导者，如果再赢得对方经营者的大力支持，那么就能够实现改善。但如果让一个对丰田生产方式没有充分理解的人来进行指导，则很可能以失败告终。

我也参观过丰田以外的其他工厂。尽管这些工厂宣称自己已经导入了丰田生产方式，但实际上却完全不是那么回事。他们只是模仿了一些皮毛罢了。我曾经忍不住对他们说"这地方做得不对"，对方也只是点了点头，并没有把我的话放在心上。

要想成功地实现改善，一个优秀的指导者必不可少。但即便在丰田的生产调查部里，也并非所有人都能够做好指导。

指导员必须具备以下三个资质。第一，充分理解丰田生产方式；第二，能够引起现场员工和企业经营者的共鸣；第三，充满危机意识。只有同时满足这三点要求的人才算是一名合格的指导者。

充分理解丰田生产方式是进行指导的大前提。但就连出版过关于丰田生产方式解说书的管理顾问之中，竟然也有不理解的人。

林南八曾经公开指出，"只会单方面进行指导和指示的管理顾问做不了丰田生产方式的指导员"。

我并不是说管理顾问绝对做不了指导员，但管理顾问这个职业确实和丰田生产方式的指导员之间存在着一些难以相容的地方。比如共鸣。管理顾问即便亲临现场，对现场员工们也是一种高高在上的态度，只将他们看作指导对象罢了。

日本剧本家仓本聪曾经说过，"我以前有种俯视众生的感觉"，管理顾问这个职业也拥有同样的感觉。

因为NHK的大河剧事件而被迫退出并且从东京移居北海道的仓本聪迫于生计做了歌手北岛三郎的助理。在做助理的时候，他对从前那个充满优越感的自己感到羞耻。

"北岛三郎先生与听众之间没有隔阂。而且不管对方的年龄、性别、职业、身份，他都一视同仁，人与人之间的交流是平等的。我羞愧难当地想道'以前我都做了些什么啊'。我在潜意识里将自己看作精英，总是用一种高高在上的态度去工作。写的剧本都是为了迎合批评家和业内人士的喜好。但电视剧应该是为大众服务的。于是我决心从此以后放低姿态，用平等的视角来进行创作。"

毕业于一流大学的管理顾问们都和仓本聪一样，很容易在无意识之中将自己当成精英。但在这样的情况下，他们就很难得到现场员工的认同。

反之，太阿谀奉承现场员工也不对。现场员工只是普通的人，并不需要去刻意的阿谀奉承。也正因为是普通人，所以平时会吸烟、喝酒、打游戏、赌马、唱卡拉OK。他们也会买名牌，也会去海外旅行。和现场员工的接触应该保持距离并引起共鸣，没必要产生工作之外的感情。

最后一个是危机感。现在丰田生产调查部的成员，恐怕很难再有和大野耐一、张富士夫、池渊浩介他们相同的危机感。

经历过战败和破产危机的人，与进入大企业就职的人立场肯定不一样。但要想对丰田生产方式进行指导，必须拥有危机意识。否则的话很难对小规模的乡镇工厂进行改善指导。乡镇工厂既没有资金也没有技术，可以说时刻都有破产的风险。

导致小型企业破产的主要因素就是为其他企业做担保。或许会有人说："既然如此，不给别人作担保不就行了吗？"但小型企业全都资金匮乏，要想扩大生产只能几家企业联合起来互相担保才能从金融机构筹集到资金。这就像许多小船用锁链连接在一起出海一样。如果其中一艘翻船，其他的小船也会受到波及。小企业的经营者每天都生活在危机感和焦躁感之中。

大野耐一让自己寄予厚望的人才前往现场，并且将他们派遣到小型企业进行生产指导，就是为了让他们能够和现场的人产生共鸣，亲身体会危机感。

享受工作

丰田生产方式之中包含着改变人的意识，使人获得成长的要素。比如林南八和友山茂树就是最好的例子，他们通过学习丰田生产方式得到了巨大的成长。

他们都曾经独自一人前往合作企业进行改善指导。起初没有一个人和他们说话，午饭也是独自一人在食堂的角落匆匆吃完。晚上住的地方根本不是商务宾馆而是工厂的宿舍。他们白天的工作就是在生产现场进行观察，晚上则在宿舍里思考改善的方法。因为工资都要上交给家里，所以就连去酒馆喝酒都没钱。顶多只能买点罐装啤酒和干果，夜宵就是一碗方便面。这样的生活至少要持续半年。

3个月之后，合作企业的人可能觉得他们实在可怜，开始邀请他们一起去吃饭。但邀请并不是请客，大家各掏腰包，因为没有钱，他们在接到邀请之后都要先看看自己的钱包再决定去不去。

丰田生产方式指导员的生活就是这样。虽然对现场的员工来说，改善指导并不是劳动强度提高，但对指导员来说却是非常残酷的工作。每天24小时，全年无休。如果不能全身心地投入到生产现场，就无法得到他人的认可和协助。

我想，改善指导员和大野耐一之间或许会有这样的交流。

从合作企业归来的年轻指导员激动地说道："老大，我想我爱上乡镇工厂的那些人了。"

大野耐一怒斥道："爱情？没必要。绝对不能有这种拖后腿的感情。不要想那些多余的事情，只要享受工作就好了。"

大野耐一希望的是工厂里的人都能够轻松地工作，用赚来的钱让自己和家人过上更加幸福快乐的日子。

终章
骄傲

TOYOTA

团队成员

2017年4月，我再次前往肯塔基工厂。这次我采访了好几名相关人员，还参观了工厂的生产线。在眺望生产线的时候，我回忆起第一次来参观的时候，注意力都集中在传送带和速度上。在我接近10年的取材时间里，我曾经无数次地来到现场进行参观学习，但我的视线从来没有离开过生产线。我最关心的是现场员工的工作状态，他们是轻松还是枯燥？

接受我采访的是工厂的2号人物，一个名叫苏珊·埃尔金顿的女性。她之前在其他企业工作，后来跳槽到丰田，据说曾经在日本的生产管理部门工作过。她的身材高挑，蓝色的眼睛十分迷人。"初次见面，我是苏珊。"说着她双手将名片递了过来。

我问她："你觉得丰田生产方式有什么弱点？"

她毫不犹豫地答道："当然有。很多人都声称自己非常了解TPS（丰田生产方式）。美国有不少管理顾问公司甚至会主动提出'可以帮贵公司导入丰田生产方式'。但与这些人实际交流过后，就会发现他们根本对丰田生产方式一无所知，或者只理解了一部分。如果让这样的人进行改善指导，肯定会采用错误的生产方式，难以取得理想中的成果。"

我说道："你的回答和林南八先生一模一样。"

她笑道："啊，林南八先生，他还好吗？他是个很有魅力的人。"

据说她在总公司生产管理部的时候，曾经接受过林南八的"魔鬼特训"。

她继续说道："现在很多领域都开始使用丰田生产方式这个说法，可能是导致人们难以理解的原因之一。"

丰田生产方式不仅需要生产现场的智慧，更需要现场员工的意识改革。精神层面的自我变革也是改善的对象。

在和她交流的过程中，我发现她频繁使用"团队成员"这个词。

团队成员指的就是现场的工作人员。现在美国的生产现场里已经不怎么用"工人"这个称呼了，大多被"员工"或者"作业者"所取代。

但美国的丰田却连"员工"和"作业者"这样的称呼也不用，自从1984年NUMMI成立之时起，丰田就将所有的员工都称为"团队成员"。

苏珊这样说道："我觉得团队成员这个称呼，有助于大家加深对丰田生产方式的理解。进入丰田工作，并不是单纯地生产汽车。而是作为丰田这个大家庭的一员，对顾客和同事都要有一种关心和关怀的态度。另外，生产线的停止与运行我也完全依赖现场团队成员的判断，管理者只是提供建议而已。其他工厂可能将现场的员工看作是随时可以替换的零件，但在丰田生产方式之中团队成员是不可或缺的。丰田的团队成员不仅要有将零件组装成汽车的物理作业，还有心灵上的沟通。团队成员这个称呼意味着充分理解丰田的价值观。"

也就是说，丰田的团队成员并不是站在生产线旁边进行机械化作业的人，而是能够凭借自己的判断进行作业的人。对于美国人来说，这种前所未有的感受会让他们对公司产生一种归属感，从而能够更加安心地进行工作。

采访完苏珊之后，我又采访了两名老员工，克里斯·莱特以及麦克·布里吉。他们也异口同声地强调："员工相互之间以团队成员相称非常重要，这使我们更像是一家人。"他们两个都身材高大，克里斯是黑人，麦克是白人。他们都有接近30年的工作经验。

克里斯笑着说道："我刚入职的时候，张富士夫先生还很年轻呢。那时候肯塔基工厂刚建成不久，对当地人来说丰田还是从日本来的企业，甚至还有反日情绪在当地人心中蔓延。但丰田对现场员工非常重视，称我们为团队成员，还经常听取现场的意见。这些事传开之后，大家都对丰田肃然起敬，开始认为丰田是我们自己的公司，是肯塔基的骄傲。"

说着，他低下头这样说道："所以，在发生那件事的时候，我们才能团结一致共同战斗。"

没等我问"是哪件事"，站在旁边的麦克就开口说道："听证会。丰田章男先生出席听证会的时候，克里斯和我都到华盛顿去了。"

克里斯点了点头说道："嗯，我绝对忘不了。"

麦克很平静地说道："肯塔基工厂有4名团队成员请了假，专程去声援丰田章男先生。我们并没有发言的机会，只是坐在最后一排的座位上远远地看着。本来我们工厂打算多去些人以壮声势，但有工作任务在身，所以没办法……"

他们所说的听证会，指的是2010年2月24日（美国东部时间），美国众议院的监管与政府改革委员会针对丰田汽车事故问题召开的听证会。

听证会

由于一家四口车祸死亡案以及意外加速问题，美国众议院召开听证会，要求丰田汽车的社长丰田章男前来提交证词。听证会后，美国交通部联合高速公路交通安全局（NHTSA）和航空航天局（NASA）公布了"并没有发现电路板故障与意外加速之间存在因果关系"的调查结果。

但在听证会召开的时候，车祸事故的录音已经在电视台等媒体被反复播放，丰田顿时成了众矢之的。在丰田美国工厂和零售店工作的人都承受着巨大的压力，甚至对丰田汽车的销售也造成了非常严重的影响。

当时，新闻媒体上播放的是遇害者在最后时刻向警察求助的电话录音：

"我遇到了非常严重的问题。"

"发生了什么事？请您说清楚一点。"

"我的油门卡住了，出故障了，刹车失灵了！"

"啊啊，到路口了。大家抓紧，上帝啊……"

由于这段录音反复播放，激起了民众对丰田的公愤。可以说新闻媒体反复播放这段录音也是导致听证会紧急召开的原因之一。看到这条新闻的民众全都情绪激动地向当地议员提起抗议，要求"把丰田的社长叫过来"。

丰田的竞争对手则趁此机会落井下石。通用汽车和现代甚至推出了"换掉你的丰田车"的促销活动。因此，在听证会召开时丰田的销量比去年同期下降了一半。

美国议会召开的听证会是传唤证人的形式，由出席的议员轮番向证人提问。被传唤的证人如果不如实回答问题会被判处伪证罪。尽管从形式上说和日本国会的传唤证人相同，但美国议会对责任的追究非常严格。

对于这样的听证会来说，议员就是象征着正义的一方，而证人则是应该被消灭的坏蛋。作为证人出席听证会，就相当于把自己装进沙袋里任人摆布。

但逃避是绝对不行的。对于刚刚担任社长只有8个月的丰田章男来说，出席听证会一定让他倍感压力。然而他没有一句怨言，为了守护公司和工作，他必须将自己变成最坚固的盾牌。

如果说在这种情况下还有好消息的话，那就是美国的团队成员决定来支持他。不仅肯塔基工厂的克里斯和麦克，在美国各地工厂工作的人以及零售店的老板都宣布"我们也会出席听证会"。在此之前，美国议会也曾经多次传唤过企业干部来听证会提交证词，但像丰田这样有几百名员工自愿提出"我们也要出席听证会"的情况可以说是前所未有。这对丰田章男来说是一种莫大的鼓励。

克里斯这样说道："我坐在会场最后一排注视着丰田章男先生。当时我的内心之中只有两种感情，一个是喜悦，本来我以为'丰田已经成为全民公敌'，如果我来到华盛顿肯定会遭人白眼，但没想到这里的工作人员竟然主动和我打了招呼。"

"有人对我说'我有一辆凯美瑞，是你们生产的，再也没有比那更好的汽车了'。每一个我遇见的人都说这样的话。坦白地说，这让我感到很高兴。"

"但除了喜悦之外，看到丰田章男先生面对如此严厉的质问，我心中还充满了焦虑。"

听证会在美国时间2月24日的午后举行，日本时间则是25日的早晨。丰田章男总共接受了3小时20分的质问。

他用"我是丰田创始人的孙子"，作为自己的开场白。

"丰田所有的汽车都有我的名字。对于我来说，一切有损于丰田汽车的事情，就相当于是在伤害我自己。我希望丰田的汽车安全，希望驾驶丰田汽车的顾客安心，这种感情我比任何人都更加强烈。"

与克里斯一同出席听证会的麦克，在听到丰田章男的发言后也深有感触，他说："听了丰田章男先生的话让我对团队成员这个称呼又有了更深刻的认识。'丰田'这个品牌不仅是丰田章男先生的名字，同时也是我们的名字。我对丰田更加热爱了。"

但议员们并没有因为丰田章男的演讲而感动，他们毫不留情地发起了攻击。

首先开火的是纽约州民主党的唐斯委员长，他问："为什么你们只给部分车型搭载了BOS（Brake Override System：刹车优先系统）？"

丰田章男阐述事实回答说"并非如此"，但委员长对他的这个回答显然并不相信，其他人的质问接踵而来。

紧接着提出质问的是加利福尼亚州共和党的艾萨议员，他问："你们之所以加入刹车安全程序是不是意味着电子系统可能会出现故障？"

印第安纳州共和党的伯顿议员问道："我希望丰田先生能够对我选区发生的事故进行详细的调查，并且希望您能告诉我日本产的制动踏板和召回的美国产的制动踏板有什么区别。"

马里兰州民主党的明格斯议员提出了更加尖锐的问题，他说："口头上的道歉很容易，但从2007年到2009年之间发生了许多导致人员伤亡的事故，仅凭召回恐怕无法解决所有的问题吧？你在这样一个不景气的时代，给顾客带来了如此沉重的苦痛，而你们所做的只有频繁的召回。对此，你们有什么对策吗？"

尽管议员们咄咄逼人，但丰田章男坚决否认是汽车的电子系统存在质量问题。

当时支撑着他的并不是身为社长的尊严，而是对自己公司产品质量的自信。自从创业以来，他们通过丰田生产方式为顾客提供最优质产品的追求就没有发生过任何的改变。

坐在最后一排的克里斯几乎要听不下去了，但他还是远远地将那些提出无理质问的议员们的模样都记了下来。

议员们的攻击仍然没有停止：

"美国政府的道路交通安全局特意前往日本进行调查，你却说不知道这件事。这是真的吗？"

针对弗吉尼亚州民主党柯娜丽议员的质问，丰田章男诚实地回答："不知道。"尽管柯娜丽议员一副不相信的表情，但看到丰田章男冷静地做出回答，克里斯和麦克都松了一口气。

听证会进行到1个小时左右的时候，一位议员的发言改变了会场的气氛。

发言的是肯塔基州的杰夫·迪比斯，这位很有学者气息的白人议员首先环视了会场一周后说道："丰田难道就真的像你们说的那样从没做过一件好事吗？"

克里斯·莱特与麦克·布里吉恍然大悟地对视了一眼。

迪比斯议员继续说道："丰田在肯塔基修建了工厂，为当地提供了3 000个以上的工作岗位。丰田不是我们的敌人，而是为美国做出巨大贡献的美国企业。千万不要忘记这一点。"

迪比斯议员列举数字陈述事实，最后总结道："丰田章男先生愿意承担一切后果，他的态度难道不值得肯定吗？而且关于造成这次事故的原因，道路交通安全局还在调查之中。现在就将罪状全都推到丰田身上有什么意义呢？"

他的一番话顿时让会场冷静下来。随后议员们提出的质问虽然仍然很严厉，但丰田章男都能游刃有余地做出回答。

纽约州民主党马罗尼议员问："你们准备给死伤者的家属提供多少补偿和丧葬费？"

田纳西州共和党唐卡恩议员问："在昨天的听证会上，丰田对受害者的冷漠态度是怎么回事？2001年的时候我们也接到过类似的投诉。我的家人也开丰田汽车，但我对丰田现在的回应很不满意。你们究竟打算怎么办？"

在克里斯和麦克看来，丰田章男非常冷静，对于模棱两可的提问他并不会立刻回答，而是先揣摩对方的意图，然后才做出最合适的回答。

尽管丰田章男在听证会上遭到议员们猛烈的围攻，但因为有团队成员在场支持，所以他既没有表现的过于冲动，也没有显示出丝毫的胆怯，很顺利地渡过了听证会这道难关。

后来他这样回忆道："听证会上有几百台照相机对着我，我哪怕眨一眨眼、低一下头，闪光灯就会猛烈地闪烁起来。与站在那里回答议员的提问相比，我更想去和零售店、顾客、员工及其家人们交流一下。我不想怪任何人，这不是任何人的错。我只是把自己的想法说出来。我就像是战败撤退时留下来殿后的军队，但现在想来，这也是一种至高无上的光荣……"

听证会结束之后，丰田章男来到位于华盛顿市内的市政厅。这里聚集了包括像克里斯和麦克那样来自全美各工厂的团队成员以及零售店的老板等丰田的相关人员共计200余人。

丰田章男走进来的时候，房间里爆发出热烈的掌声。他被请到舞台的中央向大家讲话，但他却哽咽地说不出话来。他低着头，强忍住泪水，缓缓地开口说道："团队成员以及零售店的诸位，非常感谢。在听证会上我并非孤身一人，你们都在我的身边，全世界的丰田员工及其家人都与我同在。所以，我一点也不觉得难过。今后我也将竭尽自己的全力，为大家奉献一切。请大家告诉我，我能为你们做些什么……"

克里斯·莱特第一个站起身，大声地对丰田章男喊道："社长，您已经为我们做的够多了。已经不需要再做什么了。"

说着，克里斯的眼泪也流了出来，他继续说："今天您所做的一切都是为了我们。不管面对怎样的质问您都不卑不亢地做出了回答。这都是为了我们，为了我们……"

说到这里，他再也说不下去了。泪水止不住地从眼眶里涌出来，在麦克的帮助下他才好不容易坐回自己的位置。

他们生产的东西

原本在名古屋制造自动织机的丰田喜一郎之所以挑战汽车行业，并不是因为他喜欢汽车，而是因为"想制造对人类有用的东西"，仅此而已。

他的父亲丰田佐吉认为织机对人类有用，因此将毕生的心血都投入到对织机的发明和改良之中。他们工作的最终目的都是为了看到他人幸福的笑容。

仔细想来，丰田喜一郎很清楚自己究竟在生产什么。汽车不只是单纯的交通工具，更是有利于人类发展的重要产物，而且能够对人类做出巨大的贡献。

那么，他又从汽车这里得到了什么呢？

如果问汽车究竟是什么，恐怕很多人的答案都是"交通工具"，是由钢铁、橡胶以及玻璃制成的产品。但汽车又不仅仅是交通工具，因为汽车具有其他交通工具所不具备的特点。

火箭、飞机、火车、公交车……这些交通工具都只能按照规定的路线移动，乘客只能被动地坐在上面。

但汽车则可以由我们自己驾驶，只要有道路，那就可以前往任何地方。这种自由是其他交通工具完全没有的。

汽车企业的人或许都已经忽视了，他们生产的汽车能够前往任何地方。他们最应该引以为傲的，不是销售数量或者卓越的技术，不是华丽的设计，也不是强劲的动力，而是自由。驾驶者得到了移动的自由。

丰田喜一郎自创业以来，生产的就是自由。他相信自由才是对人类最有用的东西，所以才努力为更多的人提供自由……

生产汽车简直就像是梦幻一般的工作，不是吗？

后记

疯狂就是一再重复同样的事情，
却期待得到不同的结果

在美国取材的最后，我去了得克萨斯州一个叫作布兰诺（Plano）的城市。这也是丰田北美新总部的所在地。因为当时总部还在建设中，所以我没能进入参观。但我拜访了当地的一家经销商。这家经销商是北得克萨斯的最大的一家，11年间共售出66 000辆丰田汽车。他们的董事长名叫帕特·拉夫，是一位满头白发、身材魁梧的人。

我称赞说："你们是最大的一家经销商。"结果对方很严肃地回答："别那么说，都是过去的事情了。"

"在商场上，过去的业绩根本不值一提。关键在于今后能够取得怎样的成绩，以及能够在多大程度上改变现状。'一直以来都做得很好'，这是过去式的说法，没有任何的意义。"

"我们的业绩一直以来都是依靠新车和二手车的销售，但形势正在逐渐发生变化。美国的零售业仅凭卖东西已经远远不够，今后必须转型成为以服务为中心的产业才行。这一点只要看看亚马逊就明白了。以后不管是汽车也好还是任何东西也好，在亚马逊上都能买到。但汽车除了销售还有维修，所以我们必须能够为消费者提供最优质服务体验。目前我们在零件销售和修理方面的利润只占全部利润的一半以下，但今后必须提高这部分在利润中所占的比例。汽车经销商可不是只要把车卖出去就万事大吉，那都是过去的事了。"

帕特只有在提到"过去的事"时才大声地笑了起来。

"我曾经在雪佛兰的零售店做过修理工。1969年跳槽到丰田的零售店，也从修理工转行成了销售人员，在丹佛和洛杉矶都干过。来到丰田之后我就听说了大野耐一先生的事情。我通过学习丰田生产方式，了解到变化的重要性。维持现状是绝对不行的，必须时刻保持变化。也是丰田生产方式教会我在工作时必须保持不一样的看法。爱因斯坦曾经说过，'疯狂就是一再重复同样的事情，却期待得到不同的结果'。大野耐一先生说的和爱因斯坦说的是同样的道理。"

在日本一提起丰田生产方式，都是消除库存、使用"看板"之类的理解。但丰田生产方式的本质正如帕特所言，和爱因斯坦的主张完全一致。

如果想取得不同的结果，首先要从改变自己开始。

"我在20世纪80年代的时候有幸见了大野耐一先生一面。当时他在休斯敦有一场演讲，而我那个时候还只是一名普通的销售人员。会场里人山人海，大野耐一先生都说了些什么我已经不记得了。虽然我没机会和他握手，但我也走近到跟前仔细地观察了他。感觉他是一个很安静、有学者气息的人。与大野耐一先生的这次见面改变了我的人生。在那之前我就像是一只泡在温水里的青蛙，不知道水温正在逐渐升高，只是满足于眼前的生活。但学习了丰田生产方式之后，我立刻从温水中跳了出来。所以我才能活到今天。"

关于大野耐一还有这样一个故事。

在大野耐一去世之后，公司开了一场追悼会，被选为负责人的是现任副社长、当时还是年轻员工的友山茂树。曾经都是大野耐一部下的人们在酒店的会场内把酒言欢。友山茂树则播放了一段影片，那是大野耐一在现场进行指导时候的影像片段：大野耐一因为现场管理者做出错误的指导而勃然大怒，拿起现场写着"在制品"的看板用力地拍打，发出巨大的声音，然后扔下看板扬长而去。他没有说一句话，只是拍打看板表示自己的愤怒……

之前一直谈笑风生的企业高管们看到这段影像之后全都脸色苍白。当时没有人说一句话，甚至有人在听到大野耐一拍打看板的声音时不由自主地捂住耳朵蹲在地上。影片播放完毕后，高管们好像无地自容一样全都早早离场了。大野耐一就是这样一个可怕的人。

在创作本书的过程中，我在日本和美国的工厂参观了70次。所有的采访都是在现场完成的。借此机会，对每次接待我的丰田现场以及宣传部门的工作人员致以由衷的感谢。

野地秩嘉

协助采访（敬称略，日语五十音顺）：

浅井隆史、饭岛修、池渊浩介、石井涉、石川义之、石崎宽明、岩内裕二、威尔·詹姆斯、浦野岳人、太田普蕃、冈安理惠、小栗一郎、小田桐胜巳、加贺悠太、河合满、川上晋也、川渊三郎、北井和弘、喜多贤二、木下幹弥、朽木泰博、国松孝次、克里斯·莱特、高健介、小金井胜彦、斋藤彰德、酒井直人、佐藤健志朗、佐藤吉郎、苏珊·埃尔金顿、田知本史朗、塔尼亚·萨尔达娜、筑城健仁、张富士夫、迪福·科卡斯、迪尼斯·帕克、寺本直树、友山茂树、丰田章男、丰田肯塔基工厂道场的诸位、成田年秀、西村文则、二之夕裕美、桥本博、帕特·拉夫、林南八、万寿干雄、日高进、菲尔斯·库尔姆、福城和也、藤井英树、渊上靖、保罗·布里吉、堀之内贵司、麦克·布里吉、玛莎·莱恩·柯林斯、松原秀明、南隆雄、本吉由里香、森木英明、八木辉治、柳井正、矢野将太郎、瑞克·海思达克

参考文献

《丰田生产方式——目标小规模经营》大野耐一（钻石社）

《丰田的实像》青木慧（汐文社）

《小型汽车诞生的记录——汽车昭和史物语》小矶胜直（交文社）

《汽车地球战争 第三次汽车革命的核心与展开》吉田信美（玄同社）

《啊！野麦峠——纺织女工哀史》山本茂实（朝日新闻出版）

《价格的明治大正昭和风俗史》朝日周刊 编（朝日新闻出版）

《20世纪全记录　Chronilk 1900—1986》讲谈社 编（讲谈社）

《昭和二万日的全记录 全19卷》原田胜正（讲谈社）

《我的思考》本田宗一郎（新潮社）

《丰田纺织45年史》丰田纺织 编（丰田纺织）

《本田宗一郎语录》本田宗一郎研究会 编（小学馆）

《经营没有终点》藤泽武夫（文春文库）

《Next One 另一个"第二创业"》宫崎秀敏（非卖品）

《远大的理想 热情的每一天——丰田创业期写真集》丰田汽车 编（丰田汽车）

《决断——我的履历书》丰田英二（日经商业人文库）

《大野耐一的现场经营 新装版》大野耐一（日本能率协会管理中心）

《丰田系统的原点——关键人物讲述的起源与进化》下川浩一、藤本隆宏（文真堂）

《目标》艾利·高德拉特（钻石社）

《生活手帖 保存版Ⅲ 花森安治》生活手帖编辑部（生活手帖）

《挑战飞跃——丰田北美事业的"现场"》楠兼敬（中部经济新闻社）

《视觉日本昭和时代》伊藤正直、新田太郎 编（小学馆）

《大野耐一 工人们的武士道——构筑丰田系统的精神》若山滋（日本经济新闻社）

《丰田强大的原点 大野耐一的改善魂（保存版）》日刊工业新闻社 编（日刊工业新闻社）

《月薪一百日元的工薪族——战前日本的"和平"生活》岩濑彰（讲谈社 现代新书）

《全图解丰田生产工厂的体制》青木干晴（日本实业出版社）

《丰田家族——汽车大王丰田一族的一百五十年》佐藤正明（文艺春秋）

《TOYOTA商业革命 连接顾客、经销商、生产企业的看板方式》神尾寿、Response编辑部（SOFT BANK Creative）

《汽车绝望工厂（新装增补版）》镰田慧（讲坛社）

《我的日本汽车史》德大寺有恒（草思社）

《大崩坏》贾德·梅森·戴蒙（草思社）

《从企业家活动看日本汽车产业史——向日本汽车产业的先驱者学习》宇田川胜、四宫正亲（白桃书房）

《汽车工厂的全部》青木干晴（钻石社）

《丰田汽车75年史》75年史编纂委员会 编（丰田汽车）

《什么妨碍了公司的目的》艾利·高德拉特（钻石社）

《现场主义的竞争战略——新时代的日本产业论》藤本隆宏（新潮新书）

《美酒一代——岛井信治郎传》杉森久英（新潮文库）

《用人类的智慧生产——丰田生产方式的原点》好川纯一（中经MYWAY新书）

《丰田生产方式的原点》大野耐一（日本能率协会管理中心）

《YANASE100年的轨迹》YANASE编（YANASE）

《勇者无言》城山三郎（新潮文库）

《丰田生产方式大全——从大野耐一的思想、理论、照片看实践（第二版）》熊泽光正（大学教育出版）

《世界史的日本史》半藤一利、出口治明（小学馆新书）

《B面昭和史 1926—1945》半藤一利（平凡社）

《劲草之人 中山素平》高杉良（文春文库）

《蔬菜生产与汽车生产——邂逅的风景》全国农业协同组合联合会 编（全国农业协同组合联合会）

《CD 大野耐一的生产真髓》大野耐一（日本经营合理化协会）

《昭和日本——一亿两千万人的影像 第二卷·第十三卷》讲谈社（讲谈社DVD BOOK）

其他、当时的报纸、杂志、纪事等

※本书以2016年4月25日~2017年5月29日于《日经商务》杂志上连载的《创造丰田生产方式的男人们》为基础加以修正。